Bewusst essen
besser leben

Gabriele Voigt-Gempp

Bewusst essen besser leben

Ein Ernährungsratgeber mit Rezeptteil

Kaufmann Verlag

Wichtiger Hinweis
Die Gedanken, Anregungen und Rezepte in diesem Buch stellen die Meinung und die Erfahrungen der Verfasserin dar. Sie wurden von der Autorin nach bestem Wissen und Gewissen erstellt und mit größtmöglicher Sorgfalt geprüft. Sie bieten jedoch keinen Ersatz für kompetenten medizinischen Rat. Jede Leserin und jeder Leser ist für das eigene Tun und Lassen auch weiterhin selbst verantwortlich. Weder die Autorin noch der Verlag können für eventuelle Schäden, die aus den im Buch gegebenen praktischen Hinweisen resultieren, eine Haftung übernehmen.

Bibliographische Information Der Deutschen Bibliothek
Die Deutsche Bibliothek verzeichnet diese Publikation in der Deutschen Nationalbibliografie; detaillierte bibliografische Daten sind im Internet über http://dnb.ddb.de abrufbar.

1. Auflage 2006

Printed in Germany
Gestaltung: Stefan Heß und Rolf Zilling
Umschlaggestaltung: Stefan Heß und Rolf Zilling unter Verwendung einer Fotomontage zweier Bilder von mauritius images/AGE
Hergestellt bei Freiburger Graphische Betriebe, Freiburg
ISBN 10: 3-7806-3035-4
ISBN 13: 978-3-7806-3035-3

Inhaltsverzeichnis

Inhalt

7 Einige Worte zuvor

8 **Bewusst essen – die wichtigsten Vitalstoffe für ein langes Leben**
9 Wasser – das Transportmittel aller Umwandlungsprozesse
16 Eiweiß, der Baustoff für neue funktionsfähige Körperzellen
25 Fett – die Auswahl bestimmt die Fitness
33 Die richtigen Kohlenhydrate machen satt und schlank
44 Vitamine, Mineralstoffe, Spurenelemente – unsere Facharbeiter
46 Bioaktive Stoffe – Schutzstoffe aus der Natur
63 Enzyme – die Multitalente, die alles zum Leben erwecken

68 **Wege zu mehr Lebensfreude und Genuss**
69 Vitalstoffe im richtigen Mix
81 Hormone in Balance – Anti-Aging mit Garantie
89 Ein praktikables Wohlfühlkonzept im Überblick
90 Einige Daten und Fakten zum Gesundheitsverhalten der Deutschen mit persönlicher Einschätzung

96 **Wenn Sie das Allerbeste wollen – Bio**

106 **Fit mit den richtigen Lebensmitteln**
106 Unsere Verdauung stärkt unsere Abwehrkräfte
116 Wege zur Traumfigur
130 Starke Muskeln, starke Knochen, starke Gelenke
144 Fit im Kopf

154 **Länger, besser leben – mit den richtigen Vitalstoffen**
154 Freie Fahrt in den Arterien
157 Wozu Cholesterin?
162 Ernährungstipps (nicht nur) bei Diabetes Typ II
168 Mit Schwung und Energie durch die Wechseljahre

178 **Eine andere Sichtweise – Asiatische Wohlfühltipps**
178 In Balance bleiben mit den fünf Elementen
184 Entdecken Sie Ihren persönlichen Supermix

220 **Genießerrezepte im richtigen Mix**
221 Den Körper sanft und wirkungsvoll entschlacken
223 Ein abwechslungsreicher Reistag für 1 Person
230 Essen Sie sich fit und schön
232 Etwas Warmes braucht der Mensch
236 Urlaubsgefühle und Entspannung
240 Schnelle Rezepte für Ihren Besuch
244 Pasta, Pasta und die Sache mit den Glyxgefühlen
248 Für jeden Typ das richtige Frühstück
251 Trinken Sie doch mal einen über den Durst!

256 Vitamin- und Mineralstofftabellen
276 Literaturempfehlungen
278 Bildnachweis

Vorwort

Einige Worte zuvor

Wer möchte das nicht: jung und energiegeladen älter werden, das Leben genießen, Essen können nach Lust und Laune, ohne Reue und schlechtes Gewissen, und dabei eine gute Figur behalten?

Dieses Buch gibt Ihnen leicht umsetzbare Tipps und Tricks an die Hand, die Ihnen helfen, nahezu spielerisch zu mehr Wohlgefühl, einer guten Figur und körperlicher und geistiger Fitness zu gelangen und diese auch zu bewahren.

In dem hier beschriebenen Ernährungskonzept gibt es keine Verbote, sondern nur gut umsetzbare Empfehlungen auf der Grundlage neuester wissenschaftlicher Erkenntnisse. Vorbei ist die Zeit des Kalorienzählens – genießen Sie, schlemmen Sie im richtigen Mix und stellen Sie Ihrem Körper damit alle nötigen Vitalstoffe zur Verfügung!

Wenn Sie sich so ernähren, wie in diesem Buch beschrieben, dann können Sie auch mal ein Stück Schokolade oder Torte essen, ohne Schlimmes befürchten zu müssen. Auf das richtige Maß kommt es an, und wie Sie das für sich persönlich finden können, zeigt Ihnen dieses Buch.

Unzählige Leserbriefe bestätigen die Wirksamkeit und die einfache Umsetzbarkeit dieses Konzepts. Nutzen Sie die Unterstützung der Ernährungsservice-Mitarbeiter in den Märkten der EDEKA Südwest vor Ort. Diese helfen Ihnen gerne weiter, die in diesem Buch gegebenen Informationen zu vertiefen. Dadurch können Sie noch stärker auf Ihre persönliche Situation eingehen.

Ich wünsche Ihnen viel Freude beim Lesen, Entdecken und Genießen!

1

Bewusst essen – die wichtigsten Vitalstoffe für ein langes Leben

Unser Körper ist lebende, sich immerwährend verändernde Materie. Die in jeder Sekunde stattfindenden biochemischen Wandlungsprozesse sind mit bloßem Auge nicht sichtbar. Deshalb vermittelt der Körper den Eindruck von Festigkeit, wie etwa bei einem Auto. Wissenschaftler können diese Veränderungen heute mit Hilfe von bestimmten Atomen, die leicht radioaktiv markiert wurden, verfolgen. Während Sie diese Zeilen lesen, haben sich bereits Billionen von Atomen in Ihren Zellen ausgetauscht. Innerhalb eines Jahres werden 98 % aller Atome des Körpers erneuert. Nach drei Jahren sind Sie damit rein physikalisch ein neuer Mensch.

Ein 80 kg schwerer sportlicher Mensch besteht etwa zur Hälfte aus Muskulatur. Aus etwa 12 kg Fettgewebe, 10–12 kg Bindegewebe, 5,5 Liter Blut, 7 kg Knochen, 1,5 kg Leber und 1,5 Liter Magensaft. Diese Materie wird aus dem gebildet, was wir essen und trinken. Die Grundstoffe dazu sind in erster Linie Wasser, Eiweiß, Fett, Kohlenhydrate, Mineralstoffe, Spurenelemente, sekundäre Pflanzenstoffe und Enzyme. Diese Materie wird fortwährend ausgetauscht. Ländervergleiche und langfristige Beobachtungsstudien bieten uns heute sehr gute Anhaltspunkte, welche Lebensmittelzusammenstellungen in Form von attraktiven und vitalstoffreichen Speisen den genussreichen Supermix für ein langes und unbeschwertes Leben bieten können.

Lernen Sie in diesem Kapitel die Lieblingsgerichte Ihrer Körperzellen kennen, mit denen immer wieder neue abwehrstarke Materie gebildet werden kann! Wenn Sie sich müde und antriebsschwach fühlen oder davon überzeugt sind, dass Sie sich noch steigern können, beginnen Sie noch heute mit dem aktiven Neubau Ihrer Körperzellen. Schicken Sie gedanklich einen Renovierungsauftrag an Ihre 70 bis 80 Billionen Körperzellen, mit der Zusage, sie tatkräftig bei diesem Auftrag zu unterstützen. Sagen Sie sich: ›Ja, ich will mich erneuern!‹

So wie jeder Handwerker es tut, ist es bei Ihrem weggeschickten Auftrag nun erst mal notwendig, sich über die Situation der Baustelle ›Körper‹ klar zu werden und sich zu überlegen, welche Materialien benötigt werden. Können wir mit der Begehung starten?

Wasser

Wasser – das Transportmittel aller Umwandlungsprozesse

Wasser lässt Falten verschwinden, strafft die Haut und hält Sie bei strahlender Laune und geistiger Frische. Haben Sie schon einmal darüber nachgedacht, dass unser Körper zum größten Teil aus Wasser besteht und Wasser das Transport- und Lösungsmittel ist, um die ganze Nährstoffversorgung und -entsorgung über die Wasserstraßen ›Blutbahn‹ (Venen, Arterien), ›Lymphe‹ und über die Lungenbläschen zu ermöglichen? Wasser befeuchtet die Lungenbläschen, denn nur so ist es möglich, Sauerstoff aufzunehmen und Kohlendioxid abzugeben. Befindet sich zu wenig Flüssigkeit in unserem Organismus, kann das zu Konzentrationsstörungen, Schwindelgefühlen und Kribbeln in den Gliedmaßen führen. Bei einer ständigen

Wasserunterversorgung sind sogar Organschäden, insbesondere bei den Organen, die zu unserer täglichen Reinigung beitragen, nämlich Nieren und Leber, möglich. Viele Erkrankungen, vor allem des Bewegungsapparates, stehen möglicherweise in Zusammenhang mit Wassermangel.

Mein Lesetipp zu diesem Thema
Dr. Fereydoon Batmanghelidj, ›Wasser – die gesunde Lösung‹. Er hatte während seiner Gefangenschaft in seinem Heimatland Iran die Heilkraft des Wassers entdeckt und genutzt. Nach seiner Entlassung setzte er seine Forschung in den USA fort und veröffentlichte dazu einige praxisnahe Bücher.

Durst ist allerdings in den seltensten Fällen ein aussagefähiger Beweis für Wassernotstand. Durstgefühle sind bei den meisten Menschen schon ein Alarmzeichen für absoluten Flüssigkeitsnotstand. Kindern wird das Durstgefühl oft ›abtrainiert‹, weil viele Eltern fälschlicherweise glauben, ihre Sprösslinge so schneller trocken zu bekommen. Viele haben auch Angst, dass ihre Kinder durch vermehrtes Trinken zu Bettnässern werden. Umfragen hinsichtlich der Pausenversorgung bei Schulkindern ergaben, dass viele Kinder zwar ein Pausenbrot dabei haben, die wenigsten aber Getränke mit in die Schule nehmen.

Ältere Menschen gaben bei Befragungen an, dass sie das Trinken in der Regel ›vergessen‹. Das liegt jedoch nicht an der Vergesslichkeit, die man älteren Menschen unterstellt. Je älter die Menschen werden, desto weniger zeigt der Körper das Alarmsignal ›Durst‹ an. Betrachten Sie einmal näher, was ausreichend Flüssigkeit im Körper bewirkt. Beginnen Sie Ihr tägliches Trinktraining noch heute, es ist der beste Jugendfaktor, schnell und leicht umsetzbar.

Die Aufgaben des Wassers in unserem Körper

Bei der Geburt besteht der menschliche Körper zu 80–90 % aus Wasser. Je älter wir werden, desto mehr nehmen die festen Anteile des Körpers zu. Der gesamte Alterungsprozess scheint heimlich und still auf irgendeine Weise mit der natürlichen ›Austrocknung‹ einherzugehen. Als Erwachsener bestehen wir zu etwa 60 bis 70 % aus Wasser. Stellen Sie sich das einmal bildlich vor: Ein Mensch mit einem Gewicht von 70 kg besteht zu etwa 60 % aus Wasser, das sind 42 Liter Wasser. Etwa zwei Drittel dieser Wassermenge befindet sich innerhalb der 70 bis 80 Billionen Körperzellen, ein Drittel befindet sich außerhalb der Körperzellen. Man spricht hier von extrazellulärer Flüssigkeit. Die Versorgung aller Zellen erfolgt über diese Flüssigkeit und zwar in Form eines regen Austauschs von verbrauchter gegen unverbrauchte Flüssigkeit. So kann z. B. ein rotes Blutkörperchen, das selbst eine Zelle ist, in einer Sekunde hundertmal soviel Wasser aufnehmen und wieder abgeben wie die Zelle selbst Flüssigkeit enthält. In der Fachsprache nennt man diesen Austausch Osmose.

Ein gesunder Austausch von verbrauchter gegen neue Zellflüssigkeit kann nur unter den folgenden Bedingungen optimal ablaufen:

1. Täglich fließen im stetigen Kreislauf etwa 800 Liter Blut durch die Nieren. Es wird durch feinste Nierenfilterchen gereinigt, etwa 1,5 Liter Flüssigkeit werden über den Urin ausgeschieden. Weitere 1,5 Liter Flüssigkeit verliert man über die Lunge, Haut und den Darm. Wasser transportiert daher auch die Endprodukte, die bei der Umwandlung von Nahrung in Energie und körpereigene Zellen entstehen. Sportler und Menschen, die viel im Freien arbeiten, verlieren etwa die doppelte Menge an Flüssigkeit, weil Wasser eben auch die Aufgabe hat, den Wärmehaushalt und damit die Körpertemperatur zu regeln.

Schweiß dient der Kühlung. Deshalb braucht unser Körper täglich mindestens 3 Liter neue Flüssigkeit z. B. aus Obst, Gemüse, Kartoffeln, Nudeln, Fleisch, Fisch und natürlich aus Wasser, Tee, Säften und aus Leitungswasser. Kaffee hat eine säurebildende Wirkung und da wir heute tendenziell zu viele Säuren aufnehmen oder im Körper entwickeln, sollten Sie deshalb zu jeder Tasse Kaffee eine Tasse Wasser ohne Kohlensäure trinken. In österreichischen und italienischen Kaffeehäusern wird das schon immer so praktiziert.

2. Wer sich stets mit Fertigprodukten und obendrein noch salzreich ernährt, hat ein Problem. Der ständige Austausch von verbrauchten Stoffen gegen neue Stoffe läuft im Körper nur dann optimal ab, wenn Natrium und Kalium in einem richtigen Verhältnis stehen. Zu viel Kochsalz (Natrium) stört dieses Verhältnis und lässt die Zellen vertrocknen und verhungern, selbst wenn ausreichend Vitalstoffe zur Verfügung stehen würden. Trockene, faltige, graue Haut und Cellulite sind dafür ein sichtbarer Beweis. Verwenden Sie deshalb reichlich frische Kräuter, diese ersetzen das Natrium und füllen dabei auch das Vitalstoffkonto auf.
3. Weiterhin können Sie über eine kaliumreiche Ernährung für einen guten Austausch sorgen.

So garantieren Sie Ihrem Körper im Sommer, aber auch im Winter bei überheizten, trockenen Räumen eine gute Unterstützung der Abwehrkräfte und das richtige Milieu für glückliche Zellen. Das macht sich bemerkbar durch strahlendes Aussehen und geistige Frische.

Wer braucht welches Wasser?

Die Namensgebung der verschiedenen Wasserarten unterliegt strengen gesetzlichen Richtlinien. Hier erfahren Sie, worauf

Sie beim Wasserkauf entsprechend Ihren persönlichen Schwerpunkten achten können.

Mineralwasser stammt aus natürlichen oder künstlich erschlossenen Quellen, das durch Bohrungen in bis zu 1000 Meter Tiefe an die Oberfläche befördert wird. Dieses Wasser muss von natürlicher Reinheit sein. Reinigungs- oder Entkeimungsverfahren, die wir von der Aufbereitung des Trinkwassers kennen, sind nicht erlaubt. Nur folgende Eingriffe, die die Wasserqualität verbessern, ohne den Wasserursprung zu verändern, dürfen durchgeführt werden:

1. Eisen und Schwefel dürfen abgetrennt werden. Das erkennt man an dem Vermerk ›enteisent‹ bzw. ›entschwefelt‹. Das Eisen wird entfernt, weil es das Wasser unansehnlich macht.
2. Kohlensäure (CO_2) darf zugesetzt bzw. entzogen werden.

Mineralwässer besitzen ernährungsphysiologische Wirkungen, die amtlich nachgewiesen und anerkannt werden müssen. Sie dürfen nur vor Ort und in maximal 2-Liter-Behältnisse gefüllt werden. Deshalb kann Mineralwasser in der Gastronomie niemals aus der Zapfanlage kommen. Wasser aus einer Zapfanlage ist Tafel- oder Quellwasser.

Was für Babys gilt, ist natürlich auch für Kinder und für ältere Menschen gut. **Mineralwässer mit der Aufschrift: ›Für Säuglingsernährung geeignet‹,** müssen noch strengere Bedingungen erfüllen: Dies bezieht sich in erster Linie auf den Fluorid-, Natrium-, Nitrat-, Sulfat- und Nitritgehalt. Viel nützt nicht immer viel, deshalb sind mineralstoffreiche Wässer nicht für den empfindlichen Stoffwechsel von Säuglingen geeignet.

Quellwasser ist ein naturbelassenes Wasser, das aus natürlichen oder künstlich erschlossenen Quellen gewonnen wird. Es wird am Quellort abgefüllt und muss den Richtlinien des

Trinkwassers genügen. Im Gegensatz zu Mineralwasser muss Quellwasser keine ernährungsphysiologischen Wirkungen nachweisen. Weiterhin muss es auch nicht aus unterirdischen Wasservorkommen stammen, die nachweislich vor Verunreinigungen geschützt sind. Bei Quellwasser dürfen die gleichen Behandlungsmethoden wie bei Mineralwasser durchgeführt werden. Um eine Verwechslung mit Mineralwasser zu vermeiden, sind Hinweise, welche die Quelle, Herkunft und Mineralbestandteile betreffen, nicht erlaubt, mit Ausnahme des Hinweises ›natriumarm‹. Es muss keine Mindestmengen an Mineralstoffen und Spurenelementen aufweisen, und es ist auch keine amtliche Anerkennung notwendig.

Tafelwasser kann aus verschiedenen Leitungswässern bestehen. Es gibt keine amtliche Anerkennung und es muss keine ernährungsphysiologische Wirkung nachgewiesen werden. In der Regel wird Tafelwasser als Sodawasser zur Verdünnung alkoholischer Getränke verwendet, weil es sich um aufbereitetes und sehr weiches Wasser handelt. Tafelwasser darf mineralisiert werden. Die Abfüllung des Wassers darf überall erfolgen, nicht wie beim Mineralwasser, das nur direkt an der Quelle abgefüllt werden darf.

Wichtig Sowohl für Mineral-, Quell- und Tafelwasser gibt es Grenzwerte hinsichtlich der Schadstoffbelastung des Wassers.

Für **Heilwässer** gelten zunächst die gleichen Bestimmungen wie für Mineralwasser, sie haben jedoch zusätzliche gesundheitliche Effekte und es gelten noch strengere Anforderungen. So müssen sie vom Bundesinstitut für Arzneimittel und Medizinprodukte (BfArM) als Arzneimittel zugelassen werden, daher unterliegen sie nicht dem Lebensmittel-, sondern dem Arzneimittelgesetz. Deshalb sind Heilwässer eben Heil-Wässer. Viele Menschen haben auch durch Krankenhausaufenthalte, in

denen bestimmte Heilwässer angeboten wurden, den Eindruck, ausschließlich Heilwasser trinken zu müssen. Wer eine Trinkkur durchführen möchte, sollte die Trinkempfehlungen der jeweiligen Wässer, die auf dem Flaschenetikett abgedruckt sind, beachten! Viel nützt nicht viel!

Meine Trinkempfehlungen

1. Der sichere Beweis, dass Ihnen Flüssigkeit fehlt, ist ein dunkelfarbiger Urin.
2. Sportler verlieren durch Schwitzen reichlich Mineralstoffe, sie können deshalb auch auf Mineralwässer mit der Aufschrift ›Mit hohem Gehalt an Mineralien‹ zurückgreifen.
3. Naturmediziner raten jedoch immer häufiger auch zu mineralarmen Wässern mit einem hohen Anteil an Natriumhydrogencarbonat (HCO_3). Dieser Wert sollte bei 600mg/l liegen. Der Gehalt an Sulfat dagegen sollte gering sein und möglichst unter 240 mg/l liegen.
4. Empfindliche und kranke Menschen sollten auf kohlensäurearme, noch besser auf kohlensäurefreie Wässer zurückgreifen. Kohlensäure belastet insbesondere Magen und Darm und wird im Körper säurebildend verstoffwechselt.
5. Bluthochdruckpatienten sollten darauf achten, Wasser mit hohem Natriumgehalt über 200 mg Na/l zu meiden und natriumarme Mineralwässer (20 mg Na/l) zu bevorzugen.
6. Den täglichen Mineralstoffbedarf ausschließlich über Wasser zu decken, ist nur in seltenen Fällen möglich. Es bedarf einer ausgewogenen Ernährung mit viel frischem Obst, Gemüse und Getreideprodukten.
7. Wer ein starkes Durstgefühl hat, sollte Wasser oder eine Saftschorle im Verhältnis 2 bis 3 Teile Wasser, ein Teil hundertprozentiger Saft, möglichst ohne zugesetzten Zucker trinken. Auf diese Weise haben Sie ein Getränk, das sehr schnell in

die durstigen Zellen gelangen kann. Gesüßte Getränke und hochprozentige Säfte pur zu trinken, erfordert die Aufspaltungskräfte des Körpers, und die Flüssigkeit kommt dann erst verzögert in den wartenden Zellen an.

8 Geben Sie in ein Glas Wasser Ihrer Wahl einen Schuss Apfel-, Orangen- oder Johannisbeersaft oder einige Tropfen Zitronensaft – das Vitamin C verbessert vor allem die Eisenaufnahme und stärkt die Abwehrkräfte.

9 Sollten Sie Leitungswasser trinken, ist bei Leitungen, die vor 1980 installiert wurden, eine Wasseranalyse zu empfehlen. Diese kann in Apotheken durchgeführt werden. Die Wasserleitungen bestanden zu diesem Zeitpunkt noch aus Blei oder Kupfer und diese Metalle können gefährliche Schadstoffe freisetzen. Außerdem sollten Sie bedenken, dass sich in vielen Gegenden hohe Nitratanteile und Chlor im Wasser befinden. Die eben genannte Kontrolle bietet Ihnen Sicherheit und ist das Geld wert.

Eiweiß

Eiweiß, der Baustoff für neue funktionsfähige Körperzellen

Im Grunde wissen Sie es schon, haben aber vielleicht nie intensiver darüber nachgedacht. Wir reparieren uns ständig. Denken Sie einmal an die Wunden, die Sie sich in Ihrem Leben bereits zugefügt haben. Immer wieder ist das Zellgewebe verheilt, in den allermeisten Fällen ohne Narben zurückzulassen. Woher wussten die Zellen, wie das zerstörte Gewebe maßstabsgetreu wieder hergestellt werden kann? Ist das nicht ein Wunder?

Eiweiß aus der Nahrung ist der Grundbaustoff unserer Körperzellen. Dabei geht es nicht darum, möglichst viel Eiweiß aufzunehmen, um alle Baustoffe für den Neubau der Zellen zu haben. Vielmehr kommt es auf die richtige Balance

von Eiweiß, Fett, Kohlenhydraten, Vitaminen, Mineralstoffen, sekundären Pflanzenstoffen und Enzymen an.

Stellen Sie sich das vor wie bei einem Hausbau. Ist viel Baumaterial vorhanden, aber es fehlen die Bauarbeiter, die dieses Material verarbeiten, kommt es sehr bald zu logistischen Schwierigkeiten durch zu wenig Lager- und Arbeitsplatz. Bei der unsachgemäßen Eiweißzwischenlagerung werden die Eiweißgrundbausteine dabei in ihrer Qualität nicht besser. Ebenso kann eine unausgewogene Ernährung zu Eiweißmangel führen, obwohl eigentlich ausreichend Eiweiß vorhanden ist! Es fehlen die Helfer, unter anderem die Vitamine und Mineralstoffe, die wissen, wie und wo die Nährstoffe gebraucht werden, um die Zellen mit neuem Bau- und Energiematerial zu versorgen.

So bringen Sie die Vitalstoffe an den Ort des Geschehens!

Was kann man tun, um möglichst schnell und ausreichend alle Vitalstoffe für eine bessere Versorgung zur Verfügung zu haben? Nach den Empfehlungen der DGE (Deutsche Gesellschaft für Ernährung) sollten etwa 8 bis 10 % unseres Tagesbedarfs (gemessen am Kalorienbedarf) aus Eiweiß bestehen. Diese 8 bis 10 % entsprechen etwa einem Wert von 0,8 bis 1 g reinem Eiweiß pro kg Normalgewicht. Bei einem 70 kg schweren Menschen könnte man glauben, dass er jetzt nur maximal 70 g Fleisch oder Fisch essen darf.

Doch wenn wir auf die Nährwerttabellen schauen, stellen wir fest, dass z. B. 100 g Schweinefilet zu etwa 20 % aus Eiweiß besteht. 100 ml Milch sogar nur zu 3,3 %. Der Rest ist in erster Linie Wasser. Theoretisch könnte man deshalb täglich etwa bis zu 350 g (20 g x 3,5 = 70 g reines Eiweiß in 350 g Schweinefilet) Schweinefilet essen, dann wäre der Eiweißbedarf gedeckt. Doch das ist ein absolut theoretischer Wert. Es gibt 20 Eiweißgrundbausteine, die sogenannten Aminosäuren. Davon sind 8 Aminosäuren absolut lebensnotwendig, man nennt sie deshalb auch essentiell. Aus diesen 8 Aminosäuren ist der menschliche Organismus mit Hilfe von Vitaminen und Mineralstoffen in der Lage, die übrigen 12 Aminosäuren zusammenzubauen. Jede Körperzelle besteht aus vielen verschiedenen Aminosäurenketten. Ähnlich wie bei unterschiedlich großen Lego-Bausteinen, die in unterschiedlichen Varianten zu ein und derselben Hausgestaltung führen können.

Das folgenden Bild zeigt eine dieser Zellen. Jede einzelne Zelle besteht aus etwa 500 000 Einzelteilen.

Intakte Zellen erneuern sich immer wieder

Zellen

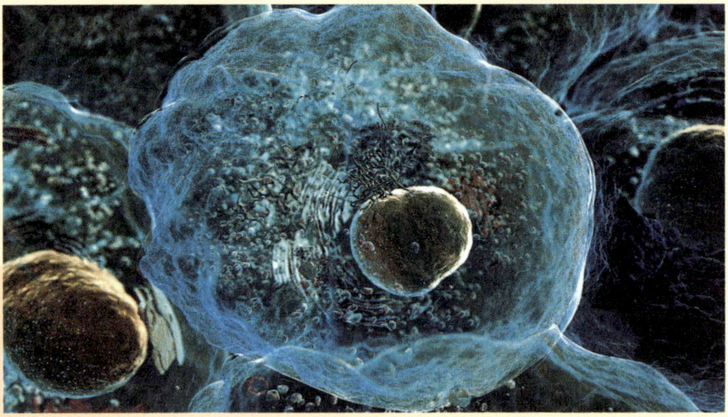

Die Zellwände bestehen aus einem durchlässigen Material, durch die der ständige Austausch von neuer Energie und Baustoffen gegen verbrauchte Stoffe über diese Zellwand gewährleistet wird – vorausgesetzt, Sie bieten die Nährstoffe im richtigen Mix an. Hier lässt sich auch unschwer der hohe Wasseranteil in der Zelle erkennen. Wasser oder besser gesagt die Flüssigkeit innerhalb und außerhalb der Zellen ermöglicht diesen Austausch von Nährstoffen gegen verbrauchte Stoffe. Dass unsere Zellen durchlässig sind, können Sie auch an der Haut feststellen. Sind wir körperlich aktiv, geben wir Flüssigkeit in Form von Schweiß ab.

Unterschiedliche intakte Zelltypen

Zelltypen

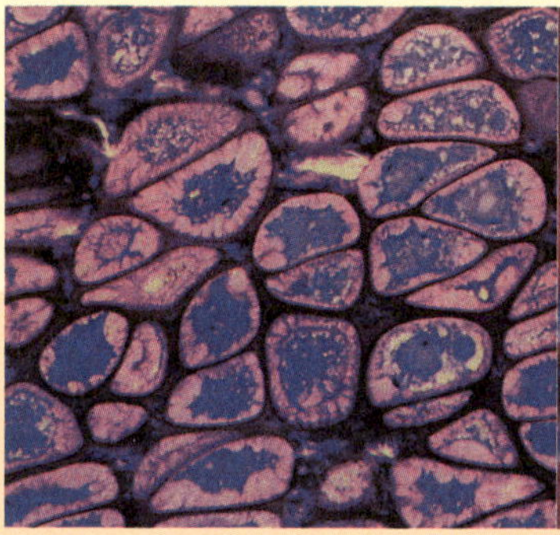

Knorpelzellen

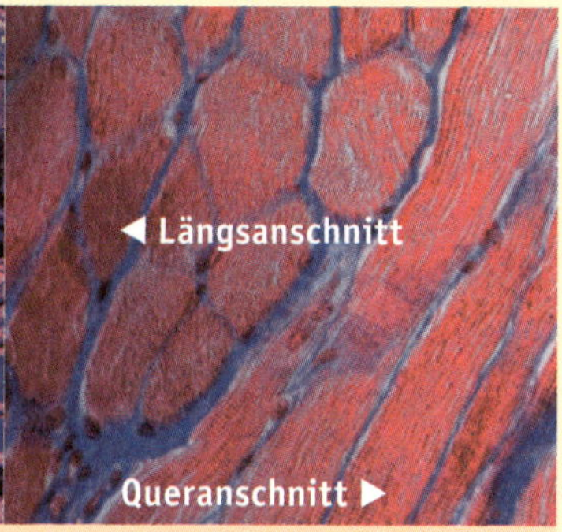

Muskelzellen

Auf dem Bild sehen Sie Knorpel- und Muskelzellen stark vergrößert. Der menschliche Körper besteht aus etwa 100 verschiedenen Zelltypen. 500 aneinander gereihte Zellen mit durchschnittlicher Größe haben die ungefähre Breite des kleinen Fingernagels.

Über die Blutbahn und über das Bindegewebe werden die Zellen mit neuen Nährstoffen versorgt. Man kann sich das wie in der Stadt Venedig vorstellen. Die Zellen werden dabei über den Wasserweg beliefert. Das Bindegewebe verbindet jede Zelle mit allen anderen Körperzellen. Gleichzeitig bestehen alle Teile des Körpers, in denen etwas transportiert wird, wie z. B. die Venen, Arterien, feinste Kapillaren, Nervenbahnen und Lymphgefäße, selbst aus Bindegewebe. Dieses riesige Transportsystem ist wiederum in Bindegewebe eingebettet und dadurch an alle Organe angeschlossen. Die Länge des gesamten Blutgefäßsystems wird auf 240 000 km geschätzt. Das entspricht dem 6-fachen Erdumfang.

Der Körper wird grob gesagt in zwei unterschiedliche Bausysteme eingeteilt. Das sind zum einen die Zellen selbst und zum anderen die Grundsubstanz, in der die Zellen eingebettet sind. Somit bildet das Bindegewebe das größte Organ- und Funktionssystem unseres Körpers. Das Bindegewebe beeinflusst den Ablauf des Sauerstofftransports, den Transport der Nährstoffe und der Botenstoffe. Lange Zeit wurde das Bindegewebe von der medizinischen Forschung zu wenig beachtet.

Heute weiß man, dass die Vitalität und damit das biologische Alter jedes Menschen im Wesentlichen von der Beschaffenheit des Bindegewebes geprägt ist. Es sorgt für die Ernährung der Zellen und für die Entsorgung der Abfallprodukte, die während der Energiegewinnung und den Erneuerungsarbeiten in den Zellen anfallen.

Mit seinen 10 bis 12 kg ist das Bindegewebe nicht kompakt wie die Leber oder die Niere, sondern durchzieht den ganzen Körper wie ein Netz von Wasserstraßen. Das Bindegewebe schafft die Verbindung zwischen den 70 bis 80 Billionen Körperzellen und ermöglicht, dass eine Hautzelle am kleinen Zeh mit den Gehirnzellen in Kontakt treten kann. Die Verständigung funktioniert innerhalb des Bindegewebes über die Lymphflüssigkeit, über das Blut, über Botenstoffe, Hormone und über elektromagnetische Schwingungen sowie über elektrochemische Signale.

Gleichzeitig sorgt das Bindegewebe aber auch für notwendige Entzündungsreaktionen als Abwehrmaßnahme gegen vorhandene Angreifer. Eine optimale Versorgung des Bindegewebes ist in erster Linie abhängig von den zur Verfügung gestellten Nährstoffen aus unserer Nahrung. So verlangt eiweißreiche Kost zum Bau von neuen Zellen immer auch weitere Vitalstoffe insbesondere Vitamine der B-Gruppe sowie Schutzstoffe, wie die Vitamine A, C, E, und die Mineralstoffe Kalium und Magnesium, damit die kleinsten Nahrungsmoleküle entsprechend verarbeitet werden können.

Eine zu hohe Aufnahme von tierischem Eiweiß führt zu erhöhten Harnsäurewerten, weil ein großer Teil der Aminosäuren in der Leber zu Harnsäure abgebaut werden. Oft erreicht nur ein Viertel der Aminosäuren die reparaturbedürftigen Zellen. Werden ständig fleischreiche Mahlzeiten gegessen, ist die Niere mit der Ausscheidung der Harnsäure überfordert, es kann zu Gicht in Folge von abgelagerter und kristallisierter Harnsäure in den Gelenken und Knorpeln kommen (siehe dazu auch ab Seite 141 f.). Kristallisierte Säure setzt sich nach den Erfahrungen vieler naturheilkundlich orientierter Ärzte im gesamten Bindegewebe fest und schränkt dadurch den Zellumbau und -neubau im gesamten Körper ein.

Hinweis Nach Erhebungen des alle vier Jahre erscheinenden Berichts der DGE deckt der durchschnittliche Deutsche seinen Kalorienbedarf zu mehr als 20 % mit Eiweiß und liegt damit 100 % über den Empfehlungen. Um die Versorgung mit allen essentiellen Aminosäuren gewährleisten zu können, spielt nicht nur die Eiweißmenge eine große Rolle, sondern vor allem die sogenannte ›Biologische Wertigkeit‹. Sie gibt an, wie viel Gramm körpereigenes Eiweiß aus 100 g Nahrungseiweiß gebildet werden kann. So haben zum Beispiel Eier die biologische Wertigkeit von 100, Kartoffeln von 36.

1 g Eiweiß enthält etwa 4 Kalorien. Wichtig ist auch zu wissen, dass nicht nur bekannte Lebensmittel wie Eier, Fleisch und Fisch Eiweiß enthalten, sondern auch Obst, Gemüse und Getreide. Je abwechslungsreicher die Gerichte, desto sicherer können Sie deshalb sein, alle essentiellen Aminosäuren aufgenommen zu haben. Zudem enthalten pflanzliche Eiweißquellen zusätzlich Kohlenhydrate, Ballaststoffe und schützende sekundäre Pflanzenstoffe. Der menschliche Körper besteht aus 30.000 bis 50.000 verschiedenen Eiweißkonstruktionen. Eiweiße übernehmen unterschiedliche Aufgaben im menschlichen Organismus. Als Fibrin lassen sie z. B. das Blut gerinnen. Kollagen gibt dem Gewebe eine Struktur. Antikörper stärken die Abwehrkräfte und Enzyme fördern die Umwandlung von Nahrung in Energie. Man nennt diese Eiweißkonstruktionen Peptide oder, wenn sehr viele Aminosäuren aneinandergereiht wurden, auch Polypeptide. Das Sensationelle daran: Der Austausch von nur einer Aminosäure innerhalb dieser Peptide bringt ein neues Peptid hervor, das ganz andere Aufgaben im menschlichen Organismus meistert, aber auch durch ›Falscheinbau‹ einer Aminosäure eine Allergie hervorrufen kann.

Empfehlungen, damit das Eiweiß bedarfsgerecht in die renovierungsbedürftigen und energieproduzierenden Zellen kommt

Die Aminosäuren können umso leichter zu unterschiedlich langen Aminosäureketten zusammengefügt werden, je schonender die Lebensmittel zubereitet werden. Werden eiweißreiche Lebensmittel zu stark erhitzt oder zu lange gegart, sind diese Ketten richtig ineinander verknotet und dadurch schwer verdaulich. Dann spricht man von denaturiertem Eiweiß. Ähnlich wie bei einem Haus, dass aus den Steinen eines alten Hauses gebaut werden soll. Die alten Steine müssen erst einmal abgetragen werden, um anschließend wieder mit diesen Steinen bauen zu können. Das geht mit neuen Bausteinen, also mit schonend gegarten eiweißreichen Lebensmitteln, viel leichter. Zitronensaft erleichtert die Aufspaltung der Aminosäuren, deshalb ist für die Bekömmlichkeit der Speisen das Abschmecken mit etwas Zitronensaft besonders zu empfehlen.

Wichtig ist aber auch das richtige Anbraten. Geben Sie einen Tropfen Wasser zusammen mit kalt gepresstem Oliven- oder Rapsöl in die Pfanne und wenn dieser anfängt zu brutzeln, legen Sie das Gargut hinein. Gerade Steaks oder Braten sollten nach dem Braten noch eine Ruhezeit von etwa 5 Minuten, in der das Fleisch zugedeckt bleibt, haben. Lamm- und Rindfleisch sollten im Innern noch rosa sein. Alle eiweißhaltigen Speisen sollten weder zu fest noch zu brüchig sein, das ist ein Zeichen von denaturiertem Eiweiß, wie z. B. bei der sehr kross gebratenen Kruste bei einem überbackenen Käsegericht, damit haben unsere Verdauungssäfte sehr viel Mühe.

Da wir Nahrungseiweiß in der Regel nicht ausschließlich verzehren und dies auch nicht tun sollten, hier noch einige Tipps, wie Sie weiteren Problemen bei der Eiweißverdauung aus dem Weg gehen können. Wenn Sie fetthaltige Speisen in Form von Pommes Frites, Pfannkuchen mit viel Zucker, Sahnetorten, Müsliriegel mit gehärteten Fetten usw. essen, muss der Darm harte Sklavenarbeit leisten, um an das Eiweiß heranzukommen. Meist führt dies zu Verdauungsstörungen in Form von Blähungen und Völlegefühl. Stress ist der entscheidende Grund für zu wenig Magensäure. Ausreichend Magensäure ist jedoch die allerwichtigste Vorraussetzung für eine gute Eiweißverwertung. Wer immer wieder mit Verdauungsproblemen und Völlegefühl zu tun hat, sollte sich angewöhnen, bei jeder Mahlzeit frisches oder schonend gegartes Obst und/oder Gemüse zu essen. Insbesondere Ananas, Papaya und Papayakerne verbes-

sern die Eiweißverwertung durch ihren Enzymreichtum. (siehe Seite 66 f. und 106 f.).

Wichtige Verdauungshelfer sind der Kanne-Brottrunk oder ein Glas Kombucha. Welcher Anteil Ihres Tellers mit eiweißreichen Lebensmitteln ausgefüllt werden solle, erfahren Sie in Kapitel 2 ab Seite 68 f.

Warum ist der Eiweißbedarf so niedrig? Wenn wir zu etwa 20 % aus Eiweiß bestehen, liegt die Frage nahe, warum wir nur so wenig Eiweiß über die Nahrung brauchen? Das liegt daran, dass täglich etwa 300 bis 500 g Körpereiweiß umgebaut werden können. Das hört sich vielleicht befremdend an, aber für den Körper sind nur die Grundbausteine, die Aminosäuren relevant. Denken Sie an die unterschiedlich langen Lego-Bausteine! Damit können unterschiedlich lange Reihen aneinandergefügt werden. Hier wird natürlich auch deutlich, wie wichtig es ist, bei jeder Mahlzeit die richtigen Vitalstoffe mit in den Körper zu schicken, damit diese tägliche Schwerstarbeit auch geleistet werden kann.

Einige Zahlen zur Eiweißumwandlung:

- Darmzellen werden nur wenige Stunden alt.
- Die Oberhaut erneuert sich in 2 bis 4 Wochen.
- Kranke Leberzellen können sich, abhängig von der Erkrankung, vollständig recyceln.

Haben Ihnen diese Zeilen Mut gemacht, für diese Erneuerungsprozesse die richtigen Eiweißbausteine zu schlemmen? Dann lesen Sie weiter, für den Bau von intakten Körperzellen ist nämlich unbedingt auch die richtige Fettbalance notwendig.

Fett

Fett – die Auswahl bestimmt die Fitness

Fett ist heute leider immer noch als Dickmacher verschrien. Die wenigsten Menschen wissen über die Aufgaben der Fette Bescheid. Hier nur die wichtigsten Aufgaben: Mit der richtigen Balance der Fette und den richtigen Fettsorten baut der Körper an funktionsfähigen Zellwänden und an elastischen Gefäßen. Glatte, faltenfreie Haut ist immer auch ein sicheres Zeichen für die richtige Fettbalance. Wir sind so jung wie unsere Zellwände. Damit diese ihre Geschmeidigkeit und letztendlich auch ihre Durchlässigkeit nicht verlieren, benötigen wir das richtige Fett. 60 % unseres Gehirns bestehen aus Fett. Nervenzellen brauchen Fett.

Der Herzmuskel ernährt sich fast ausschließlich von Fett, um ununterbrochen schlagen zu können. Unverzichtbar für den Erhalt ist jedoch das richtige Verhältnis von gesättigten Fetten, einfach ungesättigten Fetten und insbesondere das Verhältnis von mehrfach ungesättigten Omega-3- und Omega-6-Fetten.

Der jüngste DGE-Bericht 2004 hat ermittelt, dass wir tendenziell zu viel gesättigte Fette und zu viel mehrfach ungesättigte Omega-6-Fettsäuren essen. Dagegen essen wir zu wenig einfach ungesättigte Fettsäuren sowie zu wenig Omega-3-Fettsäuren.

Die folgende Übersicht lässt deutlich erkennen, dass Fette und Öle immer aus mehreren Fettsäuremustern bestehen. Werfen Sie einen Blick darauf. Welche Fette nehmen Sie wahrscheinlich zu oft, welche weniger oft zu sich? Nicht in der Tabelle sind verschiedene Fleischsorten. So enthalten z. B. 100 g mageres konventionelles Rindfleisch 2,6 g Fett zu den jeweiligen Anteilen aus 1,1 g gesättigte Fettsäuren und 1,2 g ungesättigte Fettsäuren. Mageres Schweinefilet enthält 2,4 g Fett und 0,9 g gesättigte Fettsäuren und 1,2 g ungesättigte Fettsäuren.

Fit mit dem richtigen Fett

Fettsäurezusammensetzung von Nahrungsfetten (in %)

	Gesättigte Fettsäuren	Einfach ungesättigte Fettsäuren	Omega-3-Fettsäuren	Omega-6-Fettsäuren
Milchfett	69	24	0	3
Schweineschmalz	43	46	0	10
Kokosfett	90	7	0	3
Erdnussöl	20	57	1	22
Olivenöl	14	76	0	10
Sonnenblumenöl	12	25	0	63
Walnussöl	9	16	14	61
Distelöl	9	13	0	78
Rapsöl	6	63	10	21
Leinöl	10	19	57	14
Hering	23	58	17	2
Makrele	29	45	23	3
Thunfisch gegart	34	29	33	4
Sardine gebraten	38	25	4	33

Die DGE empfiehlt den Verzehr von gesättigten, einfach ungesättigten und mehrfach ungesättigten Fettsäuren im Verhältnis zu je einem Drittel. Dabei sollten die mehrfach ungesättigten Fettsäuren Omega-6 zu Omega-3 im Verhältnis von 5 zu 1 stehen. In der bei uns üblichen Ernährung liegt das Verhältnis bei etwa 15 zu 1, was zu Problemen im gesamten Zellgeschehen führen kann.

Omega-3-Fettsäuren und Omega-6-Fettsäuren haben im Körper unterschiedliche Funktionen, sie arbeiten im Team und setzen dabei ein bestimmtes Verhältnis voraus. Stellen Sie sich vor, Sie bräuchten immer einen Code von fünf Omega-6-Fetten und einem Omega-3-Fett, um die Zelltüren öffnen zu können und um durch diese Türe Energie- und Baustoffe

weiterzugeben. Ist dieses Verhältnis nicht gegeben, bleiben die Zelltüren verschlossen und die Fette kursieren weiterhin im Blut. Es findet somit kein Neubau statt und gleichzeitig, was viel gefährlicher ist, kursieren die Omega-6-Fettsäuren so lange, bis sich im besten Falle wieder Omega-3-Fettsäuren im Team mit den wartenden Omega-6-Fettsäuren zusammentun können. Ist dies nicht der Fall, droht Gefahr! Fette sind sehr empfindlich und sie brauchen stets eine Leibgarde in Form von Vitaminen und sekundären Pflanzenstoffen, damit sie ihre wertvollen Doppelbindungen und damit ihre Geschmeidigkeit nicht verlieren, d. h. nicht ranzig werden. Ranzige Fette, man nennt sie auch oxidierte Fette, können im Körper erheblichen Schaden anrichten. Oxidierte Blutfette z. B. heften sich mit Vorliebe an den Innenwänden der Blutgefäße fest, bevorzugt an Stellen, wo sich bereits kleine Risse gebildet haben, und mit der Zeit wird der Transportweg dadurch immer enger. In der folgenden Übersicht finden Sie die Omega-6-Verhältnisse zu den Omega-3-Verhältnissen bei verschiedenen Ölsorten.

Omega-Verhältnisse

Öle mit hohem Omega-6-Anteil

	Verhältnis	
	Omega-6-Anteile	Omega-3-Anteile
Distelöl	154	1
Sonnenblumenöl	120	1
Pflanzenmargarine	62	1
Maiskeimöl	55	1

Öle mit hohem Omega-3-Anteil

	Verhältnis	
	Omega-6-Anteile	Omega-3-Anteile
Leinöl	1	4
Rapsöl	2	1
Hanföl	3	1
Walnussöl	4	1
Omega-3-Margarine	4	1
Sojaöl, Weizenkeimöl	7	1

Hinweis Gerade bei der stetigen Verwendung von Distelöl mit einem Verhältnis von 154:1 wird deutlich, wie schwierig es ist, bezogen auf das Gesamtverhältnis im täglichen Durchschnitt, das Verhältnis 5 : 1 bei Omega-6- zu Omega-3-Fettsäuren zu erreichen.

Fettverzehrsempfehlungen für elastische und durchlässige Zellwände

Gesättigte Fette werden in erster Linie zur Energiegewinnung verwendet. Ungesättigte Fettsäuren hingegen sind an der Entwicklung von Hormonen und damit auch am Zellneubau beteiligt. Die Omega-3-Fettsäuren haben gefäßerweiternde und entzündungshemmende Wirkungen.

Neben den richtigen Fettsäureanteilen ist auch die Anwesenheit von reichlich Vitamin A, C und E, Polyphenolen und Phytosterinen von großem Vorteil. Die drei letztgenannten Schutzstoffe befinden sich in natürlicher Form nur in kalt gepressten Ölen. Bei raffinierten Ölen wird Vitamin E nach der Raffination zum Schutz vor Verderb oft künstlich zugesetzt. Phytosterine werden heute in konzentrierter Form auch in raffinierten Margarinen angeboten. In natürlicher Form kommen sie in Vollkorngetreideprodukten, Sojabohnen, Sonnenblumenkernen, Sesam- und Leinsamen vor. Weiterhin brauchen Fette für den Transport Eiweiße, sozusagen als Verpackung, um überhaupt in die Zellen gelangen zu können. Neben Kaltwasserfisch bietet die häufigere Verwendung von Rapsöl, Walnussöl, Leinöl und Olivenöl, alles möglichst kalt gepresst, gute Vorraussetzungen, um das richtige Fettsäurenverhältnis und ein Teil dieser Schutztruppe liefern zu können. Traubenkernöl ist zudem reich an gefäßschützendem Procyanidin, das man auch in Rotwein findet. Die reichhaltigste Omega-3-Quelle bei den Ölen ist das Leinöl. Weitere gute Omega-3-Quellen sind Wildfleisch, Geflügel aus der Freilandhaltung, Bio-Fleisch, Nüsse und Avocado. Auch die Deutsche Herzstiftung rät zum regelmäßigen Verzehr von Kaltwasserfischen wie Lachs, Makrele, Hering und Thunfisch möglichst zweimal in der Woche. Diese Fische enthalten besonders viele Omega-3-Fettsäuren. Weizenkeimöl ist mit einem Verhältnis von 7 zu 1 an Omega-6-Fettsäuren zu Omega-3-Fettsäuren ebenfalls noch empfehlenswert. Weizenkeimöl besticht des Weiteren durch seinen hohen Gehalt an Vitamin E. Dass der Gesundheitszustand der Gefäße durch die richtige Fettauswahl gefördert wird, ist unter Wissenschaftlern heute unbestritten.

Kann man mit kalt gepresstem Öl braten?

Ja, mit kalt gepresstem Olivenöl, Rapsöl und Traubenkernöl können Sie braten, wenn Sie einige Dinge berücksichtigen. Olivenöl und Rapsöl enthalten überwiegend einfach ungesättigte Fettsäuren, die sehr hitzestabil sind. In den Mittelmeerländern wird seit Menschengedenken mit kalt gepresstem Olivenöl gebacken und gebraten. Wichtig ist hier jedoch der Wassertropfentest! Geben Sie dazu gleich zu Beginn einen Tropfen Wasser mit in das Öl, wenn dieser Tropfen anfängt zu brutzeln, sofort das Gargut in die Pfanne geben. Gegebenenfalls noch kurze Zeit die Temperatur erhöhen, da das eingelegte Gargut die Temperatur wieder vermindert. Um die beliebte goldgelbe Kruste bei Bratlingen, Fleisch oder Fisch zu erhalten, reicht eine Temperatur, bei der das Gargut brutzelt, vollkommen aus. Mit anderen kalt gepressten Ölen sollten Sie nicht braten, sie sind zu empfindlich und durch die hohen Temperaturen werden sie ranzig und es bilden sich freie Radikale, die mit Krebskrankheiten in Verbindung gebracht werden. Mehr dazu ab Seite 48 f.

Neues aus der Wissenschaft

Verzichten Sie *nicht* auf Butter, sie enthält leicht verdauliche Fette, die sehr schnell in die wartenden Zellen zur Energiegewinnung und zum Neubau von Zellwänden gelangen. Das lange verteufelte Cholesterin kann durch eine ausgewogene, natürliche und ballaststoffreiche Mischkost in Balance gehalten werden. Verwenden Sie die Butter dennoch sparsam, bewahren Sie diese im Butterfach des Kühlschranks auf, so lässt sie sich, durch die bessere Streichfähigkeit, sparsamer dosieren. Auch empfehlenswert sind Margarinen auf der Grundlage von Olivenöl.

Mein Tipp

Achten Sie bei allen Produktkäufen auf die Zutatenliste! Am sichersten sind Sie mit dem Hinweis ›Frei von gehärteten Fetten‹.

Verwenden Sie Produkte mit den Angaben ›Kalt gepresstes Öl‹ oder ›Natives Öl‹ im Idealfall aus erster Pressung. Versuchen Sie gehärteten Fetten möglichst aus dem Wege zu gehen, sie lagern sich in die Zellwände ein und machen aus einstmals elastischen Zellstrukturen ein verkrustetes Gewebe, durch das die Nährstoffe nur noch schwer ihren Zielort erreichen können. Die Verwendung von gehärteten Fetten muss ebenfalls auf der Zutatenliste angegeben werden. Frische und natürliche Produkte enthalten keine gehärteten Fette.

Gehärtete Fette können sich auch negativ auf die Blutfettwerte und auf die Gehirnleistung auswirken und den Zellaustausch blockieren. In den allermeisten gehärteten Fetten befinden sich auch Transfette. Das sind Fette, die bei den Herstellungsprozessen bei hohen Temperaturen als unerwünschte Begleiterscheinung entstehen. Trans-Fettsäuren führen im menschlichen Körper u. a. zu einem ungünstigen Verhältnis von LDL- und HDL-Colesterin, dem Abfall der schützenden Cholesterinpakete und zur Ausschüttung von Stoffen, die Entzündungen auslösen und die, wie man seit einiger Zeit weiß, zu krankhaften Veränderungen der Gefäße führen – mit der Folge eines erhöhten Risikos für Schlaganfall und Herzinfarkt.

Die Gesellschaften für Ernährung in Deutschland, Österreich und der Schweiz empfehlen, den Anteil der täglichen Transfettaufnahme auf maximal 1 % der Gesamtenergie zu senken. Studien konnten zeigen, dass bei einer Senkung der täglichen Transfettaufnahme um 2 % das Risiko von Arteriosklerose um 50 % und von Diabetes Typ II um ca. 36 % gesenkt werden konnte. Gehärtete Fette finden Sie bevorzugt in Fertigprodukten, billigen Margarinen, Kartoffelfertigerzeugnissen wie Pommes, Chips, Flips usw. und in billigen Schokoladen und Süßigkeiten.

Mein Tipp

Fette sind auch notwendig, um die fettlöslichen Vitamine A, D, E, K aufnehmen zu können. Gehen Sie dennoch sparsam mit Fetten um, und geben Sie Öl immer mit Hilfe eines Teelöffels zur besseren Dosierung zu den Speisen – das spart Kalorien. Denn bereits 1 g Fett enthält ca. 9 Kalorien. Bei 1 EL Öl sind Sie also gleich mit 90 Kalorien dabei. Im Kapitel 7 finden Sie einige vitalstoffreiche Rezepte mit ausgewogenen Fettsäuremustern.

Mehr davon gibt es unter www.edeka-suedwest.de. In Kapitel 2 ab Seite 85 f. finden Sie weitere Hinweise zum täglichen Fettverzehr.

Das Gute in Fleisch

Immer wieder wird von angeblich fettem Fleisch als dem Übeltäter falscher Fettaufnahme gesprochen. Die Haltung der Tiere und der Zuschnitt der Portionsstücke sind hier entscheidend. Fett können Sie zum größten Teil sehen und somit gegebenenfalls auch wegschneiden! Fleisch ist nicht gleich Fleisch, auch wenn es auf den ersten Blick den Anschein haben mag.

120 g Schweinefilet hat 230 kcal und deckt mit dieser Menge den durchschnittlichen Tagesbedarf an Zink zu 50 %, Vitamin B1 zu 80 %, Vitamin B2 zu 30 %, Niacin zu 40 %, Vitamin B6 zu 40 % und Vitamin B 12 zu 30 %. Die Vitamine der B-Gruppe sind enorm wichtig für die Umwandlung der Nahrung in Energie und körpereigene Zellen. Sie sind wahre Stoffwechselwunder.

Die Fleischqualität ist abhängig vom Gesundheitszustand der Tiere und damit auch von der Ernährung, der Stressbelastung, den Haltungsbedingungen und den Schlachtbedingungen der Tiere. Natürlich sind dementsprechend die individuellen Nährstoff-, Vitamin- und Mineralstoffangaben auch von der Haltung und der Zucht abhängig. Wenn also Fleisch zu Dumpingpreisen angeboten wird, sollte man sich überlegen, dass ein Tier etwa sieben Mal so viel fressen muss, um sein Gewicht aufbauen zu können. Leider lässt sich jedoch die Qualität oftmals erst in der Pfanne oder beim Gaumentest beurteilen, vorausgesetzt das Fleisch wurde richtig zubereitet.

Biofleisch hat noch einen zusätzlichen Nutzen. Es ist das Fleisch von Sportlertieren. Es enthält deshalb zu den eingangs genannten Vitalstoffen noch eine gute Portion wertvoller Omega-3-Fettsäuren. Diese Fettsäuren entstehen durch die Bewegung der Tiere. Setzen Sie deshalb in Sachen Fleisch immer auf Qualität in der richtigen Balance. Denken Sie daran, dass aus den kleinsten Bausteinen, den Aminosäuren, Ihre körpereigenen Zellen und Abwehrkräfte gebildet werden.

Kohlenhydrate

Die richtigen Kohlenhydrate machen satt und schlank

In Zeiten der Atkins-Diät und Low-Carb-Diäten, bei denen gegen Kohlenhydrate angegangen wird, spreche ich vom Schlankmacher Kohlenhydrate – wie kann das sein? Forschungsergebnisse zeigen, dass erst bei einer Aufnahme von mehr als 500 g Kohlenhydraten am Tag diese in Fett umgewandelt werden. Außerdem sind Kohlenhydrate nicht gleich Kohlenhydrate.

Leere Kohlenhydrate machen dick!

Kennen Sie den Begriff ›leere Kohlenhydrate‹? Sie sind enthalten in raffiniertem Zucker und Weißmehl. Diese Produkte werden so stark verarbeitet, dass der Vitalstoffgehalt zu wünschen übrig lässt. Oder anders gesagt: Wenn aus der übrigen aufgenommenen Nahrung nicht genügend Vitalstoffe zur Verfügung stehen, wird Zucker in großen Mengen nicht in Energie, sondern in Fett umgewandelt.

Was heißt nun in großen Mengen? 200 g Gummibärchen, 1 Scheibe Weißbrot mit 2 EL Nuss-Nougat-Creme und ½ Liter Cola und man ist bereits mit 300 g Kohlenhydraten im Rennen. Kommt dann noch eine Tüte Chips, ein Schokoriegel und vielleicht noch mal ½ Liter Cola dazu, ist man im Handumdrehen bei 500 g Kohlenhydraten. Auf dem Vitalstoffkonto ist man jedoch völlig im Minus.

Der ›Durchschnittsmensch‹ isst heute zu viele leere Kohlenhydrate in erster Linie in Form von Zucker und Weißmehlprodukten. Der Schnitt liegt bei 34 Kilogramm Zucker im Jahr pro Kopf, der in Form von Weißmehlbrötchen mit Marmelade, Weißmehlnudeln mit fetten Soßen, Sahnetorten, Limonaden, Eis und Süßigkeiten aufgenommen wird.

Gerade bei Kindern sind solche Essenspläne durchaus keine Seltenheit. Bereits jedes fünfte Kind in Deutschland ist zu dick, was jedoch noch viel problematischer ist, Kinder sind im Wachstum! Wie sollen ein gesundes Wachstum und die Neubildung von Zellen mit leeren Kalorien und ohne Schutz und Leibgarde in Form von Vitalstoffen erfolgen? Von 10 übergewichtigen Kindern bleiben 8 Kinder im Erwachsenenalter übergewichtig.

Bedingt durch Bewegungsmangel und einen eingeschränkten Stoffwechsel ist bei vielen älteren Menschen der Energiebedarf bereits auf 1800 Kalorien reduziert. Deshalb ist es gerade bei diesen Menschen besonders wichtig, keine leeren Kalorien, sondern den vitalstoffreichen Supermix zu essen, um möglichst wenig Körperenergie zu verschwenden und das notwendige Schutzpotential für diese Umwandlungsarbeit gleich mitzuliefern.

Wer vital, schlank und schön sein will oder werden möchte, muss essen!

Wenn wir uns die komplexen Kohlenhydrate anschauen, sieht die Bilanz gleich ganz anders aus. Um über Sauerkraut auf 500 g Kohlenhydrate zu kommen, müssten Sie ca. 20 kg Sauerkraut essen. Um das bei Möhren zu erreichen, wären es ca. 10 kg und bei Äpfeln wären es ca. 5 kg. Bei Vollkornbrot ca. 4 kg. Fällt Ihnen etwas auf? Natürlich ist es absolut fad, ausschließlich Möhren, Sauerkraut oder Äpfel zu knabbern, aber es gibt durchaus genussreiche Wege zum Supermix. Diese Zahlen müssten Ihnen aber auch klarmachen: Wer abnehmen will, sollte niemals hungern, denn bei diesen Mengen an Lebensmitteln muss man gewiss nicht hungern. Die eben erwähnten Mengen zeigen weiterhin auf, dass *nach* einer ausgewogenen Mahlzeit durchaus auch noch ein Stück Schokolade oder das begehrte Brötchen mit einem Klecks Nuss-Nougat-Creme drin ist. Wer also fit sein möchte und hungert, ist nicht nur selbst schuld, er legt damit auch seinen Stoffwechsel lahm und baut Muskeln ab. Das sind die Motoren, die zuvor die Energie verbrannt und – falls richtig ernährt – auch zukünftig verbrennen werden. Außerdem können ohne ausreichend Bau- und Treibstoffe die Schutz- und Erneuerungsabläufe im Körper nicht mehr in Gang gehalten werden. Man setzt sozusagen alle Hebel in Bewegung, um die Alterungsprozesse im Körper zu beschleunigen.

So besiegen Sie den (Süß)hungerteufel!

Die Ursachen für viele Missverständnisse liegen im Grunde immer noch bei der vorherrschenden Einstellung: ›Ich esse, weil ich Hunger habe‹. In Wirklichkeit sendet das Gehirn diese Hungersignale aus, weil der Blutzuckerspiegel zu niedrig ist und die Helfer, die die gespeicherte Energie aus den Fettzellen holen könnten, fehlen. Was will Ihnen Ihr Körper mit der Lust nach Süßem eigentlich vermitteln?

Ganz einfach, die Botschaft heißt: ›Die 70 bis 80 Billionen Körperzellen brauchen dringend Kohlenhydrate!‹ Bereits mit der Geburt haben wir Süßhunger als natürliches Signal für Hunger trainiert. Unser erstes Nahrungsmittel, die Muttermilch, ist süß und unser Gehirn wird damit automatisch auf Süßhunger als Botschaft für neuen Nahrungsbedarf geschult. Auch heute noch sind viele Menschen davon überzeugt, dass bei Süßhunger der Körper Zucker braucht. Das ist nicht so! Zucker ist isolierte konzentrierte Energie. Um 100 g Zucker herzustellen benötigt man ca. 8 kg Zuckerrüben. Diese Menge Zuckerrüben könnte man normalerweise nie essen. Diese konzentrierte Energie, die wir übrigens auch in Weißmehl finden, bringt unseren Körper in eine Alarmbereitschaft. Besser gesagt, die Bauchspeicheldrüse wird in Aktion gesetzt. Sie hat die Aufgabe, den Blutzuckerspiegel auf einem konstanten Niveau zu halten. Andernfalls wird die Situation lebensbedrohlich! Bei hohem Verzehr von Zucker und Weißmehl scheidet die Bauchspeicheldrüse große Mengen Insulin aus, die notwendig sind, um den hohen Glukose(Zucker)-ansturm zu bewältigen.

Dieses Hormon fängt die Glukose ein, bringt sie in die Muskeln und in die Leber. In den Muskelzellen stehen Billionen Brennöfen, die Mitochondrien, zur Verfügung, die die Nahrung zu Energie verbrennen. Deshalb haben Menschen im Gegensatz zu Echsen immer eine Körpertemperatur von durchschnittlich 36,5 Grad. Je aktiver wir sind, desto mehr Energie wird in den Zellen verbrannt. Glukose wird in Form von Glykogen in Muskeln und Leber gespeichert. Sind diese Speicherplätze durch einen zu hohen Glukoseansturm besetzt, wird Glukose in Fett umgewandelt und in den Fettzellen gespeichert.

Der glykämische Index sorgt für Verwirrung und Frust

Generell haben Lebensmittel, die den Blutzuckerspiegel schnell stark anheben einen hohen glykämischen Index. Dieser Index gibt die blutzuckererhöhende Wirkung von kohlenhydrathaltigen Lebensmitteln in Prozent an. Dabei hat die Glukose (Traubenzucker) den Index von 100%. Das Problem: Dieser Index bezieht sich immer auf 50 g Kohlenhydrate und nicht auf 50 g Lebensmittel. So zählen laut Glyx-Tabelle Melonen, Karotten, Kürbisse und Kartoffeln nicht zu den empfehlenswerten Lebensmitteln. Um 50 g Kohlenhydrate aufzunehmen, könnte man jedoch 1 kg Melone, 800 g gekochte Karotten, 100 g Weißbrot, 92 g Vollmilchschokolade, 64 g gesüßtes Popcorn oder eben 50 g Traubenzucker essen.

Ich denke, es dürfte jedem klar sein, dass ein himmelweiter Unterschied zwischen 50 g Traubenzucker und 800 g gekochten Karotten besteht. Kritiker bemängeln außerdem, dass der glykämische Index ohne Berücksichtigung der sonstigen Vitalstoffe betrachtet wird. So haben zum Beispiel Karotten einen hohen Gehalt an Beta-Carotin und Kalium. Aus diesem Grund wird zwischenzeitlich mit der ›gykämischen Last‹ gearbeitet. Das macht das Ganze dann noch komplizierter und von Essenslust dürfte da nicht mehr viel übrig bleiben. Oder gehen Sie gerne mit Tabellen einkaufen, sehen leckere Karotten und verkneifen sich das Ganze wegen des glykämischen Indexes? Eine ausgewogene Ernährung mit viel Obst und Gemüse und mit der Verwendung von Vollkornprodukten, deren genaue und dennoch frei wählbare Balance Sie in Kapitel 2 noch kennenlernen werden, beinhaltet bereits die meisten positiven Aspekte der Glyxdiät, ohne mit Tabellen und genauen Vorgaben arbeiten zu müssen. Der glykämische Index lässt sich nämlich durch den gleichzeitigen Verzehr von eiweißreichen Lebensmitteln senken.

Viele Probleme mit der gleichen Ursache

1. Einfache Kohlenhydrate lassen den Blutzuckerspiegel sehr schnell ansteigen. Die Bauchspeicheldrüse schüttet daraufhin sehr viel Insulin aus, um den Zucker einzufangen und ihn in die Speicherplätze in Muskeln und der Leber zu bringen. Sind diese Plätze belegt, wird der Zucker in Fett umgewandelt.
2. Bei ausschließlichem Weißmehl- und Zuckerverzehr in Form von leeren Kalorien, fehlt es dann auch noch an Vitaminen der B-Gruppe, die dazu beitragen könnten, die Energie aus den Fettzellen wieder herauszuholen.
3. Die großen Insulinmengen fegen die Blutbahnen in kürzester Zeit leer und es stellt sich bereits nach kurzer Zeit wieder Süßhunger ein.

Bei Vollkornkuchen, Vollkornnudeln, Getreidevollkornprodukten und bei Obst und Gemüse ist die Situation ganz anders. Die Glukose, die sich in diesen Produkten befindet, ist umgeben von Faserstoffen, Ballaststoffe genannt, und die einzelnen Glukosebausteine sind meist miteinander verknüpft. Man unterscheidet deshalb auch nach Einfach-, Mehrfach- und Vielfachzucker. An dem schematisch dargestellten Getreidekorn auf der nächsten Seite wird das deutlich.

Vollkorn

Das ganze Getreidekorn in Vollkorn

A Fruchtschale (Oberhaut)
ballast- und mineralstoffhaltig

B Samenschale
eiweiß- und mineralstoffhaltig

C Aleuronschicht
eiweiß- und fetthaltig,
reich an Enzymen
und Vitaminen

D Mehlkörper
Eiweißbestandteile zwischen
den Stärkekörnern

E Keimling
eiweiß-, keimöl-, vitamin-
und mineralstoffhaltig

F Bärtchen

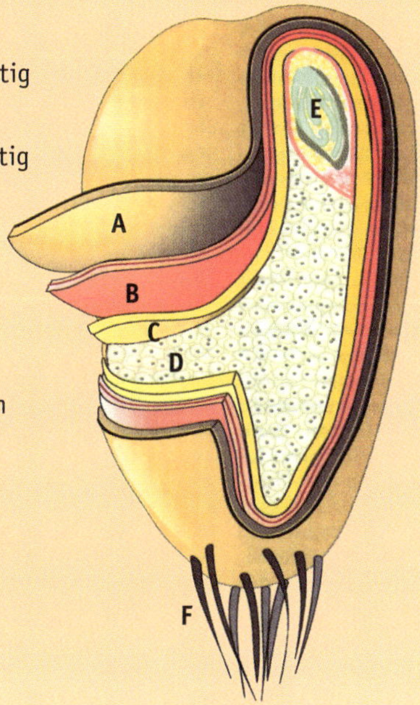

Für diese Zerlegungsarbeit von Vollkornprodukten wird Zeit benötigt, da die Kohlenhydrate vom Darm nur als Einfachzucker bzw. Glukose in das Blut abgegeben werden können. Diese Zeit ist hilfreich, um keinen Glukoseansturm und damit keinen hohen Insulinbedarf entstehen zu lassen.

Weiterhin enthalten Vollkornprodukte viele Vitamine der B-Gruppe, sekundäre Pflanzenstoffe und Mineralstoffe, die die Verdauungsarbeit erleichtern und somit den Energiehaushalt beschleunigen und unterstützen. Diese Vitalstoffe sind eifrig damit beschäftigt, die angekommenen Glukose-Päckchen in die entferntesten Zellen zu bringen, um dort damit die Brennkammern anzuheizen und um somit die Muskeln und das Gehirn mit neuer Energie zu versorgen. Das Gehirn akzeptiert nämlich ausschließlich Kohlenhydrate als Energiequelle.

In der folgenden Übersicht sehen Sie, wie viele Scheiben Weißbrot Sie essen müssten, um auf die gleichen Inhaltsstoffe von Vollkornbrot zu kommen und damit den Tagesbedarf decken zu können. Bedenken Sie dabei, dass jede Scheibe Weißbrot etwas mehr Kalorien hat als Vollkornbrot und Sie dann eben auch ein Vielfaches an Kalorien aufnehmen.

Brot ist nicht gleich Brot

Vitalstoffe

Um den Tagesbedarf an folgenden Vitalstoffen zu decken, brauchen Sie:

Vitamin B1:	22 Scheiben Weißbrot (1900 kcal) oder 10 Scheiben Vollkornbrot (700 kcal)
Vitamin E:	37 Scheiben Weißbrot (3250 kcal) oder 17 Scheiben Vollkornbrot (1190 kcal)
Eisen:	12 Scheiben Weißbrot (1050 kcal) oder 8 Scheiben Vollkornbrot (560 kcal)
Faserstoffe:	25 Scheiben Weißbrot (2150 kcal) oder 12 Scheiben Vollkornbrot (840 kcal)

Der Verzehr von komplexen Kohlenhydraten in Vollkornprodukten, Obst und Gemüse hat viele Vorteile:

1. Eine vermehrte Lagerhaltung von Fetten bleibt aus.
2. Es stehen ausreichend Vitalstoffe zur Verfügung, die die Umwandlung von Nahrung in Energie vorantreiben, wir fühlen uns somit pudelwohl, geistig fit und glücklich.

3 Die sogenannten sekundären Pflanzenstoffe (SPS), in allen natürlichen pflanzlichen Lebensmitteln, stärken die Abwehrkräfte und bilden zusammen mit den Vitaminen A, C, E und dem Spurenelement Selen ein starkes Team zur Abwehr von freien Radikalen (siehe Seite 48 f.).

4 Die Faserstoffe quellen auf, sorgen so für ein lang anhaltendes Sättigungsgefühl und verbessern die Verdauung – der Süßhunger bleibt aus! Der Vorteil: Sie bleiben lange satt und essen dadurch weniger. Dabei essen Sie sich auch noch glücklich. (Wissenschaftliche Studien weisen nach, dass ein Mangel an B-Vitaminen Depressionen fördern kann.)

5 Müdigkeit und Kältegefühle bleiben auf diese Weise aus, denn sie entstehen gerade in der Süßhungerphase, wenn dem Gehirn und den Muskeln zu wenig Glukose zur Verfügung steht

Seien Sie kritisch bei sogenannten Low-Carb-Diäten (Carb = Carbonates = Kohlenhydrate). Der Begründer der eiweiß- und fettreichen Atkins-Diät starb im Alter von 72 Jahren mit einem Gewicht von 117 kg! Natürliche komplexe Kohlenhydrate im richtigen Mix sind der Treibstoff für glückliche Zellen.

Gemäß dem DGE-Bericht 2004 liegt die tägliche Aufnahme der einfachen Kohlenhydrate deutlich über 10 %. Komplexe Kohlenhydrate werden zu wenig gegessen. Weiterhin werden 30 g Ballaststoffe täglich empfohlen. Der tatsächliche Durchschnittswert liegt bei 22 – 25 g. Gerade ältere Menschen kommen aber oftmals auf nicht mal 12 g. 1 g Kohlenhydrate hat ca. 4 Kalorien. Auf den Seiten 57 f., 109 f. und 159 f. erfahren Sie mehr über die wichtige Bedeutung der Ballaststoffe.

Meine Empfehlungen im Umgang mit Kohlenhydraten

1. *Genießen Sie Schokolade!* Wird der tägliche Bedarf an Vitalstoffen aus ausgewogenen Mahlzeiten gedeckt, dann spricht überhaupt nichts dagegen, auch mal Schokolade, Schokokekse oder Kuchen zu essen. Das verarbeiten die jetzt zur Verfügung stehenden Vitalstoffe mit Leichtigkeit. Und außerdem steckt in guter Schokolade mit hohem Kakaoanteil, ohne gehärtete Fette, auch noch richtig was drin. Greifen Sie zu Schokolade mit 70 % Kakaogehalt. Sie enthält reichlich gehirnstärkendes Lecithin, Magnesium und Kalium, auf das sich die Muskeln freuen, gefäßschützende Polyphenole (mehr dazu Seite 53 f.) und natürlich auch Kohlenhydrate. Lassen Sie jedes Stück Schokolade langsam und mit Genuss auf der Zunge zergehen!
2. *Trockenobst – geballte Energie, ideal bei Süßhunger!* Trockenfrüchten, die es als getrocknete Bananen, Pflaumen, Aprikosen, Äpfel, Feigen, Datteln, Rosinen usw. zu kaufen gibt, wurde das Wasser bis auf eine Restfeuchtigkeit von 18 bis 25 % entzogen. Dabei bleiben die Mineralstoffe und der Zuckeranteil nahezu vollständig erhalten. Vor allem die für die Körperabläufe so wichtigen Mineralstoffe wie Magnesium, Kalium und das hautverschönernde Vitamin Biotin, sind hier zu nennen. Trockenobst eignet sich deshalb hervorragend als ernährungsphysiologisch hochwertiger Austausch für vitalstoffarmen Zucker und Süßigkeiten. Für Kuchenrezepte können die Früchte sehr klein geschnitten und abschließend mit dem Spatel unter das Biskuit gehoben werden. Eine andere Variante ist das Einweichen in Saft und das anschließende Pürieren. Dadurch erhält man eine honigähnliche Konsistenz, die sich gerade beim Hefe- oder beim Mürbteig sehr gut einkneten lässt. Auch Quark und Frischkäse für Tortenbeläge lassen sich auf diese Weise aromatisch und vitalstoffreich süßen. Achten Sie auf ungeschwefelte Früchte, besonders zu empfehlen sind Bio-Produkte.

3 *Welches Mehl für süße Kuchen?* Vollkornmehl liefert mit seinen Randschichten und dem enthaltenen Keim bis zu siebenmal mehr wertvolle stoffwechselantreibende Vitamine der B-Gruppe, Vitamin E, Zink, Eisen, Magnesium und Ballaststoffe als Weißmehl. Zum Backen von süßen Kuchen ist insbesondere Dinkelvollkornmehl geeignet. Dieses Mehl hat weniger Bitterstoffe als Roggen- oder Weizenmehl und es enthält reichlich Kieselsäure zur Stärkung des Bindegewebes und der Muskelfasern. Ein Nussbiskuit mit Gewürzen wie Kardamom, Zimt, Lebkuchengewürzen, Piment, Macis (nicht von allem ein bisschen, sondern immer wieder ein anderes Gewürz!) und Kakao, abgeriebener Schale von unbehandelten Orangen oder Zitronen, gesüßt mit eingeweichten und pürierten Trockenfrüchten, steht auf der energiebringenden Hitliste für Sportler- und Gehirnnahrung ganz oben. Mit solchen süßen Leckereien können Sie eine echte Kreativpause einlegen. Die Garantie zu anschließenden geistigen Höhenflügen oder sportlichen Höchstleistungen ist gewiss, ohne dass sich diese süßen Teilchen in Form von Pfunden auf Hüften, Bauch und Po bemerkbar machen. Sie wissen ja, damit werden Sie viel schneller satt.

Mein Tipp

Bekannte Backrezepte statt mit Weißmehl und Zucker jetzt plötzlich mit Dinkelvollkornmehl und Trockenfrüchten zuzubereiten, stößt im Bekanntenkreis und bei der Familie im allgemeinen auf Widerstand, weil der Kuchen eben nicht mit dem bekannten Lieblingskuchen zu vergleichen ist. Deshalb: Probieren Sie neue Kuchenrezepte aus! Leckere Rezepte finden Sie unter www.edeka-südwest.de.

Facharbeiter

Vitamine, Mineralstoffe, Spurenelemente – unsere Facharbeiter

Eiweiß, Fett und Kohlenhydrate zählen zu den Makronährstoffen. Vitamine, Mineralstoffe und Spurenelemente hingegen werden nur im Mikrogramm-Bereich und darunter benötigt. Immer wieder war in den vorangegangenen Kapiteln die Rede von Facharbeitern, die die Umwandlung von Nahrung in Energie und körpereigene Zellen bewältigen. Auf den folgenden Seiten haben Sie eine Übersicht über die wichtigsten Aufgaben von Vitaminen und Mineralstoffen, die Sie unterstützen sollen, durch die richtige Lebensmittelauswahl Fitness und Lebensqualität zu steigern.

Hinweis Nährungsergänzungsmittelhersteller deuten immer wieder an, dass Lebensmittel heute weniger Vitalstoffe hätten, als noch vor 50 Jahren. Diese Aussage wurde im DGE-Frühjahrsbericht ganz klar dementiert. So haben natürliche Lebensmittel wie etwa ein Apfel, Tomate, Birne usw. heute immer noch vergleichbare Vitalstoffwerte. Die Nährstoffanalytik ist jedoch heute noch ein schwieriges Terrain. So hat das Institut für Ernährungswissenschaft in Bonn bei Spinatproben vom gleichen Acker, die an unterschiedliche Institute zur Analyse geschickt wurden, Ergebnisse, die bis zu 100 % differierten, erhalten. Ein Vergleich von Inhaltsstoffen gegenüber vor 50 Jahren ist aus diesem Blickwinkel schon fast nicht mehr nachvollziehbar. Um ein aussagekräftiges Ergebnis zu bekommen, müssten für den Vergleich von Inhaltsstoffen auch die Analysegeräte von vor 50 Jahren verwendet werden.

Laien sprechen auch immer wieder von zurückgehenden Magnesiumwerten. Jeder Gärtner wird Ihnen bestätigen, dass eine Pflanze, die zu wenig Magnesium hat, nicht wächst. Finden Sie solche spärlich gewachsenen Produkte in ihrem

Markt? Nein, mit Sicherheit nicht und wenn, würden Sie diese wohl nicht kaufen. Dennoch kommt es gerade bei älteren Menschen und bei Kindern und Jugendlichen häufig zu einem Mangel an Vitaminen und Mineralstoffen. Die Wissenschaftler sind sich jedoch einig, dass dieser Mangel nicht aus einem Zuwenig an Inhaltsstoffen aus natürlichen Lebensmitteln hervorgeht, sondern aus einem Zuviel an konzentrierten und verarbeiteten Lebensmitteln. Vergleichen Sie: 1 Kartoffel hat 56 Kalorien und deckt den Tagesbedarf an Vitamin C zu 40 % und Kalium zu 11 %. Die gleiche Menge Kartoffelchips hat 424 Kalorien und deckt den Tagesbedarf an Vitamin C zu 8 % und an Kalium zu 26 %. Wenn Sie eine Tüte Chips gegessen haben, werden Sie wahrscheinlich kein frisches Obst und/oder Gemüse oder ein Vollkornbrot mehr essen wollen, weil Sie sich satt fühlen. Ihre 70 bis 80 Billionen Körperzellen leiden jedoch großen Hunger, es fehlt ihnen an Kohlenhydraten, weil das meiste in den Fettzellen gelandet ist und es fehlt an Schutz- und Reglerstoffen, die die Energieabläufe managen. Ständige Müdigkeit, Infektanfälligkeit und Hunger auf Süßes sind sichere Anzeichen für ein Vitalstoffdefizit, dessen Ursachen in einer unausgewogenen Ernährung liegen, nicht jedoch an den abnehmenden Vitalstoffgehalten natürlicher Lebensmittel.

Mein Tipp

Setzen Sie beim Einkauf das Hauptaugenmerk auf Frischeprodukte, am besten jeden Tag.

Bioaktive Stoffe – Schutzstoffe aus der Natur

Bioaktiv

Seit etwa 25 Jahren forschen Ernährungswissenschaftler und Mediziner intensiv im Bereich der sekundären Pflanzenstoffe (SPS) oder auch Bioaktivstoffe genannt. So kommen immer mehr internationale Studien unabhängig voneinander zu dem Ergebnis, dass Menschen, die viel Obst, Gemüse und Vollkornprodukte essen, seltener an Krebs, Herzinfarkt, Schlaganfall, Arteriosklerose und Diabetes erkranken. Epidemiologische Studien (Ländervergleiche) zeigen auf, dass beispielsweise die Italiener und die Griechen dreimal so viel Obst und Gemüse essen wie die Deutschen und die Anzahl der Krebserkrankungen in Südeuropa wesentlich geringer ist als in Nord- und Mitteleuropa.

Der Wissenschaftszweig mit dem Hauptaugenmerk auf die SPS ist entstanden, weil man diese Unterschiede allein durch die Beschränkung auf Makronährstoffe (Eiweiß, Fett, Kohlenhydrate) und auf Vitamine und Mineralstoffe nicht nachvollziehen konnte. Dies brachte die Experten auf die Spur der sekundären Pflanzenstoffe. Die Bezeichnung ›sekundär‹ ist entstanden, weil Eiweiß, Fett und Kohlenhydrate im primären Stoffwechsel der Pflanze entstehen.
Im sekundären Stoffwechsel entsteht eine Vielzahl von Verbindungen, die in der Regel nur in sehr geringen Mengen vorliegen, aber wichtige Schutz- und Regulationsaufgaben während des Wachstums der Pflanze übernehmen. Per Definition werden als bioaktive Substanzen alle gesundheitsfördernden Stoffe in Lebensmitteln zusammengefasst, die nicht als Nährstoffe oder zum Aufbau von Körpersubstanz benötigt werden. Für unsere Gesundheit

sind sie jedoch unentbehrlich. Zu den bioaktiven Substanzen zählen die sekundären Pflanzenstoffe, die Ballaststoffe und die Substanzen aus milchsauer fermentierten Lebensmitteln wie Joghurt und Sauerkraut.

In Deutschland beschäftigten sich Prof. Dr. Claus Leitzmann, lange Jahre am Institut für Ernährungswissenschaft an der Universität Gießen, und Dr. Bernhard Watzl am Bundesinstitut für Ernährung und Lebensmittel in Karlsruhe intensiv mit diesen Stoffen.

Das Schutzsystem der Pflanzen für den Menschen

Die sekundären Pflanzenstoffe (SPS) geben zusammen mit den Vitaminen, Mineralstoffen und Spurenelementen den größtmöglichen Schutz vor den freien Radikalen, die heute mit dem Alterungsprozess und der Entstehung vieler Krankheiten in Verbindung gebracht werden.

Gibt es eine Möglichkeit, um den täglichen Bedarf an Vitalstoffen ohne großen Aufwand sicherzustellen? Während viele Menschen in der Vergangenheit davon ausgingen, dass zu einer gesunden Ernährung vor allem viele Vitamine und Mineralstoffe gehören, weiß man heute – der richtige Mix macht's. Wissenschaftliche Untersuchungsergebnisse haben gezeigt, dass eine Risiko senkende Wirkung bei sehr verschiedenen Krankheiten, wie Arteriosklerose oder Krebs durch den reichlichen Verzehr von Obst, Gemüse, Vollkorngetreideprodukten sowie Kräutern und damit eine gute Aufnahme von sekundären Pflanzenstoffen erreicht wird. Warum also nicht zu diesen Produkten greifen, die keine gesundheitsschädlichen Nebenwirkungen haben und dadurch die positiven Effekte für die Gesundheit mitnehmen? Die dazu benötigte Menge des täglichen Bedarfs ohne die Faserstoffe wird auf etwa 1,5 g geschätzt.

Experten schätzen die Zahl der SPS auf 100000, davon ist jedoch nur knapp die Hälfte näher untersucht. Chemisch betrachtet handelt es sich um ganz unterschiedliche Verbindungen, die sich jedoch in Gruppen mit ähnlichen Wirkungen zusammenfassen lassen. Nur ganz wenige Stoffe, wie z. B. die Phytinsäure oder der Farbstoff Chlorophyll, lassen sich nicht zuordnen.

SPS sind Stoffe, die die Pflanze selbst bildet, um sich vor Umwelteinflüssen, wie zu starker Sonneneinstrahlung und Bedrohungen von Insekten, Bakterien und Pilzen, zu schützen. Dazu gehören unter anderem Farb-, Duft-, Aroma- und Faserstoffe. Zu den wichtigsten Aufgaben der bioaktiven Substanzen gehört der antioxidative Schutz. Was ist damit gemeint? Jede unserer 70 bis 80 Billionen Körperzellen wird innerhalb eines Tages von sogenannten freien Radikalen angegriffen. Freie Radikale sind aggressive Sauerstoffverbindungen, die unter anderem bei der Umwandlung von Nahrung in Energie als Endprodukt anfallen.

Erinnern Sie sich noch an die Brennöfen in den Zellen, auch Mitochondrien genannt? In diesen Brennkammern sind die Attacken der freien Radikale besonders gefährlich, sie können sogar ein Ausbrennen der Brennkammern herbeiführen. Langfristig kann dies zum Zelltod führen. Die freien Radikale werden heute zu den Hauptverursachern des Alterns gezählt. Weitere Orte, bei denen freie Radikale angreifen, sind z. B. die Zellwände. Diese bestehen aus Milliarden von Molekülen mit Elektronenpaaren auf ihrer Außenhülle. Den freien Radikalen fehlt an einer Stelle ein Elektron für ein vollständiges Elektronenpaar. Deshalb versucht das freie Radikal, den vollständigen Molekülen ein Elektron zu entreißen. Dabei werden die angegriffenen Moleküle selbst zum Radikal und gehen auf Elektronenfang. Ohne ausreichenden Schutz durch Antioxidantien können die Angriffe der freien Radikale zu einer Kettenreaktion führen. Antioxidantien können einer solchen

Reaktion ein Ende bereiten, denn Antioxidantien sind in der Lage ein Elektron abzugeben, ohne selbst auf Elektronenfang gehen zu müssen. Durch die Aufnahme eines Elektrons wird das freie Radikal zu einem intakten Molekül. In der folgenden Abbildung sehen Sie diesen Vorgang stark vereinfacht dargestellt.

Antioxidantien

Antioxidantien schützen die Zellen vor vorzeitiger Alterung

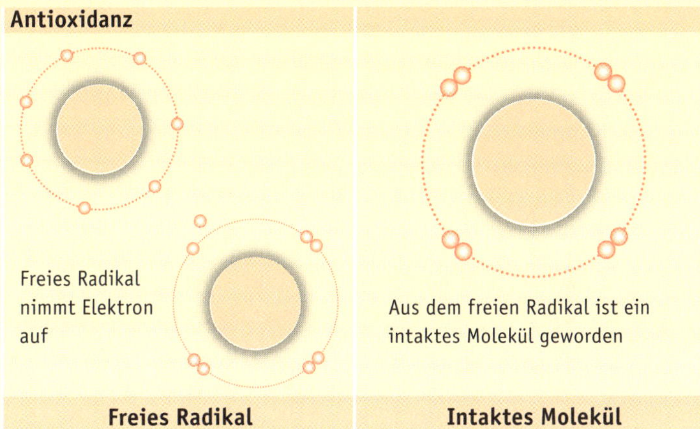

Zu den bereits bekannten Stoffen mit antioxidativer Wirkung zählen die Vitamine A, C, E und das Spurenelement Selen. Durch Stress, Rauchen, starke Belastungen bei erhöhten Ozon-Werten, übrigens auch bei einer Arbeitsumgebung mit viel Technik in Form von Druckern, PC und Kopierern, bei anaerobem Sport und ständigem Alkoholkonsum entstehen im Übermaß freie Radikale. Sind die freien Radikale im Zellinnern angelangt, können sie in den Zellkern eindringen. Dort befindet sich der genetische Code, also sozusagen der Bauplan der

Zelle. Wird dieser Bauplan verändert, kann das Zellwachstum entarten. Man geht heute davon aus, dass Krebs die mögliche Folge dieser Angriffe ist. Glücklicherweise bietet die Natur eine Fülle von Antioxidantien, die über gesunde Lebensmittel aufgenommen werden können.

Carotinoide färben Obst und Gemüse gelb, orange aber auch rot und grün. Sie sind enthalten in Orangen, Mangos, Aprikosen, Papayas, Möhren aber auch Brokkoli, Spinat, Grünkohl und Tomaten.

Studien konnten aufzeigen, dass Menschen mit einem hohen Carotinoidgehalt im Blut seltener an Krebs und Herz-Kreislauf-Störungen erkranken. Gründe dafür liegen in den antioxidativen Eigenschaften der Carotinoide.

Zu den Carotinoiden gehört auch das in Tomaten enthaltene Lycopin. Lycopin kann die Wahrscheinlichkeit für bestimmte Krebsarten, wie zum Beispiel Prostatakrebs, signifikant reduzieren.

Eine vom National Cancer Institute in den USA veröffentlichte Studie untersuchte über einen Zeitraum von 12 Jahren die Ernährungsgewohnheiten von 47 365 Männern. Während dieses Zeitraumes entwickelten 2 481 Männer ein Prostatakarzinom. Die Auswertung der Daten ergab eine Verbindung zwischen häufiger Aufnahme von tomatenhaltigen Speisen und einem verringerten Risiko, an Prostatakrebs zu erkranken. Die Wirkung wird dem in Tomaten enthaltenen Lycopin zugeschrieben. Lycopin wird von amerikanischen Kardiologen als Herzschutz empfohlen. Weiterhin hemmen Carotinoide die Tumorbildung. Sie schützen die Zellinformationen im Zellkern und sorgen dafür, dass diese Information für den Bau von neuen Zellen immer gut lesbar bleibt und sich keine Fehler beim Kopieren der Zellen einschleichen. Beta-Carotin unterstützt die Abwehrkräfte, indem es natürliche Killerzellen zum Schutz vor Krankheiten unterstützt.

Hinweis Vor einer Aufnahme von mehr als 20 mg Carotinoiden in Form von Nahrungsergänzungsmitteln wird gewarnt. Eine Studie war abgebrochen worden, als sich die Hinweise verdichteten, dass die Lungenkrebshäufigkeit, durch die Einnahme hoher Mengen an Carotinoiden durch Nahrungsergänzungen zugenommen hatte.
Während Beta-Carotin und Lycopin in rotem und orangefarbenem Obst und Gemüse relativ hitzeunempfindlich sind, ist das Lutein in grünem Obst und Gemüse sehr hitzeempfindlich.

Phytosterine sind eine Gruppe sekundärer Pflanzenstoffe, deren Grundstruktur der des Cholesterins sehr ähnlich ist. Sterine sind Bestandteile von pflanzlichen Zellmembranen und üben so in Pflanzen prinzipiell gleiche Funktionen aus wie das Cholesterol im menschlichen Körper. Phytosterine findet man in fettreichen Samen und in Vollkorngetreideprodukten. Weizen, Gerste, Sojabohnen, Sonnenblumenkerne, Sesam- und Leinsamen und natürlich die daraus hergestellten Öle sind reich an Phytosterinen. Man nimmt an, dass die pflanzlichen Sterine mit dem tierischen Cholesterin um die Aufnahme aus dem Darm konkurrieren und sich daraus der positive Effekt einer LDL-Cholesterinsenkung ergibt. Ebenso konnten Experten in epidemiologischen Studien Schutzwirkungen gegenüber Dickdarmkrebs beobachten.

Wichtig Achten Sie auf die Verwendung von kalt gepressten Ölen, da die Phytosterine durch die Raffination zu 75 % verloren gehen.

Saponine Sapo, lateinisch für ›Seife‹, bezeichnet die seifigen Stoffe in Hülsenfrüchten. Saponine kommen jedoch auch in Hafer, Spargel, Spinat und einigen Gemüsearten vor. Die Deutschen essen leider kaum noch Hülsenfrüchte. Hülsenfrüchte enthalten neben reichlich Saponinen viele

Ballaststoffe, Mineralstoffe, Spurenelemente und leicht verdauliches Eiweiß. Wissenschaftler haben herausgefunden, dass Saponine gerade im Magen-Darm-Trakt sehr nützlich sind und das Wachstum von Tumorzellen verhindern können. Sie binden Cholesterin aus der Nahrung, indem sie diesen Fettbegleitstoff aufsaugen wie ein Löschblatt. Da die Saponine wieder ausgeschieden werden und nur in ganz geringen Mengen vom Körper aufgenommen werden, haben sie dadurch eine cholesterinsenkende Wirkung. In Tierversuchen konnte gezeigt werden, dass Saponine die Abwehrkräfte stärken, weil sie die Bildung von Antikörpern anregen. Saponine sind nicht hitzeempfindlich, jedoch wasserlöslich. Deshalb sollten Sie das Einweichwasser bzw. die Garflüssigkeit, die sich in Dosenprodukten, also Erbsen, Bohnen, Linsen usw. befinden immer mitverwenden und sei es auch nur in einer vorausgehenden Suppe. Kichererbsen und Sojabohnensprossen haben den höchsten Saponingehalt.

Glucosinolate kommen fast ausschließlich in der Pflanzenfamilie der Kreuzblütler vor, zu denen Kohlsorten wie Weißkohl, Blumenkohl, Brokkoli, Kohlrabi und Rosenkohl gehören. Aber auch Rettich, Senf, Kresse, Meerrettich sowie Himbeeren, Erdbeeren, Trauben und Curcumin, das ist das gelbe Gewürz in Currymischungen, enthalten Glucosinolate. Beim Zerkleinern, und den dabei stattfindenden Reaktionen mit Sauerstoff, bilden sich wirksame Verbindungen wie Senföle, Isothiozynate und Indole. Deshalb empfiehlt sich gerade bei rohen Kohlsalaten eine Marinierzeit von einigen Minuten. Das fördert die Entstehung dieser wirksamen Verbindungen. Insgesamt ist die Wirkung in rohen Salaten besser als in gekochten.

Das Marinieren und die Beigabe von Kräutern und Gewürzen, insbesondere Liebstöckel, Kümmel oder Petersilie ergänzen die Salate mit weiteren Schwefelverbindungen, den Sulfiden, und machen sie besser verträglich. Sauerkrautsalat ist gerade im Winter ein willkommenes Stärkungsmittel, das neben den Glucosinolaten durch die milchsaure Vergärung noch weitere Anti-Krebs-Stoffe enthält.

Die Isothiozynate regen im Körper die Produktion eines entgiftenden Enzyms an und haben dadurch eine vor Krebs schützende Wirkung. In der Volksmedizin wird Meerrettich und Kresse schon seit Jahrhunderten gegen Husten und Blasenentzündungen eingesetzt. Heute kann man wissenschaftlich nachweisen, dass die Senföle über die Harn- und Atemwege ausgeschieden werden und dadurch vor Ort unerwünschte Bakterien, Viren und Pilze vernichten können. Ein Teil der Glucosinolate verbessern die Entgiftungsleistung der Leber. Die Gartenkresse enthält den höchsten Gehalt an Glucosinolaten. Als Faustformel kann man sagen, je schärfer desto besser, denn gerade die Schärfe deutet den hohen Gehalt an Glucosinolaten an.

Polyphenole Durch rund 6 500 verschiedene Farbstoffe sind die Polyphenole, zu denen auch die Flavonoide, Quercetin, und Anthocyane zählen, überwiegend in den gelben, roten und violetten Obst- und Gemüsesorten vertreten. Reiche Polyphenolquellen sind zum Beispiel Radicchio, rote Zwiebeln, Rotkohl, Auberginen, rote Trauben, Kirschen und Pflaumen, Heidelbeeren, Himbeeren, Kakao, grüner und schwarzer Tee, Rotwein und Tomaten. Die Polyphenole zählen zu den aktivsten Schutzstoffen im Kampf gegen freie Radikale. Sie stärken die Abwehrkräfte, kämpfen gegen unerwünschte Bakterien, Viren und Pilze, regulieren die Fließeigenschaften des Blutes und damit den Blutdruck. Sie wirken gerinnungs- und entzündungshemmend. Weiterhin können Polyphenole die Oxidation

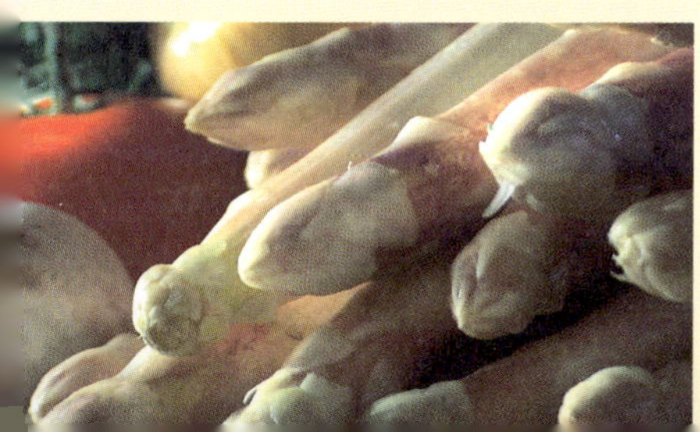

von Fetten in den Zellwänden und LDL-Cholesterin verhindern helfen. Sie halten die Gefäßwände glatt, geschmeidig und durchlässig.

Die Polyphenole befinden sich in der Regel direkt unter der Schale von Getreide, Obst und Gemüse, deshalb weist Weizenvollkornmehl eine zehnfach höhere Menge an Phenolsäuren auf als Weißmehl. Polyphenole haben ebenfalls die Fähigkeit, gegen freie Radikale zu kämpfen und unterstützen damit die antioxidativen Eigenschaften von Vitaminen.

Es ist davon auszugehen, dass sich die Polyphenole in ihren Wirkungen ergänzen, deshalb ist es empfehlenswert die ganze Bandbreite in Form von reichlich Abwechslung bei Obst, Gemüse und Vollkorngetreide auf den Tisch zu bringen. Flavonoide sind wasserlöslich und es empfiehlt sich daher, das Gemüse eher in Öl anzudünsten, statt in Wasser zu garen, und falls doch, dann in jedem Fall das Wasser mitzuverwenden.

Viele Studien sprechen für eine krebsvorbeugende Wirkung der Flavonoide. Besonders wirksam scheinen Flavonoide zu sein, die aus Äpfeln, Zwiebeln, grünem Tee, Heidelbeeren und Moosbeeren (›Cranberries‹) stammen. Sie schützen die Transportproteine des Cholesterins vor Oxidation und können den Blutcholesterinspiegel senken. Wer immer wieder an Harnwegsinfektionen leidet, sollte täglich 300 ml Preiselbeer-, Heidelbeer- oder Moosbeerensaft über einen längeren Zeitraum hinweg trinken, denn die Procyanidine, die in diesen Beeren vorkommen, hemmen Bakterien, die Harnwegserkrankungen verursachen.

So konnte in verschiedenen Studien aufgezeigt werden, dass diese Menge das Auftreten von Blasenentzündungen deutlich senken konnte.

Wichtig Je frischer das Obst, Gemüse und die Nüsse desto mehr Polyphenole.

Protease-Inhibitoren Sie befinden sich in Hülsenfrüchten, Nüssen, Kartoffeln und in Vollkorngetreideprodukten. Sie können nur in ganz geringen Mengen von der Darmschleimhaut aufgenommen werden, deshalb ist die krebshemmende Wirkung im Wesentlichen auf die Verdauungsorgane, insbesondere Speiseröhre, Magen- und Darm begrenzt, dort aber umso einsatzfreudiger. In unerhitzten Getreideprodukten und in gekeimten Hülsenfrüchten, wie der Sojabohne, konnte man die antioxidative Wirksamkeit gegen freie Radikale in den Zellen nachweisen. Weiterhin haben Protease-Inhibitoren eine regulierende Wirkung auf den Cholesterinspiegel.

Mein Tipp

Essen Sie reichlich Hülsenfrüchte in Form von Eintöpfen, Bratlingen oder püriert mit etwas kalt gepresstem Öl und Kräutern als Dipp oder Salate mit frisch gekeimten Sprossen, um die Kraft dieser Pflanzenstoffe zu nutzen.

Monoterpene Terpene geben gerade Kräutern und Gewürzen, aber auch Obst und Gemüse den aromatischen Geschmack und Duft. Monoterpene sind die Hauptbestandteile ätherischer Öle und deshalb auch äußerst empfindlich und flüchtig. Sie können Krebs vorbeugen und kämpfen gegen krankmachende Viren, Bakterien und Pilze. In Tierversuchen konnte festgestellt werden, dass sie zum einen die Umwandlung inaktiver Krebserreger in aktive verhindern. Weiterhin waren sie sogar in der Lage, bereits nach einer eingetretenen Zellschädigung eine Krebsentstehung zu unterdrücken. Die krebstherapeutische Wirkung von Limonen, das sind Monoterpene, die sich in allen Zitrusfrüchten befinden, wird derzeit in verschiedenen klinischen Studien untersucht.

Mein Tipp

Gehen Sie Ihrer Nase nach! Monoterpene können Sie im wahrsten Sinne des Wortes riechen. Setzen Sie so oft als möglich aromatische Gewürze und Kräuter ein. Gehen Sie dem Salzstreuer aus dem Weg und werden Sie zum Kräutergärtner. Diese gedeihen sogar auf der Fensterbank. Verwenden Sie ausschließlich Bio-Zitrusfrüchte. Bei diesen Produkten können Sie die monoterpenreiche Schale gleich mitverwenden.

Phytoöstrogene Diese Stoffgruppe erhielt ihren Namen, weil sie dem Hormon Östrogen, das im menschlichen Körper gebildet wird, in Aufbau und Wirkung sehr ähnlich ist. Phyton ist die griechische Bezeichnung für Pflanze. So wird auch die Heilpflanzentherapie als Phytotherapie bezeichnet. Die Phytoöstrogene werden in zwei Untergruppen aufgeteilt, in Isoflavonoide und Lignane. Die Isoflavonoide sind vorwiegend in Sojaprodukten zu finden. Die Lignane dagegen sind in vielen heimischen Pflanzen vor allem als Gerüstsubstanz der Zellwände anzutreffen. Phytohormone können im Körper eine schwache östrogene oder aber auch antiöstrogene Wirkung entfalten. Aufmerksam auf die Phytoöstrogene wurde man aufgrund der Tatsache, dass Asiaten(innen) viel seltener an hormonbedingtem Krebs wie Brust-, Gebärmutter- und Prostatakrebs erkranken. Man nimmt aufgrund dieser epidemiologischen Untersuchungen an, dass insbesondere die Isoflavonoide die hormonell bedingten Krebsarten vorbeugen können. Asiatinnen leiden kaum an Wechseljahrsbeschwerden. Lignanreiche Produkte sind vor allem Vollkornprodukte, insbesondere Weizen, kalt gepresste Pflanzenöle und Leinsamen.

Sulfide Diese Stoffe findet man in allen Zwiebelgewächsen wie Lauch, Zwiebeln, Knoblauch, Schnittlauch. Sie können die Entwicklung von Krebs in der Speiseröhre, im Magen- und Darmbereich und in der Leber hemmen. Insbesondere Knoblauch enthält viele Sulfide. Wichtig zu wissen: Wie bei den Glucosinolaten werden diese Schwefelverbindungen durch Schneiden oder gutes Kauen erst frei. Sulfide unterdrücken das Mikrobenwachstum, hemmen die Krebsentstehung, verhindern die Bildung schädlicher freier Radikale, halten die Arterien frei von Cholesterinablagerungen, helfen bei Entzündungen und Asthma und lösen Blutgerinnsel auf. Epidemiologische Studien zeigen, dass Menschen, die sehr viel Zwiebeln essen, seltener an Magenkrebs erkranken. Das im Knoblauch enthaltene Allicin schützt insbesondere vor Dickdarmkrebs, indem die Umwandlung von inaktiven Krebserregern in aktive Krebserreger gehemmt wird. Knoblauch gilt in der Volksheilkunde schon immer als natürliches Antibiotikum. Bakterien, Viren und Pilze werden durch die Schwefelverbindungen abgetötet. Das in Knoblauch reichlich vorhandene Ajoen verbessert die Fließeigenschaften des Blutes, verringert die Bildung von Blutgerinnseln und reguliert den Cholesterinspiegel. Alle Sulfide stärken die Abwehrkräfte.

Mein Tipp

Knoblauch hat die höchste Konzentration an Sulfiden. Doch die Summe macht's. Essen Sie regelmäßig Zwiebelgewächse, am besten bleiben die Inhaltsstoffe in roher Form erhalten. Wen das starke Knoblauch- oder Zwiebelaroma stört, der sollte stattdessen mit reichlich Petersilie würzen.

Ballaststoffe bringen Ihre tägliche Erneuerung auf Touren

Kaum vorstellbar, wie die Ballaststoffe zu ihrem Namen kamen. Die unverdaulichen Faserstoffe galten jahrzehntelang als schädlich und als Ballast für den Körper. Man gab deshalb die Empfehlung, sie möglichst aus der Nahrung zu entfernen. Der Grund: Da man bei Stuhluntersuchungen diese Ballaststoffe nachweisen konnte, ging man davon aus, dass der Körper sie nicht braucht. Erst in den 60er-Jahren entdeckte der englische Arzt Dennis Burkitt, der sich viel in Afrika aufhielt, dass diese Stoffe eine gesundheitsfördernde Wirkung haben müssen. Denn er stellte fest, dass Afrikaner ein Vielfaches an Ballaststoffen gegenüber den Europäern aßen und viel seltener an Darmerkrankungen und Dickdarmkrebs litten. Heute ist hinreichend erforscht, dass die Ballaststoffe sehr wichtige Aufgaben im Bereich der Verdauung haben. Ballaststoffe binden Fette und Giftstoffe, sie saugen diese wie ein Löschblatt auf. Da diese Faserstoffe nur zu einem sehr geringen Anteil verdaut werden, verlassen ein Teil der Fette den Körper ungenutzt und auch Gift- und Abfallstoffe werden auf diese Weise abtransportiert. Natürlich sollte man dennoch sparsam mit Fetten umgehen. Studien haben gezeigt, dass Menschen, die viele Ballaststoffe essen, seltener an Herzinfarkt erkrankten als Menschen, die ballaststoffarme Kost aßen und dass mit Hilfe der löslichen Ballaststoffe das LDL-Cholesterin bis zu einem Viertel der Ausgangswerte gesenkt werden konnte.

Eine weitere positive Begleiterscheinung ist die Harmonisierung des Blutzuckerspiegels, deshalb ist eine ballaststoffreiche Kost für den Diabetiker unverzichtbar. Ballaststoffe haben jedoch noch eine wichtige Aufgabe und zwar die Förderung einer guten Verdauung. Eine gute Verdauung ist entscheidend dafür verantwortlich, was in den 70 bis 80 Billionen Körperzellen ankommt, und ob wir Energie und Durchhaltevermögen haben. Stellen Sie sich das vor wie bei einem Feuer. Wenn die Aufspaltungskraft der Verdauungsorgane fehlt, ist das so, als würden Sie einen großen Holzbalken in ein kleines Feuer werfen. Die Verdauungskraft ist ursächlich mit der Lebensenergie verbunden. Auf ihrer Reise durch den Darm fördern die Ballaststoffe die Entwicklung einer aktiven Darmflora. Ein weiterer Vorteil: Ballaststoffe machen schnell und lang anhaltend satt und verhelfen dadurch zu einer guten Figur. Übergewicht ist der Hauptrisikofaktor für Herzinfarkt, Schlaganfall und Diabetes.

Die DGE empfiehlt eine Mindestaufnahme von 30 g Ballaststoffen täglich. Die meisten Deutschen schaffen nicht einmal die Hälfte. Dagegen boomt die Nachfrage nach Abführmitteln in den Apotheken, die bei Dauereinnahme jedoch die Nebenwirkung haben, die Darmarbeit zu schwächen. Ballaststoffe finden Sie in allen Pflanzen. Einen besonders hohen Gehalt haben Vollkornprodukte, Hülsenfrüchte, Äpfel, Birnen, und Kohl. Wichtig: Ballaststoffe binden sehr viel Wasser. Wenn Sie also Ihre Ernährung umstellen wollen, sollten Sie das langsam angehen, damit sich die Bakterienflora im Darm entwickeln kann. Daneben sollten Sie mindestens 1,5 Liter Flüssigkeit am Tag trinken (Näheres siehe Seite 109 f.).

Milchsaures Seit tausenden von Jahren wird die Milchsäuregärung dazu verwendet um Lebensmittel haltbar zu machen. Dabei wandeln Milchsäurebakterien die Kohlenhydrate in Gemüse und den Milchzucker in Milchprodukten in Milchsäure um. Durch die Milchsäure werden die Milchprodukte fest und haben eine längere Haltbarkeit. Bereits um 1900 vermutete der russische Nobelpreisträger Ilja Iljitsch Metschnikow, dass die Bulgaren ihre hohe Lebenserwartung unter anderem dem regelmäßigen Genuss von Kefir zu verdanken hätten. Viele Studien können heute beweisen, dass diese stärkende Wirkung den, in den milchsauervergorenen Produkten enthaltenen, Milchsäurebakterien zuzuschreiben ist. Vorraussetzung dafür ist, dass die Milchsäurebakterien lebend in den Darm gelangen. Die Darmschleimhaut ist zum Schutz des Darms dicht mit Mikroorganismen besiedelt. Die Milchsäurebakterien tragen dazu bei, dass sich im Darm weniger krebserregende Substanzen bilden. Sie regen darüber hinaus das Immunsystem an und schützen auf diese Weise ebenfalls vor Krebs und Infektionen. Bei einer Untersuchung, bei der die Teilnehmer jeden Tag 200 g nicht erhitzten Joghurt aßen, stieg die Zahl der natürlichen Killerzellen im Blut sowie anderer Immunfaktoren an. Besonders wirksam zeigten sich die Milchsäurebakterien im Kampf gegen krankheitserregende Viren und Bakterien. Ein regelmäßiger Verzehr dieser fermentierten Produkte kann die Entwicklung einer gesunden Darmflora aktiv unterstützen.

Sekundäre Pflanzenstoffe auf einen Blick

Nahrungsmittel	Carotinoide	Phytosterine	Saponine	Glucosinolate	Polyphenole	Protease-Inhibitoren	Monoterpene	Phytoöstrogene	Sulfide
Brokkoli	●			●	●				●
Grünkohl	●			●	●				●
Karotte	●				●				
Tomate	●				●				
Knoblauch			●		●				●
Zwiebel			●		●				●
Aprikose	●				●		●		
Zitrone					●		●		
Weizen		●	●		●	●		●	
Gerste		●	●		●	●		●	
Sojabohne		●	●		●	●		●	
Leinsamen		●			●			●	
Wirkung:	gegenThrombosen, krebsvorbeugend, bakterienabtötend, antioxidativ					immunstimmulierend, blutdruckregulierend, cholesterinsenkend, blutzuckerregulierend, entzündungshemmend			

Wichtig Die Milchsäurebakterien dürfen nicht erhitzt werden. Wärmebehandelter Joghurt oder erhitztes Sauerkraut können das nicht leisten. Behalten Sie bei der Sauerkrautzubereitung deshalb immer auch eine Handvoll ungegartes Sauerkraut zurück, dass sie anschließend unter das gegarte Kraut geben. Achten Sie auf die Molkereiproduktetiketten hinsichtlich der Wärmebehandlung. Lesen Sie auf dem Etikett ›Joghurterzeugnis‹, dann handelt es sich um ein wärmebehandeltes Produkt. Verwenden Sie möglichst ungesüßte Naturprodukte und süßen Sie selbst mit frischen Früchten und gegebenenfalls mit Honig oder Vanillezucker nach.

Gemeinsamkeit macht stark Die sekundären Pflanzenstoffe wirken im Verbund und arbeiten auch mit Vitaminen und Mineralstoffen zusammen. Deshalb ist es bis heute nicht möglich, sekundäre Pflanzenstoffe zu isolieren. Auch aus diesem Grund ist es zu empfehlen, fünfmal täglich Obst, Gemüse und Getreide zu essen. Mit der Überprüfung der Farben können Sie sicher sein, Ihrem Körper den bestmöglichen Schutz zu bieten, weil viele Obst-, Gemüse- und Getreidesorten auch verschiedene sekundäre Pflanzenstoffe enthalten.

Mein Tipp

Decken Sie sich für unterwegs mit Gemüse, Obst, Nüssen, Reiscrackern, Vollkornbrotscheiben und 100-prozentigen Obst- und Gemüsesäften ein, die Sie dann auch mit Mineralwasser mischen können.

Nach den Empfehlungen der DGE sollten wir jeden Tag mindestens 400 g Gemüse und 250 g Obst essen. Wie Sie auf diese Grammmengen kommen, lesen Sie in Kapitel 2. Die tatsächliche Aufnahme von Obst und Gemüse lag laut Ernährungsbericht 2004 bei 292 g bei den Frauen und 179 g bei den Männern.

Mein Tipp

Achten Sie bei Ihren Mahlzeiten auf das Farbenspektrum, damit Sie jeden Tag den Schutz möglichst vieler sekundärer Pflanzenstoffe bekommen! Je mehr Farben, desto breiter die Schutzwirkung und umso größer die Möglichkeit dieser Pflanzenstoffe sich untereinander zu stärken. Überprüfen Sie gegen 16 Uhr, inwieweit Sie schon alle Farben gegessen haben, und richten Sie Ihr Abendessen entsprechend aus. Im Anhang dieses Buches und unter www.edeka-suedwest.de finden Sie leckere Rezepte, die alle nach diesen Empfehlungen der DGE aufgebaut sind und außerdem den größtmöglichen Erhalt der sekundären Pflanzenstoffe bei der Zubereitung berücksichtigen.

In der folgenden Übersicht sehen Sie die Lebensmittel nach Farben geordnet und deren wichtigste Schutz- und Vitalstoffe.

Farben

Die Kraft der Farben

Gelb, Orange
Apfel, Orangen, Mangos, Möhren
→ Carotinoide, Kalium, Flavonoide

Braun
Vollkornbrot, Nüsse, Pilze, Kartoffeln
→ Ballaststoffe, Eiweiß, B-Vitamine, Phytoöstrogene

Grün
Kiwis, Erbsen, Brokkoli, Feldsalat
→ Ballaststoffe, Magnesium, Calcium und Folsäure

Rot, Violett, Blau
Tomaten,Trauben, Rotkohl, Radicchio, Auberginen,
→ Polyphenole, Lycopin, Eisen, Kalium

Weiß
Fleisch, Fisch, Käse, Hülsenfrüchte, Tofu
→ Eiweiß, Kalium, Eisen, Zink, z.T. Calcium

Enzyme

Enzyme – die Multitalente, die alles zum Leben erwecken

Enzyme sind wahre Alleskönner! Sie helfen uns bei der Nahrungsaufspaltung, stärken unsere Abwehrkräfte, ja sie können sogar das Älterwerden hinauszögern. Immer mehr wissenschaftliche Studien geben dazu klare positive Anhaltspunkte. So nehmen viele Aktivsportler, vorbeugend zur Vermeidung von Muskelkater und Blutergüssen, Enzympräparate ein. Studenten, die bei einem wissenschaftlichen Versuch fünf Wochen lang zunächst nur einfache Fertig- und Weißmehlprodukte aßen, stellten nach kurzer Zeit zunehmende Infektanfälligkeiten, Konzentrationsstörungen, fahle Haut und spröde Fingernägel und Haare fest. Bereits nach einer Woche bester Frischkost waren die meisten Probleme wieder beseitigt, bereits nach zwei Wochen fühlten sich die Befragten wieder ausgesprochen wohl.

Was sind Enzyme?

In der Wissenschaft schätzt man die Zahl der Enzyme zwischenzeitlich auf 50 000. Jedes Enzym wirkt anders und wie bei einem Dominospiel stupsen sich die Enzyme gegenseitig zu ihren Fähigkeiten an. Man könnte diese Vorgehensweise mit dem Bau eines Fertighauses vergleichen. So arbeiten unterschiedliche Teams an der Fertigstellung einzelner Bauteile und abschließend sind nur wenige Enzyme notwendig, um das Gesamtgebäude in kürzester Zeit hochzuziehen. Bei einer guten Enzymversorgung herrscht im Körper ein ausgesprochen ausgeklügeltes System, in dem es keine Leerzeiten gibt und zur richtigen Zeit, am richtigen Ort, die richtigen Experten zur Verfügung stehen. Enzyme sind stets dabei Energie- und Umwandlungsvorgänge im Körper zu beschleunigen.

Keiner weiß, wieso Enzyme eigentlich arbeiten und woher sie ihre Aufträge bekommen. Man geht davon aus, dass sich auf der Oberfläche dieser Enzyme sogenannte Aktivpunkte befinden, die im entscheidenden Moment reagieren.

Sie haben jetzt schon einiges über die Aufbauarbeiten von körpereigenen Zellen und über die Umwandlung von Nahrung in Energie erfahren. Bei allen dieser unzähligen Aktivitäten sind die Enzyme mit dabei.

Jede lebendige Materie auf dieser Erde wird von Enzymen gesteuert. Dabei besteht jedes Enzym aus zwei Teilen, aus einem großen Eiweißmolekül, man nennt es auch Apo-Enzym, das selbst wieder Zehntausende aneinandergereihte Aminosäuren enthält, und aus einem Coenzym. Dabei ist das Coenzym meist ein Mineral oder ein Vitamin. Zu den Vitaminen, von denen das Apo-Enzym begleitet wird, zählen in erster Linie Vitamin C und die Vitamine der B-Gruppe. Zu den Mineralstoffen gehören Calcium und Magnesium sowie die Spurenelemente Zink, Eisen, Kupfer und Molybdän.

Viele Ernährungsforscher sind zwischenzeitlich der Überzeugung, dass die Aktivität der Enzyme durch das Vorhandensein von Coenzymen vermehrt werden kann. Enzyme sind die ganz großen Organisatoren aller lebendigen Zellen. Stellen Sie sich das vor wie mit einem Streichholz, einer Streichholzschachtel und einem Stück Papier. Wären keine Enzyme da, können diese drei Dinge ohne eine Reaktion Jahre nebeneinander liegen, Wärme würden sie nicht erzeugen. Enzyme hingegen veranlassen, dass das Streichholz sich an der Schachtel entzündet und die Flamme zum Papier gelangt. Ohne Enzyme und Coenzyme gäbe es kein Leben. Wenn man sich nun unausgewogen und unzureichend ernährt, stellen sich mit der Zeit Probleme ein.

Dr. Harold Rosenberg, ein US-Spezialist für Enzym- und Vitaminforschung, hat das in seinem Buch ›The Book of Vitamin Therapy‹ sehr anschaulich erklärt:

›Einer Zelle, die vitalstoffarm ernährt wird, stehen zwar immer noch Enzyme zur Verfügung, es fehlen jedoch die Coenzyme. In der Regel funktionieren diese noch eine gewisse Zeit, um die Zelle am Leben zu erhalten. Die Zelle wird jedoch ihre Aufgaben in immer langsameren Schritten ausführen können. Das erklärt auch, wieso ein Vitamin- und Mineralstoffmangel sich in der Regel immer schleichend vollzieht. Das Ganze zieht sich so lange hin, bis die Zelle entweder stirbt oder wieder dauerhaft die nötige Kraftnahrung bekommt, um optimal arbeiten zu können.‹

Menschen, die sich zu nichts bewegen lassen, die nichts wagen, keine Freude am Leben haben, sich ständig ängstigen, könnten mit Sicherheit eine ordentliche Portion Kraftnahrung gebrauchen. Wenn Sie Ihrem Körper täglich den richtigen Mix an Vitalstoffen zur Verfügung stellen, wird der Stoffwechsel gestärkt.

Lassen Sie Ihre Enzyme richtig arbeiten!

Damit diese Enzyme ihre Aufgaben auch ordnungsgemäß ausüben können, brauchen sie Sauerstoff, Wasser und die richtige Temperatur sowie ein saures oder ein basisches Milieu, je nachdem, an welchem Ort sie arbeiten. So arbeiten die Enzyme im Magen im sauren Bereich und die Enzyme der Bauchspeicheldrüse im basischen Bereich. Nur wenn diese Vorraussetzungen gegeben sind, kann alles reibungslos funktionieren.

Hier wird deutlich, dass auch Enzyme ihre Arbeit verweigern, wenn sie nicht entsprechend unterstützt werden. Regelmäßiger Alkoholkonsum und Nikotin schränken die Enzymtätigkeit stark ein. Jeder Lungenzug lässt Milliarden von Enzyme sterben.

Fassen wir zusammen Enzyme sind Eiweißketten, die vom Körper selbst gebaut werden, aber auch mit der Nahrung zugeführt werden können. Wenn sie über die Nahrung zugeführt werden, ist es wichtig, enzymreiche Produkte nicht über 39 bis 45 Grad zu erhitzten. Mit zunehmender Hitze nimmt die Enzymaktivität konstant ab. Wer also viele Enzyme essen möchte, sollte die Lebensmittel möglichst roh essen. Eine wichtige Voraussetzung spielen dabei natürlich auch die Verdauungskraft und die Fähigkeit von Magen und Darm, Rohes gut zu vertragen. Andernfalls können Sie die Zutaten kurz blanchieren, auch dann stehen viele Vitalstoffe als Coenzyme zur Verfügung, um mit Hilfe von Eiweiß neue Enzyme bauen zu können. Schonend zubereitete Rezeptvorschläge dazu, gibt es im Anhang des Buches und unter www.edeka-suedwest.de.

Setzen Sie auf die Enzymwunder

Ananas und Papaya Das Bromelain in Ananas und das Papain im Papayafruchtfleisch und den Kernen unterstützen die Eiweißaufspaltung. Kleinste Eiweißstoffe sind die neuen Bausteine des Körpers. Je besser es mit der Eiweißverdauung funktioniert, desto schneller stehen neue Baustoffe für renovierungsbedürftige Zellen zur Verfügung. Probieren Sie es doch mal mit einer Fitnesskur in Form von Enzymen. Essen Sie dazu täglich 2 Scheiben Ananas, ½ Papaya und 1 EL Papayakerne über den Tag verteilt und möglichst immer vor oder, wenn es dazu passt, zu den Hauptmahlzeiten. Die Papayakerne schmecken lecker auf einem Frischkäsebrot mit frischen Kräutern oder auch statt Pfefferkörnern auf deftigen Salaten.

Hinweis Ausschließliche Ananaskuren sind umstritten, da beim Verzehr von mehr als 500 g Ananas empfindliche Menschen zu Magenschleimhautreizungen neigen können.

Avocados enthalten reichlich Lipasen, sie unterstützen die Fettaufspaltung und helfen, das aufgenommene Fett direkt in Energie umzuwandeln. Dafür ist das Herz besonders dankbar, weil es für die immense und ununterbrochene Schlagkraft ausschließlich Fette zu seiner Versorgung akzeptiert. Die Avocado ist außerdem reich an Omega-3-Fettsäuren und an Vitaminen der B-Gruppe, die die Umwandlungsaktivitäten nachhaltig unterstützen und beschleunigen. Essen Sie eine Woche lang täglich ½ Avocado zusammen mit Salat, Gemüse und Vollkornprodukten. Eine reife Avocado gibt auf Fingerdruck nach.

Mein Tipp

Pürieren Sie ½ Avocado, Banane und Kiwi und schmecken Sie das mit etwas Zitronen- oder Orangensaft und gegebenenfalls etwas Honig ab. Essen Sie dazu einen fettarmen Joghurt oder bereiten Sie aus den genannten Zutaten einen Shake, indem Sie entsprechend mehr Orangensaft zugeben. Das Avocadofruchtfleisch schmeckt püriert mit würzigen Kräutern, Knoblauch und Pfeffer oder Papayakernen und etwas Zitronensaft auch besonders gut als Brotaufstrich.

Feigen Die Wirkung von frischen Feigen für eine verbesserte Wundheilung wurde bereits in der Bibel beschrieben. Heute weiß man, dass dabei das Enzym Ficin, vor allem im unreifen Zustand der Feige, behilflich ist. Dazu müssen zerstampfte Feigenblätter auf die Wunden gelegt werden.

Frische Kräuter Sie enthalten neben vielen Vitaminen und Mineralstoffen viele Enzyme, die die Verdauung unterstützen.

2 Wege zu mehr Lebensfreude und Genuss

Man ist so alt, wie man sich fühlt, sagt ein Sprichwort. Sie haben auf den vorhergehenden Seiten viel über lebensnotwendige Vitalstoffe gelesen und erfahren, welche Aufgaben sie im Körper bewältigen. Mit Sicherheit haben Sie sich dabei immer wieder gefragt, wie es möglich ist, das alles in den Kochtopf, in die Salatschüssel und letztendlich auf den Teller zu bringen. Zunächst einmal freue ich mich, dass Sie der Begehung der Großbaustelle Körper bis hierhin gefolgt sind. Sie haben es fast geschafft. Jetzt warten ausschließlich genussreiche und angenehme Momente auf Sie. Sie bekommen in diesem Kapitel das Handwerkszeug, um jeden Tag das dringend notwendige Baumaterial entsprechend verarbeiten zu können. Ich verspreche Ihnen, dass Sie nie wieder hungern müssen, im Gegenteil! Was Sie nun kennenlernen, ist keine Diät. Sie müssen nie wieder Kalorien zählen und mit etwas Aufmerksamkeit werden Sie sich sehr bald vollkommen auf Ihr Hungergefühl verlassen können.

Der Supermix orientiert sich an den Empfehlungen der DGE. Danach sollen 8 bis 10 % des täglichen Kalorienbedarfs aus Eiweiß bestehen. 1 g Eiweiß liefern unserem Körper 4 Kalorien. Weiterhin empfiehlt die DGE eine tägliche Kohlenhydrataufnahme von etwa 55 % gemessen an den Tageskalorien. Dabei sollten nicht mehr als 10 % dieser Kohlenhydrate in Form von einfachen Kohlenhydraten aufgenommen werden. 1 g Kohlenhydrate hat 4 Kalorien. Der Fettverzehr sollte zwischen 25 bis maximal 35 %, gemessen am Tageskalorienbedarf, liegen. 1 g Fett enthält 9 Kalorien. Wie kann man diese Empfehlungen auf den Teller bekommen? Auf Grundlage von tausenden Vitalstoffauswertungen habe ich dazu ein Orientierungsschema mit darauf aufbauenden Rezepten entwickelt. Wie funktioniert nun der richtige Mix?

Werfen Sie einen Blick auf den Edeka-Mix-Teller, dann können Sie es sich besser vorstellen.

Der Supermix

EDEKA-Mix-Teller

Vitalstoffe

Vitalstoffe im richtigen Mix

Gehen Sie bei jeder Mahlzeit folgendermaßen vor: Teilen Sie Ihren Teller gedanklich in 4 Teile auf. Davon sollten zwei Viertel mit Obst und/oder Gemüse gefüllt sein. Ein Viertel mit eiweißreichen Lebensmitteln, wie z. B. Fleisch, Fisch, Käse, Milchprodukten, Hülsenfrüchten oder Sojaprodukten, und ein Viertel mit kohlenhydratreichen Lebensmitteln aus dem vollen Korn, z. B. Nudeln, Reis, Brot oder andere Getreideprodukte und Kartoffeln. Genau in dieser Mischung brauchen wir die tägliche Energie 3- bis 5-mal am Tag, um das notwendige Baumaterial zu erhalten und um die Zellen ohne Unterbrechung renovieren und erneuern zu können und sie vor Angriffen von freien Radikalen zu schützen. Diese Anteile können Sie natürlich auch als Shake im Glas anwenden.

Wie kommt es zu diesen Anteilen?

Sind Sie verwirrt und fragen sich, wie ein Viertel des Tellers mit eiweißreichen Produkten nur 8 bis 10% Eiweiß entsprechen kann? Nun, eiweißreiche Lebensmittel bestehen nicht zu 100% aus Eiweiß, sondern im Schnitt aus ca. 10 bis 20%. Somit entspricht der effektive Eiweißanteil auf dem Tellerviertel nur maximal 5% bezogen auf den gesamten Teller. Doch keine Bange, auch die Gefahr einer Eiweißunterversorgung besteht nicht. In Getreide, Obst und Gemüse ist ebenfalls Eiweiß zu finden. Durch eine abwechslungsreiche Speisenauswahl auf der Basis des EDEKA Mix-Tellers können Sie sicher sein, den durchschnittlichen Eiweißbedarf eines gesunden Menschen decken zu können und auch alle Eiweißgrundbausteine, die Aminosäuren, zur Verfügung zu haben. Denken Sie jeden Tag über die tägliche Lebensmittelauswahl nach. Spätestens gegen 16 Uhr sollten Sie überprüfen, inwieweit Sie schon alle Farben gegessen haben (siehe Seite 62 f.).

Wichtig ist, über den Tag verteilt von allen Eiweißarten etwas zu essen und nicht zu jeder Mahlzeit Fleisch oder Wurst. Bringen Sie Abwechslung auf den Teller oder ins Glas. Falls Sie Vegetarier sein sollten, ist es äußerst wichtig, die Wahl der Hülsenfrüchte und der Gemüsesorten sehr abwechslungsreich zu gestalten. Vollkornprodukte sind für Vegetarier ein absolutes Muss, weil andernfalls die Vitamine der B-Gruppe zu kurz kommen und dies wiederum die Körperabläufe sehr stark einschränken kann.

Sicher wundern Sie sich jetzt, was mit dem Fett ist. Denn Sie finden auf dem EDEKA-Mix-Teller auf den ersten Blick kein Fett. Wenn man genauer hinsieht, erkennt man jedoch, dass in fast allen Lebensmitteln Fette zu finden sind. Selbst in 150 g Weintrauben sind 0,5 g Fett enthalten. So kommen Sie bereits ohne zusätzliche Fettzugabe an den Nährstoff Fett. Das soll jedoch nicht heißen, dass Sie jetzt nicht mehr mit Fett anbraten dürfen oder keine Sahne mehr an Ihr Obst geben dürfen.

Generell gilt Gehen Sie mit Fetten und Ölen beim Zubereiten der Speisen sehr sparsam um, denn Fett hat mehr als doppelt so viele Kalorien wie Eiweiß und Kohlenhydrate. Öle sind Konzentrate. Sie werden aus Nüssen und Samen hergestellt.

Zum Vergleich: Während 1 Kopf Salat etwa 100 Kalorien hat, kommen Sie bereits mit 1 Esslöffel Öl etwa auf dieselbe Kalorienzahl. Doch deshalb sollten Sie dennoch nicht auf Öle verzichten.

Verfeinern Sie alle Speisen sparsam mit den ab Seite 26 vorgestellten wertvollen Ölen, so kommen Sie über den Tag nicht auf einen höheren Fettanteil, als den von der DGE empfohlenen 25 bis maximal 35 %. Die derzeitige Fettaufnahme der Deutschen liegt jedoch im Schnitt bei 40 bis 45 %, wobei zu viel gesättigte Fette und zu viel Omega-6-Fette gegessen werden.

Um die empfohlenen Kohlenhydrate zu erreichen, stehen

Ihnen der Telleranteil aus Obst und Gemüse und das Tellerviertel aus den Vollkornprodukten und Kartoffeln zur Verfügung. In geringen Mengen finden sich auch Kohlenhydrate in Käse, Milchprodukten und in Leber.

Wie im ersten Kapitel bereits aufgezeigt, müssen Sie natürlich nicht auf das Stück Schokolade verzichten. 2000 Kalorien am Tag sind für einen aktiven Menschen eher die Untergrenze. Die DGE empfiehlt einen maximalen Verzehr von 10 % Weißmehl, Zucker und anderer einfacher Kohlenhydrate – gemessen an den Tageskalorien. Dieser Wert wird derzeit von den Deutschen deutlich überschritten.

Ähnlich wie bei den Fetten hat man es bei zuckerhaltigen Nahrungsmitteln mit konzentrierten Lebensmitteln zu tun. Ein Beispiel dazu: Eine süße Dattel hat etwa ein Gewicht von 8 g bei insgesamt 23 Kalorien. Die gleiche Menge reiner Zucker hat bereits 32 Kalorien. Man bezeichnet weißen Zucker und Weißmehl deshalb auch als leere Kalorien, weil sie sehr wenig Vitamine, Mineralstoffe und keine bioaktiven Stoffe beinhalten. Auf Dauer können sie die billionenfachen Umwandlungsprozesse im Körper völlig aus dem Gleichgewicht bringen und die Entstehung von Übergewicht und Diabetes Typ II fördern. Dies ist auch der Grund, warum die meisten Diäten in der Sackgasse landen und nach der Diät die Pfunde ganz schnell wieder auf den Hüften drauf sind. Die meisten Diäten machen träge und müde. Vergleichen Sie einmal Ihre Möglichkeiten an folgenden Tagesbeispielen:

Supermix

Ein ›Zivilisationstag‹ und ein Tag mit dem Supermix

›Zivilisationstag‹	Tag mit Supermix
Frühstück	
1 Weißbrötchen mit Butter und Marmelade 2 Tassen Kaffee mit Kondensmilch und Zucker Schokoriegel Vollmilch-Nuss	2 Tassen Kaffee mit Trinkmilch 2 Vollkorn-Brötchen, 1 x mit Avocadoaufstrich und Thunfisch und 1 x mit Butter und Marmelade 1 Banane, 1 Orange
Mittagessen	
Weißmehlspätzle mit Soße und Bratenfleisch 2 Tassen Kaffee mit Kondensmilch und Zucker	Salat mit Champignons Bunte Gemüsepfanne mit Kartoffeln, Paprika, Kraut und Hackbällchen
Snack	
Biskuitrolle Kaffee mit Kondensmilch und Zucker	2 Vollkorn-Muffins, 150 g blaue Trauben 2 Tassen Kaffee mit Milch
Abendessen	
3 Scheiben Weißbrot mit Schinkenwurst und Butter	1 Vollkorn-Möhrenquiche
Getränke durch den Tag	
2 ½ Liter Cola	2 Liter Mineralwasser, ½ l Apfelsaft
Abendsnack	
1 Tüte Chips	
Tagesbilanz	
Ergibt insgesamt 3600 kcal bei 2000 g	Ergibt 1996 kcal bei 2620 g

Hinweis Die Getränke wurden hinsichtlich der Kalorien ausgewertet, nicht jedoch hinsichtlich der Mengen. Es wurden absichtlich gleich viel Getränkemengen verwendet, um kein Ungleichgewicht herzustellen.

Um es einmal in Zahlen darzustellen: Mit dem täglichen Supermix essen Sie im Laufe eines 70-jährigen Lebens etwa 83 000 Kilogramm Lebensmittel bei durchschnittlich etwa 2 000 Kalorien mit einer Vitalstofffülle, die nicht zu überbieten ist. Mit der dick- und trägemachenden Zivilisationskost kommen Sie auf 47 000 Kilogramm Lebensmittel bei durchschnittlich 3 600 Kalorien.

Im Kapitel 7 dieses Buches finden Sie eine kleine, exklusive Auswahl an Rezepten, die den Empfehlungen des Supermix entsprechen. Im Internet unter www.edeka-suedwest.de, unter dem Menüpunkt ›Essen & Wohlfühlen‹, gibt es nahezu 600 weitere Rezepte, die den Supermix enthalten. Die Salat-, Obst- oder Gemüserezepte im Internet sollten Sie – falls nichts anderes angegeben – um die empfohlene Menge an Kohlenhydraten in Form von Vollkornbrötchen oder Keksen aus Vollkorn ergänzen.

Ein weiteres Plus Weil es so schwierig ist, sich an Kalorien zu orientieren, hat die DGE im Frühjahr 2004 Empfehlungen entwickelt, die einen Anhaltspunkt für die Lebensmittelmengen pro Woche geben, die im Rahmen einer gesunden und ausgewogenen Ernährung gegessen werden sollten. Wenn Sie 3- bis 5-mal täglich zu den EDEKA-Rezepten greifen und im Bedarfsfall den Kohlenhydratanteil ergänzen, können Sie diese Wochenempfehlungen der DGE erreichen.

Durch unabhängige Diplom-Oecotrophologen wurde bestätigt, dass mit den Supermix-Rezepten diese Empfehlungen der DGE erfüllt werden können. Bei den Gemüseanteilen ist eine geringfügige Abweichung von 25 g festgestellt worden. Dies ist das Gewicht, das in etwa einer Cocktailtomate entspricht. Dadurch kommt das Schema natürlich nicht ins Wanken, vielmehr zeigt es auf – bei einem mit den Rezepten erreichten Tageskalorienpensum – , dass in der Regel noch

Der Supermix für eine ausgewogene und gesunde Ernährung

Lebensmittelgruppen angepasst an Aufteilung des Mixtellers	Mengenvorschläge nach dem Ernährungskreis der DGE bezogen auf den Tag		Mixteller mit Supermixrezepten
Gruppe	**Maximum (in Gramm)**	**Minimum (in Gramm)**	**Berechnung eines Beispieltages mit dem Supermix**
Gemüse, Salat	> 400	400	375
Obst	> 250	250	350
Getreide, Getreideerzeugnisse, Kartoffeln	550	350	350
Milch, Milchprodukte, Fleisch, Wurst, Fisch, Eier*	ca. 437	ca. 324	405
Gewichtsprozente im Vergleich bei ca. 2000 kcal	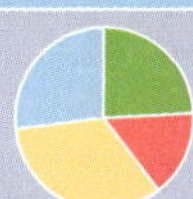		

* zusammengefasst aus den zwei Lebensmittelgruppen Milch/-produkte, Fleisch/Wurst/Fisch/Ei unter Berücksichtigung der Vielfalt der Lebensmittel

weitere Einzellebensmittel gegessen werden können, denn ein Verbrauch von 2000 Kalorien am Tag entspricht bei einem aktiven Menschen eher der Untergrenze. Außerdem ist die darin enthaltene Vitalstofffülle schon nahezu eine Garantie für mehr Tatendrang und Aktivität und damit für einen höheren Kalorienbedarf. Der richtige Mix wird Ihr Leben verändern!

Bei der Auswahl der Rezepte ist auf Abwechslung und mindestens 2-mal wöchentlich Seefisch/Kaltwasserfisch geachtet worden. Außerdem sollten Sie zusätzlich mindestens 1,5 Liter Flüssigkeit in Form von Wasser, Saftschorle und Kräutertee trinken (Näheres Seite 9 f.).

Die Entstehung des EDEKA-Mix-Tellers

Dem EDEKA-Mix-Teller ging meine persönliche Situation im Jahre 1989 voraus. Ich stand mit meinem damals schon recht umfangreichen Ernährungs- und Warenkundewissen, das ich mir von Kind auf durch mein großes Interesse am Kochen und später als Ausbildungsleiterin im Lebensmitteleinzelhandel erarbeitet hatte, vor der Frage, was ich tun kann, um das in mir heranwachsende Kind und mich optimal zu ernähren. Mein zweites Kind folgte unmittelbar und ich hatte es mir zu dieser Zeit zur persönlichen Aufgabe gemacht, die vielen Empfehlungen am Herd in die Praxis umzusetzen. Die Empfehlungen der DGE galten dabei für mich immer als Maßstab. Damals errechnete ich anhand von Kalorientabellen stundenlang die Eiweiß-, Fett- und Kohlenhydratanteile, überprüfte dabei, inwieweit ich damit auch den Bedarf an allen Vitalstoffen den Tag über decken konnte, und fragte mich immer wieder: Wie kann man das alles vereinfachen, ohne dass dadurch die Wissenschaftlichkeit in Frage gestellt wird?

Der EDEKA-Mix-Teller ist die Antwort, die ich auch an mir selbst erprobt habe. 1990 kam mein zweites Kind zu Welt. Ich hatte während dieser Schwangerschaft mein erstes Kind sechs Monate voll gestillt. Ich ernährte in dieser Zeit also drei Menschen über einen Mund, indem ich viele EDEKA-Mix-Teller gegessen und mich dabei stets auf mein Hungergefühl verlassen habe. Ich ließ mich dabei regelmäßig ärztlich untersuchen und mir und meinen Kindern ging es prächtig.

Die neuesten Empfehlungen der DGE nach Lebensmittelgruppen sind heute eine zusätzliche Erleichterung und ich fühle mich dadurch in meiner jahrelangen Arbeit mit dem EDEKA-Mix-Teller und der darauf basierenden Rezeptentwicklung bestätigt.

Jahrelange positive Resonanz

Im Gebiet der EDEKA Südwest finden Sie zwischenzeitlich 350 Ernährungsservice-Mitarbeiter, die man am Button mit dem EDEKA-Mix-Teller erkennt. Diese Mitarbeiter berichten durchweg über mehr Lebensenergie und Wohlbefinden mit dem Supermix. Viele haben dauerhaft und ohne zu hungern abgenommen und sind durch ihre neue Energie fast wie von selbst aktiver und sportlicher geworden. Sie haben erfahren, wie sie wieder mit Genuss und Freude essen und alle Körperzellen damit stärken können. Essen Sie bei jeder Mahlzeit mit dieser Einstellung! Ihre Abwehrkräfte und damit der messbare Anteil aktiver Immunglobuline sind umso höher, je mehr Sie sich auf Ihr Essen freuen.

Der Supermix im Alltag

Dürfen Sie jetzt nur noch nach Rezept kochen, um die richtigen Anteile zu erreichen? Nein, diese Rezepte sollen Ihnen lediglich eine Hilfestellung geben und Ihnen aufzeigen, wie der vitalstoffreiche Mix täglich abwechslungsreich und mit schnellen, attraktiven und aromatischen Rezepten realisiert werden kann. Überprüfen Sie Ihre eigenen Lieblingsrezepte in Hinsicht auf das Tellerschema und die dazugehörenden Empfehlungen und ergänzen Sie diese um die noch fehlenden Anteile.

Wie esse ich im Restaurant? Die Gemüseanteile sind in den Restaurants tendenziell eher zu klein, dagegen sind die eiweißreichen Portionen eher zu groß. Beim Italiener sind gerade bei Pastagerichten die Kohlenhydratanteile oft viel zu groß. Hier kann man leicht Abhilfe schaffen. Bestellen Sie vorneweg einen Beilagensalat oder eine Gemüsesuppe und entscheiden Sie bei der Hauptmahlzeit, welche Anteile möglicherweise zu viel sind. Sind die Hauptmahlzeiten immer wieder zu groß, bitten Sie um eine kleinere Portion. Über die oben erwähnten Vorspeisenvariationen ist es immer wieder möglich, auf den Supermix zu kommen.

Wie esse ich bei der Arbeit? Stellen Sie sich interessante Snacks im Supermix-Schema zusammen und genießen Sie. Hier einige Variationen:

- Vollkorndoppeldecker mit Frischkäse und Schinken, dazu eine Tomate und ein Apfel
- Gemischter Salat mit Joghurtdressing, Putenstreifen und Kürbis-Vollkornbrötchen
- Salat Caprese mit Tomaten, Mozzarella, Basilikum und Walnussbaguette
- Gemüsesuppe mit Schinkenwürfeln und Sesamvollkornbrötchen

Weitere leckere schnelle Rezepte unter www.edeka.suedwest.de, Menüpunkt ›Essen & Wohlfühlen‹, Rezepte, Snacks.

Immer wieder fragen mich Menschen: ›Wie soll ich das alles im täglichen Leben realisieren?‹ Zunächst scheint vielen der Aufwand zu groß, weil sich die meisten bisher nur sehr wenig oder gar nicht mit ihrer Ernährung beschäftigt haben. Bedenken Sie, dass Sie es selbst in der Hand haben, wie viel Lebensenergie, Lebensglück, Entdeckerkraft und letztendlich wie viel Leben Sie wollen. Wenn Sie nach einer Mahlzeit müde und antriebslos sind, ist das ein sicheres Zeichen, dass

Ihr Körper richtig viel Mühe mit der Verdauungsarbeit hat. Dafür gibt es verschiedene Ursachen: Entweder sind Ihre Verdauungsorgane durch die langjährige Zivilisationskost aus der Übung und müssen sich erst mal an das neue Powerfood gewöhnen, oder Sie haben zu viele leere Kalorien gegessen. Möglicherweise haben Sie auch zu schnell gegessen. Was Ihre Zähne nicht leisten, müssen die Verdauungsorgane und -säfte in harter Arbeit nachholen. Die Zähne hätten da doch viel leichteres Spiel, oder? Durch unzureichendes Kauen werden Magen und Darm sehr stark gefordert. Wenn Sie immer wieder auf diese Weise essen, können sich Verdauungsprobleme einstellen. Ein weiterer Nachteil: Es braucht einige Zeit, bis das Gehirn von der Nachricht ›Ich bin satt‹ erreicht wird. Isst man zu schnell, kommt diese Nachricht häufig zu spät und dann haben Sie bereits zu viel gegessen.

Muss ich jetzt Spinat essen? Wenn Sie Spinat lieben, können Sie das in regelmäßigen Abständen tun, wenn nicht, dann nicht. Zwingen Sie sich nie zu einer Speise, die Ihnen nicht schmeckt, nur weil Sie angeblich schlank macht oder gesund ist.

Was ist, wenn ich nicht satt werde? Bei vielen Menschen, die Probleme mit dem Gewicht haben, kreisen die Gedanken immer wieder ums Essen. Wenn ich Ihnen sage, denken Sie bloß nicht an einen roten Elefanten, was werden Sie wohl tun? Genau, Sie haben soeben an einen roten Elefanten gedacht. Wenn Sie sich mit der Gewissheit hinsetzen, dass Sie sich mit dem Supermix satt essen dürfen und sich wirklich die Zeit nehmen, langsam und bewusst zu essen, werden Sie feststellen, dass Sie viel mehr essen dürfen, als Sie sich jemals erträumt haben. Ich kenne viele Menschen, die vor leeren

Tellern fast verhungert sind und dennoch zu dick waren bzw. dabei nicht schlanker wurden. Es ist an der Zeit, dass Sie Ihre ›Großbaustelle‹ Körper wieder aktiv unterstützen!

Muss ich einen großen oder kleinen Teller nehmen? Kennen Sie die ›Fünf am Tag‹-Kampagne? Die Deutsche Krebsgesellschaft empfiehlt mindestens 5-mal am Tag eine Handvoll Obst und/oder Gemüse. Wenn Sie eine große Hand haben, dann ist die Portion damit automatisch größer als bei einer Kinderhand. Was will ich damit sagen? Achten Sie auf Ihr Hungergefühl! Gehen Sie mit Freude ans Essen und essen Sie langsam. Wenn Sie Ihren Teller leer gegessen haben und immer noch Hunger verspüren, dann sollten Sie diesen Teller wieder in diesem Schema nachfüllen und essen. Sind Sie jedoch nach dem dritten Bissen plötzlich satt, dann hören Sie auf. Sind Sie bereits nach der Hälfte des ersten Tellers satt, dann hören Sie ebenfalls auf. Achten Sie jedoch während der Mahlzeit immer auf den richtigen Mix. So vermeiden Sie, dass das eine oder andere Tellerviertel unangetastet bleibt und letztendlich der eine oder andere Vitalstoff fehlt.

Wie komme ich als älterer Mensch mit dem Supermix klar? Für ältere Menschen ist es nahezu unumgänglich, bei jeder Mahlzeit den Supermix zu essen. Sie benötigen weniger Kalorien, aber viele Vitalstoffe. Werden zu viele leere Kalorien aufgenommen, kann dadurch das Älterwerden beschleunigt werden. Oder positiv ausgedrückt: Mit dem Supermix lässt sich das Älterwerden verzögern. Das biologische Alter ist entscheidend und das können Sie mit dem richtigen Mix nachhaltig beeinflussen. Mehr dazu in den folgenden Kapiteln.

Vollkornnudeln schmecken doch nicht! Haben Sie diese wirklich schon mal probiert? Es gibt unterschiedliche Sorten, eins haben sie jedoch alle gemeinsam: Sie kommen lange nicht so dunkel aus dem Topf, wie sie reingekommen sind, machen richtig satt und haben einen aromatischen Nussgeschmack. Falls Sie Ihnen wirklich nicht zusagen sollten, dann mischen sie mit Nudeln aus Hartweizengrieß. Wichtig: al dente kochen!

Darf ich jetzt keine Süßigkeiten mehr essen? Sie müssen natürlich nicht auf das Stück Schokolade verzichten. Das nächste Kapitel zeigt Ihnen jedoch auch auf, dass sie langsam aber sicher aus der Süßhungerspirale herauskommen werden und das besagte Stück Schokolade dann auch wirklich genießen können, ohne von Suchtgefühlen geplagt zu werden.

Hormone

Hormone in Balance – Anti-Aging mit Garantie

Eiweiß, Fett und Kohlenhydrate rufen zu ihrer Verarbeitung Hormone auf den Plan. Die richtige Hormonbalance spielt für Gesundheit und Wohlbefinden eine entscheidende Rolle. Sie haben im vorangegangenen Kapitel den Supermix kennengelernt und fragen sich jetzt möglicherweise, ob es denn wirklich so wichtig ist, möglichst immer im richtigen Mix zu essen. Ich kenne Menschen, die sich eine ganze Woche nur von Obst ernährt haben, ohne auch nur 100 Gramm abzunehmen. Warum wohl? Nun, Obst enthält wenig Kalorien, liefert aber konstante Fruchtzuckerrationen und veranlasst dadurch die Bauchspeicheldrüse zu ständig neuen Insulinausschüttungen. Insulin ist ein Speicherhormon und sorgt dafür, dass das Fett in den Fettzellen gespeichert bleibt. Folge: Man fühlt sich den ganzen Tag durch hungrig, greift immer wieder zu süßem Obst, aber auf der Waage macht sich das nicht bemerkbar, trotz geringer Kalorienzufuhr über den ganzen Tag.

Auf den Seiten 33 f. haben Sie bereits die unterschiedlichen Zuckerarten und die dadurch ausgelöste Wirkung auf den Insulinspiegel kennengelernt. Mit dem Supermix ist es möglich, wichtige Speicher- und Aktivatorhormone in Balance zu bringen und damit die Zellen und das Zellgeschehen lange aktiv und lebendig zu halten. In der folgenden Übersicht sehen Sie den tendenziellen Anstieg des Blutzuckers bei Anwendung einer ausgewogenen Mahlzeit in Form des Supermix und beim Verzehr von einfachen Kohlenhydraten oder süßen Obstportionen.

Insulinspiegel

Mit dem richtigen Mix den Insulinspiegel im Griff

Niedriger glykämischer Index | **Hoher glykämischer Index**

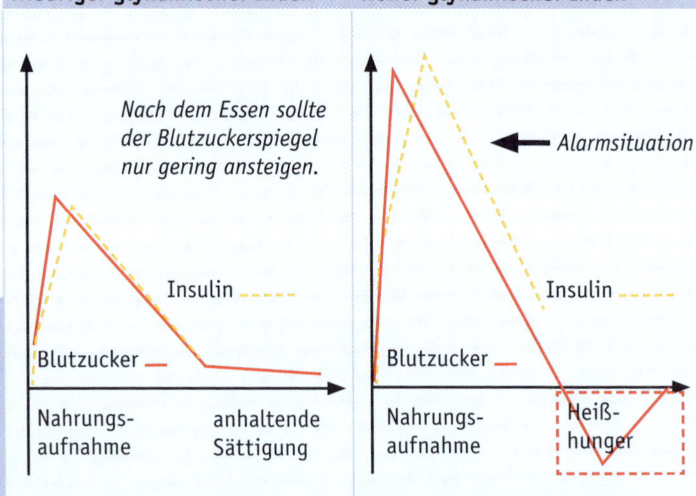

Glykämischer Index bei Ernährung mit Vollkornprodukten, Obst, Gemüse und kleinen Eiweißportionen

Glykämischer Index bei Ernährung mit einfachen Kohlenhydraten ohne Faserstoffe – d. h. viel Weißmehl, Zucker, Süßigkeiten

Wie Sie aus der Übersicht ersehen können, werden durch einen hohen Verzehr von einfachen Kohlenhydraten große Mengen an Insulin ausgeschüttet, mit den folgenden möglichen Auswirkungen auf Ihre Gesundheit.

Ein stets hoher Insulinspiegel hat fatale Folgen

1. Kommen wir nochmals auf das Obstbeispiel: Obst enthält wenig Kalorien, liefert aber konstante Fruchtzuckerrationen und veranlasst dadurch die Bauchspeicheldrüse zu ständig neuen Insulinausschüttungen. Insulin ist ein Speicherhormon und sorgt dafür, dass das Fett in den Fettzellen gespeichert bleibt. Folge: Man fühlt sich den ganzen Tag durch hungrig, greift immer wieder zu süßem Obst, hat über den Tag vielleicht 1000 Obstkalorien aufgenommen und dennoch kein Gramm abgenommen. Denn Insulin hält das Fett hinter verschlossenen Zelltüren.
2. Auch wenn Sie ›normal‹ essen, also immer wieder zu einfachen Kohlenhydraten greifen, wird dadurch ein stets hoher Insulinstrom gefördert. Insulin wandelt dabei die schnell ankommende Glukose in Fett um und packt sie in die Fettzellen an Hüften, Bauch und Po. Vorbei an den wartenden Muskeln und den hungrigen Gehirnzellen. Statt kreative Gedankenblitze zu erhalten, fühlen Sie sich immer wieder müde und schlapp. Die Fettzellen werden dabei immer praller. Hinweis: Ständige Müdigkeit nach dem Essen ist ein sicheres Zeichen für eine belastende unausgewogene Mahlzeit oder eine geschwächte Verdauung (siehe Seite 106 f.).
3. In der Regel werden Weißmehl, Zucker und Fett zusammen verzehrt, z. B. in Form von Kuchen, Butterbrot mit Nugatcreme, Gebäck, Schokolade, Chips oder Nudeln mit Soße. Dabei werden auch die Fettanteile mithilfe des reichlich vorhandenen Insulins mit in die Fettdepots (Hüfte, Bauch

und Po) geschleust und weggeschlossen, ohne zuvor von den Muskeln oder dem Herz verwendet werden zu können.

4. Ein gleichmäßig hoher Blutzuckerstrom, der einen anhaltend hohen Insulinspiegel bedingt, kann die Kapazität der Bauchspeicheldrüse überfordern. Bei einer Konzentration von mehr als 180 Milligramm Glukose pro Deziliter Blut, wird die Glukose über den Urin wieder ausgeschwemmt. So kann es geschehen, dass das Glukoseangebot für Gehirn- und Muskelzellen ganz plötzlich zu niedrig ist und mit Symptomen wie Müdigkeit, Kältegefühlen, Konzentrationsschwäche, Gereiztheit und Nervosität einhergeht. Von den Nieren werden dabei ständig Höchstleistungen gefordert.
5. Ein hoher Insulinspiegel verhindert die Ausschüttung von Glukagon, das Gegenspielerhormon, das die Freisetzung der Fette ermöglichen könnte.
6. Ein zu hoher Insulinspiegel erhöht das ›schlechte‹ LDL-Cholesterin, senkt das ›gute‹ HDL-Cholesterin und trägt damit zu einem Ungleichgewicht von HDL und LDL bei.
7. Ein hoher Insulinspiegel fördert die Insulinresistenz der Zellen. Die Zellen haben Rezeptoren auf ihrer Zelloberfläche, die im Idealfall auf den Befehl von Insulin dafür sorgen, dass die Zellen die Glukose aufnehmen. Das funktioniert nach dem Schlüssel-Schloss-Prinzip: Das Insulin öffnet der Glukose sozusagen die Zellentür, um die Glukose hineinzulassen. Bei einer zunehmenden Insulinresistenz passen immer weniger Insulinschlüssel, mit der Folge, dass Muskulatur und Leber weniger Blutzucker und damit auch weniger Energie aufnehmen. Gleichzeitig bildet die Leber ungehemmt Glukose, sodass der Blutzuckerspiegel weiter ansteigt. Da Insulin auch an den Fettzellen nicht mehr richtig wirkt, gelangen vermehrt Fettsäuren aus dem Fettgewebe in die Blutbahn. Dies trägt dazu bei, dass die Fette insgesamt aus dem Lot geraten, die Blutgefäße geschädigt werden und die Insulinresistenz noch weiter ansteigt.

Die richtigen Fette – für den Bau von Superhormonen

Die richtigen Fette sind wichtig für elastische Zellwände und zur Energieversorgung der Zellen. Sie werden jedoch auch für den Bau von Superhormonen benötigt, den Eicosanoiden. Es gibt bereits 80000 Studien über die Eicosanoide. 1982 wurde eine dieser Forschungsarbeiten mit dem Nobelpreis ausgezeichnet. Es war die Arbeit der Professoren S. Bergström, B. Samuelsson und J. Vane.

Die Eicosanoide treten im Bindegewebe und in den Zellen auf. Sie leben nur Sekunden und werden in jeder lebenden Zelle gebildet. Sie haben etwas geisterhaftes, übermitteln eine Botschaft, geben Anweisungen und lösen sich wieder auf. Man spricht deshalb auch von Botenstoffen. Sie werden sowohl aus Omega-6- als auch aus Omega-3-Fettsäuren hergestellt. Dafür werden die Fettsäuren aus den Zellwänden freigesetzt und von speziellen Enzymen umgebaut. Die aus Omega-6-Fettsäuren entstehenden Eicosanoide fördern zwar die Blutgerinnung, aber auch die Entzündungsvorgänge.

Anders die aus Omega-3-Fettsäuren aufgebauten Eicosanoide, die Entzündungsreaktionen vermindern und das Verklumpen der Blutplättchen hemmen. Dadurch fördern sie die Durchblutung und schützen vor Thrombosen. Sie können damit als ›gute‹ Eicosanoide bezeichnet werden. Bei den derzeitigen Verzehrgewohnheiten werden zu wenig Omega-3-Fettsäuren aufgenommen. Damit fehlen Eicosanoide, die wichtige Funktionen im Körper übernehmen sollten.

Eicosanoide

Überblick über die Aufgaben der Eicosanoide

›Gute‹ Eicosanoide	›schlechte‹ Eicosanoide
machen das Blut dünnflüssig	machen das Blut dickflüssig
erweitern die Blutgefäße	verengen die Blutgefäße
senken den Blutdruck	erhöhen den Blutdruck
hemmen Entzündungen	fördern Entzündungen
senken die Blutfettwerte	erhöhen die Blutfettwerte
verzögern die Zellteilung	beschleunigen die Zellteilung

Bereits 1944 stellte der britische Biochemiker Dr. Hugh Sinclair fest, dass bei den in Kanada lebenden Eskimos selten Herz-Kreislauferkrankungen auftraten, obwohl diese regelmäßig fetten Fisch und kaum Obst und Gemüse aßen. Dies schien zunächst paradox, da man doch immer vor Fett gewarnt hatte.

Heute ist diese Feststellung erklärbar. Die in Fettfischen reichlich vorhandenen Omega-3-Fettsäuren werden dazu verwendet, reichlich ›gute‹ Eicosanoide zu bilden. Die dadurch erweiterten Blutgefäße und das dünnflüssige, schnell fließende Blut lassen die im Blut beförderten Nährstoffe schneller in den Zellen ankommen. Die Zellwände werden elastischer und dadurch wird ein guter Austausch von verbrauchter gegen neue Zellnahrung ermöglicht.

In Kapitel 5 ab Seite 154 erfahren Sie mehr über die freie Fahrt in den Arterien. Der Überblick über die Eicosanoide und ihre Aufgaben soll Ihnen an dieser Stelle aufzeigen, wie wichtig es ist, die entsprechende Bausubstanz für aktive Zellen zur Verfügung zu stellen, um den Alterungsprozess so lange wie möglich hinauszuzögern. Hinzu kommt, dass die ›schlechten‹ Eicosanoide die Zellteilung beschleunigen. Jede Zelle hat aber nur eine begrenzte Anzahl an Zellteilungsmöglichkeiten. Bei jeder Zellteilung verkürzen sich die im Zellkern befindlichen Telomere, auf denen der genetische Code, der Bauplan der Zelle, gespeichert ist. Man kann sich das wie bei einem Kopierer vorstellen. Der Bauplan wird immer wieder kopiert, wenn sich Fehler einschleichen, werden diese mitkopiert. Dabei wird das Papier, auf dem kopiert wird, immer dünner und irgendwann ist der Plan dann nicht mehr lesbar – der Zelltod tritt ein. Deshalb lässt uns eine beschleunigte Zellteilung schneller altern.

Fassen wir nochmals zusammen: Generell sind sowohl die ›guten‹ wie die ›schlechten‹ Eicosanoide wichtig. Wenn Sie sich zum Beispiel schneiden, arbeitet der Körper daran, die Wunde schnellstmöglich zu schließen. In diesem Falle werden Eicosanoide aus Omega-6-Fettsäuren notwendig, die das Blut dickflüssig machen. Sind jedoch ständig zu viel ›schlechte‹ Eicosanoide im Einsatz, kommt der gesamte Ablauf aus der Balance. Eine weitreichende Veränderung bei zu viel ›schlechten‹ Eicosanoiden ist auch, dass die Zellrezeptoren nicht mehr richtig arbeiten und die Insulinresistenz der Zellen dadurch gefördert wird, mit den geschilderten Folgen.

Wenn Sie übergewichtig sind, ist das Risiko, an Herzinfarkt und Schlaganfall zu sterben, um bis zu 40 % erhöht. Die Ursachen für Übergewicht liegen nicht nur in einer zu hohen Kalorienaufnahme begründet, sondern im Wesentlichen in einer Ernährung, die die erforderliche Balance aus dem Gleichgewicht bringt.

Ein stets hoher Insulinstrom fördert die Produktion von ›schlechten‹ Eicosanoiden. Sie erinnern sich: Insulin ist in der Lage, Glukose in Fett umzuwandeln. Um eine gesunde Balance zu erreichen brauchen wir das bereits angesprochene Verhältnis von 5:1 bei Omega-6- zu Omega-3-Fettsäuren. Betrachtet man die derzeitigen Menüpläne der meisten Deutschen, dann sind im Schnitt Verhältnisse von 10:1 bis 7:1 vorzufinden. Wer überwiegend zu Zivilisationskost greift, hat Werte von 15:1 und mehr.

Wichtig Trotz aller Vorteile der Omega-3-Fettsäuren: Behalten Sie dennoch die Kalorien im Auge. Mit einem plötzlichen Ölverzehr in Form von Raps-, Walnuss- und Leinöl sowie großen Fischportionen ist es nicht getan. Wenn Ihnen jetzt die Eskimos in den Sinn kommen: Diese leiden zwar viel weniger an Herz-Kreislauferkrankungen, dafür jedoch viel häufiger an Darmkrebs, weil ihnen die Ballaststoffe aus Obst, Gemüse und Getreide fehlen.

Eiweiß ist wichtig, aber richtig

Werden eiweißreiche Produkte zu kohlenhydratreichen Produkten gegessen, sinkt der glykämische Index gegenüber der gleichen Menge kohlenhydratreicher Lebensmittel. Essen Sie also eine Scheibe Vollkornbrot mit Käse, wird weniger Insulin von der Bauchspeicheldrüse ausgeschüttet, als wenn Sie nur das Vollkornbrot essen würden. Ursache dafür ist die gleichzeitige Ausschüttung des Hormons Glukagon aus der Bauchspeicheldrüse. Glukagon ist der Gegenspieler von Insulin. Essen wir Mahlzeiten im richtigen Mix, werden die Nährstoffe aus der Blutbahn in die wartenden 70 bis 80 Billionen Körperzellen gebracht, statt die Fettzellen damit zu füttern. Ursache dafür ist, wie bereits aufgezeigt, der weniger starke Insulinausstoß. Außerdem erhöht sich durch den Mix auch die biologische Wertigkeit des Eiweißes, weil durch variationsreiche Mahlzeiten die essentiellen Aminosäuren für den Bau von neuen Zellen reichlich vorhanden sind. Wenn Sie das Käse-Vollkornbrot mit Ananas ergänzen, würde der Insulinspiegel wieder etwas ansteigen, gleichzeitig werden jedoch wieder Vitalstoffe in Form von sekundären Pflanzenstoffen, Vitaminen,

Enzymen und Mineralstoffen und weiteren Eiweißbausteinen geliefert. Durch den moderaten Anstieg von Insulin und den hohen Anteil an Ballaststoffen bleiben Sie bei einem Mix mit Vollkornprodukten lange satt, wie die Abbildung auf Seite 82 zeigt.

Wenn Sie abnehmen wollen und nicht die Möglichkeit haben, immer einen Supermix zusammenzustellen, sollten Sie auf Gemüse zurückgreifen. Es beeinflusst den Insulinspiegel kaum, bringt jedoch sehr viele Vitamine, Mineralstoffe und sekundäre Pflanzenstoffe. Auch eine mehrtägige Kur mit der magischen Gemüsesuppe kann hier gut angewendet werden (siehe Rezepte Seite 222 f.).

Ein praktikables Wohlfühlkonzept im Überblick

Damit nicht nur Ihre Vitalstoffe in Balance bleiben, sondern gedanklich alles nochmals geordnet werden kann, hier die wichtigsten Informationen im Überblick:

Das Wohlfühlkonzept mit Anti-Aging-Effekt für jeden Tag

- Essen und trinken Sie 3- bis 5-mal am Tag den Supermix. Dieses Schema liegt allen EDEKA-Rezepten zugrunde. Sie finden diese Rezepte im Anhang, in den Kundenzeitschriften der EDEKA-Südwest und unter www.edekasuedwest.de.
- Essen und trinken Sie nach Farben. Fragen Sie sich den Tag hindurch immer wieder, inwieweit Sie das Spektrum der Farben in natürlichen Lebensmitteln schon berücksichtigt haben.
- Trinken Sie mindestens 1,5 Liter Saftschorle, Kräutertee und/ oder stilles Wasser.
- Bevorzugen Sie kalt gepresste Öle und Produkte mit einem hohen Anteil an Omega-3- bzw. einfach ungesättigten Fett-

säuren, z. B. Oliven-, Raps-, Lein- und Walnussöl, und verwenden Sie diese dennoch sparsam.
- Essen Sie möglichst 2-mal Seefisch/Kaltwasserfisch pro Woche, insbesondere Lachs, Makrele, Hering und Aal. Diese enthalten ebenfalls wertvolle Omega-3-Fettsäuren.
- Bereiten Sie Ihre Gerichte so oft als möglich aus frischen und unbehandelten Lebensmitteln schonend zu.
- Essen Sie langsam und mit Freude an der momentanen Stärkung in Form eines vitalstoffreichen Gerichts, das Billionen von Abläufen in Ihrem Körper regelt.
- Genießen Sie mit Maß – das gilt auch für Wein, Kaffee, Schokolade und Süßigkeiten.
- Trainieren Sie Entspannungstechniken
- Treiben Sie so oft wie möglich moderaten Sport (siehe Seite 130 f.).

Gesundheitsverhalten

Einige Daten und Fakten zum Gesundheitsverhalten der Deutschen mit persönlicher Einschätzung

Einseitige Diäten mit strengen Regeln und Vorgaben haben dazu beigetragen, dass bereits jeder zweite Deutsche übergewichtig ist. Übergewicht erhöht das Risiko, an Krankheiten wie Herzinfarkt, Schlaganfall, Bluthochdruck, Osteoporose und Diabetes Typ II zu erkranken, um ein Vielfaches.

Aus einer veröffentlichten Rede der ehemaligen Bundesministerin für Verbraucherschutz, Ernährung und Landwirtschaft, Renate Künast, ging hervor, dass im Jahr 2003 bereits 73 Milliarden Euro für diese ernährungsbedingten Krankheiten in Deutschland ausgegeben wurden. Die Ausgaben im Gesundheitsbereich steigen ins Uferlose, wodurch die Versicherten immer höhere Beiträge zuzahlen müssen. Begründet wird dies mit dem technischen Aufwand bzw. dem medizinischen

Fortschritt, der diese Kostensteigerung automatisch mit sich bringen würde. Damit diese Kosten überhaupt noch irgendwie bezahlt werden können, werden wir nach der jüngsten Gesundheitsreform mit erhöhten Beiträgen im Bereich der Krankenversicherung und über Steuereinnahmen zur Kasse gebeten. Die deutsche Wirtschaft erleidet durch diesen hohen Kostendruck im Gesundheitsbereich nach Meinung vieler Ökonomen und Medizinwissenschaftler einen enormen Schaden.

Die Centrale Marketing-Gesellschaft der deutschen Agrarwirtschaft CMA startete im Jahr 2003 eine Verbraucherumfrage zu den Gefahren hinsichtlich der Gesundheit. Die Auswertung ergab, dass die Bevölkerung ›Gifte in Lebensmitteln‹ und Umweltgifte als Hauptgefahren ansahen. Auf den letzten Rängen räumten die Befragten ein, dass es möglicherweise auch die falsche Gewichtung von Lebensmitteln sein könnte.

Unzählige wissenschaftliche Studien beweisen genau das Gegenteil. Nach einer Anfang der 80er-Jahre in den USA durchgeführten Studie wurden die Risikofaktoren der Krebsentstehung auf 35 % durch unausgewogene Ernährung und 30 % durch Rauchen angeführt. Eine erneute Auswertung in den 90er-Jahren kam zu identischen Ergebnissen. Gleichzeitig hatte man sich in dieser Studie bei der Krebsgefahr durch Lebensmittelzusätze auf 1 % und durch Umweltverschmutzung auf 2 % festgelegt.

Tatsächlich geht heute fast jeder zweite Todesfall in Deutschland auf eine Erkrankung des Herzkreislaufsystems zurück und jeder vierte Todesfall auf Krebs. Dennoch werden wir immer älter. Anhand der Datenfülle dieser Studien hinsichtlich der Vorbeugungsmöglichkeit von Erkrankungen und den sich mehrenden Krankheiten, die das Alter mit Sicherheit nicht lebenswerter machen, kommen auch namhafte Ernährungsmediziner, allen voran Prof. Dr. med. Heinrich Kasper, in ihren Ausführungen zu dem Schluss: ›Berücksichtigt man die enormen Kosten, die Tumordiagnostik und -therapie verursachen, so erscheint es unverständlich, dass die Bevölkerung über die Möglichkeiten der Prophylaxe nur wenig informiert wird und dass sich andererseits bei entsprechender Kenntnis nur eine geringe Bereitschaft dazu findet, durch Nichtrauchen und sinnvolle Ernährung vorzubeugen.‹

Betrachtet man das Ausgabenbudget für Lebensmittel als Maßstab für die Prävention von Krankheiten, so legen die Deutschen ein geradezu alarmierendes Verhalten an den Tag. So sanken die Anteile der Lebensmittelausgaben im Vergleich zu den Gesamtausgaben von 33 % im Jahr 1960 auf 12,4 % im Jahr 2004. Dagegen gaben die Franzosen im Jahr 2005 30,9 % für Lebensmittel aus.

Nach einer Erhebung der Weltgesundheitsorganisation gaben die Franzosen im Jahr 2000 9,8 % ihres Bruttoinlandsprodukts für den Sektor Gesundheit (Krankheit) aus und erzielten dabei ein durchschnittliches Lebensalter von 73,1 Jahren. Wir hingegen gaben 10,5 % aus und wurden im Schnitt nur 70,4 Jahre alt. Die Japaner gaben 7,1 % aus und wurden im Schnitt 74,5 Jahre alt. Die Ausgaben für Lebensmittel lagen dort im Jahr 2005 bei 38 %.

Natürlich gibt der Ausgabenanteil für Lebensmittel an den Gesamtausgaben der privaten Haushalte nicht zwangsläufig darüber Auskunft, welche Auswahl- und Qualitätskriterien beim Lebensmitteleinkauf als Maßstab angelegt wurden. Es zeigt jedoch einen eindeutigen Trend auf.

Durch meine jahrzehntelangen Auswertungen hinsichtlich des Käuferverhaltens und meine Erfahrungen im Gesundheitswesen, konnte ich beobachten, wie wichtig das tägliche Essen für unsere gesamte Fitness, unser Wohlbefinden, unsere Ausdauer und unsere Vitalität ist. In Deutschland besteht meines Erachtens eine riesige Kluft zwischen dem Wunsch nach körperlichem und geistigem Wohlbefinden und der Bereitschaft oder der Erkenntnis darüber, inwieweit man sich dieses Wohlbefinden mit frischen und schonend zubereiteten natürlichen Lebensmitteln geradezu erschlemmen kann.

Stellen Sie sich vor in welchem Paradies wir leben könnten, wenn die derzeitigen Gesundheitskosten (Krankheitskosten) zur Vorbeugung von Krankheiten in Form von kostenlosen Wellnesscentern, Bädern, Koch- und Fitnessgruppen oder zur Förderung von Landschaft, Umwelt und einer noch besseren und überall gut verfügbaren Lebensmittelqualität zur Verfügung stünden. So gibt es in ländlichen Gebieten bereits heute leider schon Versorgungslücken für die Bevölkerung. Gerade ältere, nicht motorisierte Menschen haben große Probleme, ihren täglichen Bedarf an frischen Lebensmitteln zu decken.

Wenn Lebensmittel in Deutschland die Wertigkeit erhalten würden, die ihnen gebührt, würde das meines Erachtens geradezu nebenbei einen neuen Wachstumsmotor für Deutschland hervorbringen. Mit dieser Meinung stehe ich übrigens nicht alleine. Besonders lesenswert ist hier das Buch: ›Der sechste Kondratieff‹ von dem russischen Wirtschaftswissenschaftler Leo A. Nefiodow. Umfragen zufolge sehen die Deutschen bereits heute die neueste Gesundheitsreform als gescheitert an. Dieser Meinung bin ich auch. Doch letztendlich hat es jeder Einzelne in der Hand, inwieweit er seine persönlichen Chancen nutzt und wie er in das Kapital ›Gesundheit‹ zum Nutzen für sich selbst investiert.

In der folgenden Tabelle können Sie die Empfehlungen für die Lebensmittelmengen der DGE und die tatsächlich aufgenommenen Lebensmittelmengen, ermittelt im Ernährungsbericht 2004, vergleichen:

Ernährungsempfehlung

Vergleich Ernährungsempfehlungen der DGE und die tatsächliche Aufnahme

	Mengenvorschläge für einzelne Lebensmittelgruppen des Ernährungskreises der DGE pro Woche
Fleisch und Wurst	370–600 g/Woche
Fisch	80–150 g Seefisch fettarm oder 70 g Seefisch fettreich
Ei (Klasse M 53–63 g)	Bis zu 3 Stück (= 159–189 g)
Milch und Milchprodukte *	Variante 1: 1750 ml Milch/Joghurt und 420 g Käse Variante 2: 1050 ml Milch/Joghurt und 560–630 g Käse
Butter/Margarine *	105–310 g
Öl*	70– 105 g
Obst/Südfrüchte *	mind. 1750 g
Gemüse *	mind. 2800 g
Kartoffeln * [2]	1400–1750 g
Reis * [2]	1050–1260 g
Teigwaren * [2]	1400–1750 g
Brot *	1050[3]–2100 g
Getreideflocken *	350–420 g
Zucker **	
Schokolade/Süßes **	
Kaffee/ schwarzer Tee *	1400 ml
Gemüsesaft *	700 ml
Obstsaft *	1400 ml
Alkoholische Getränke **	

* berechnet aus den Tagesempfehlungen
** keine Lebensmittelgruppe, die Bestandteil der Empfehlungen ist

Tatsächliche Aufnahme der Lebensmittelgruppen pro Woche nach dem Ernährungsbericht 2004

Frauen	Männer
791 g	931 g
63 g	126 g
112 g	133 g
Milch: 945 ml Milcherzeugnisse: 490 g	Milch: 1120 ml Milcherzeugnisse: 448 g
140 g	182 g
keine Angaben	keine Angaben
945 g	609 g
1099 g	644 g
749 g	763 g
keine Angaben	keine Angaben
keine Angaben	keine Angaben
917 g	994 g
keine Angaben	keine Angaben
49 g	140 g
455 g	301 g
4,4 l	3,4 l
keine Angaben	keine Angaben
keine Angaben	keine Angaben
1,3 l	2,4 l

2 Kartoffeln, Reis und Teigwaren sollten möglichst abgewechselt werden und auf die Woche gesehen insgesamt zwischen 1050–1750 g betragen

3 Bei der Mindestmenge wird davon ausgegangen, dass zusätzlich die empfohlene Menge an Getreideflocken gegessen werden

3 Wenn Sie das Allerbeste wollen

Bio

Der ökologische Landbau ist eine besondere Art der Agrarerzeugung, die sich das Wirtschaften im Einklang mit der Natur zum Ziel gesetzt hat. Natürliche Lebensprozesse sollen damit gefördert werden. Es dürfen nicht mehr Tiere gehalten werden, als Pflanzen da sind, um die Tiere zu ernähren. Das hat auch den Vorteil, dass der Boden nicht mit Gülle überdüngt wird, und in der Folge das Grundwasser keinen Schaden nimmt. Die EG-Öko-Verordnung schreibt vor, wie die landwirtschaftlichen Produkte im Einzelnen hergestellt werden müssen. Diese Verordnung gilt für alle Produkte mit den Begriffen ›Öko‹, ›Bio‹, ›naturnah‹, ›biologisch erzeugt‹ sowie ›aus organischem Anbau‹. Solche Produkte dürfen in Deutschland mit einem ›Biosiegel‹ gekennzeichnet werden. Das zwischenzeitlich etablierte sechseckige Bio-Siegel, das Mitte 2001 von der damaligen Bundesministerin für Verbraucherschutz, Ernährung und Landwirtschaft, Renate Künast, eingeführt worden ist, ist Teil eines umfassenden Konzepts zur Stärkung des Ökolandbaus in Deutschland. Um es tragen zu dürfen, müssen 95 % des Produkts aus Rohstoffen des ökologischen Landbaus bestehen. Wenn ein Lebensmittel zu 70 % aus Bio-Zutaten besteht, darf dies auf der Zutatenliste so ausgewiesen werden. Dies gilt auch für tierische Produkte. Gentechnisch veränderte Produkte sind verboten. Diese Verordnung ist im Verhältnis zu den Richtlinien einiger deutscher Anbauverbände wie Demeter und Bioland weniger strikt. Die Regierung beabsichtigte damit jedoch eine Erleichterung des Eintritts von der konventionellen Landwirtschaft zum Ökolandbau. Ziel

der rot-grünen Bundesregierung war es, bis 2010 den Ökolandbau auf rund 20% der landwirtschaftlich genutzten Fläche auszuweiten. Anlass zu der von der Regierung geförderten Umorientierung war der BSE-Skandal.

In der Schweiz und in Österreich liegt der Anteil an Ökoanbauflächen an der gesamten Anbaufläche bereits bei etwa 14%. Verbraucherbefragungen zufolge sind 57% der deutschen Bevölkerung dem Bioanbau gegenüber positiv eingestellt. Die Umsätze im Bio-Bereich liegen im Lebensmitteleinzelhandel derzeit gerade mal bei durchschnittlich 3%, Tendenz steigend! Wenn Sie noch am Zweifeln sind, inwieweit Sie das Bioprojekt unterstützen wollen, hier einige Denkanstöße:

Neun Gründe, die für Bio sprechen

- Mehr Lebensqualität durch mehr Vitalstoffe
- Stärkung der Abwehrkräfte
- Größerer Erholungswert in der Natur
- Schonung der Umwelt
- Förderung der Artenvielfalt
- Landschaftsschutz
- Sichere Arbeitsplätze
- Wirtschaftssicherung der Agrarwirtschaft
- Tourismusförderung durch Landschaftspflege

Kostet Bio mehr Geld? Vordergründig muss man diese Frage ganz klar mit einem Ja beantworten. Überall da, wo konventioneller Anbau in Bioanbau umgewandelt wird, muss etwas verändert, muss investiert werden. Veränderung birgt zunächst einmal die Gefahr, dass es sich nicht in barer Münze auszahlen könnte. Genauso stellen sich viele Verbraucher beim Kauf von teureren Bio-Produkten natürlich immer wieder die Frage, ob sich diese Investition lohnt.

Beleuchten wir diese Frage doch einmal genauer! Biokekse sind nicht mit Kopfschmerztabletten zu vergleichen! Bei Kopfschmerztabletten fühlt sich der Kopf wie auf Knopfdruck gleich besser. Jeden Tag laufen in unserem Körper Billionen von Umwandlungen ab. Wir müssen wirklich Abstand von dem Gedanken nehmen, dass sich der Bio-Einkauf in den nächsten Sekunden ›lohnen‹ wird. Auf Dauer gesehen essen Sie jedoch bei jeder Mahlzeit mehr sekundäre Pflanzenstoffe zum Schutz vor freien Radikalen. Warum wohl? Da Biopflanzen über einen stärkeren Eigenschutz verfügen müssen, um überleben zu können, haben sie in der Regel auch mehr sekundäre Pflanzenstoffe. Von Verbrauchern wird das auch immer wieder in Geschmackstests bestätigt. Aroma und Duft produziert die Pflanze nicht, damit uns Menschen diese Produkte besser schmecken, sondern zum Eigenschutz! Was wir schmecken, sind die sekundären Pflanzenstoffe. Dass diese Stoffe auch Schutzwirkungen haben, kommt dem Menschen zugute. Denn diese Schutzwirkungen werden aus den Pflanzen an Mensch und Tier weitergegeben (siehe Seite 46 f.).

Lohnt sich Bio? 1992 beschlossen z. B. die Stadtwerke in München, den ökologischen Landbau im Grundwassereinzugsgebiet zu fördern. Inzwischen gibt es 108 Bio-Bauernhöfe mit einer Fläche von 2 500 Hektar im Mangfalltal bei München. Seit 1995 gehen die Nitratwerte kontinuierlich zurück, derzeit liegen sie bei 7,7 Milligramm je Liter. Solche messbaren Ergebnisse gibt es zwischenzeitlich überall in Deutschland. Aktuelles Beispiel ist auch der Weinanbau für die Genossenschaft rund um Auggen im Markgräflerland.

Nitrat ist ›sekundär‹ gesundheitsschädlich. Es wird im Magen-Darm-Trakt zu Nitrit umgewandelt. Das im Magen aus Nitrat gebildete Nitrit kann zusammen mit Eiweißstoffen (Aminen) giftige krebserregende Nitrosamine bilden. Besonders bei Säuglingen kann die Nitritmenge in kurzer Zeit gefährliche Ausmaße annehmen.

Deshalb empfehlen Gemeinden mit nitratbelastetem Wasser werdenden Müttern und Müttern von Säuglingen, in jedem Fall Mineralwasser mit niedrigen Nitratwerten zum Kochen zu verwenden und dieses natürlich auch zu trinken. Auf der Flasche lesen Sie dann den Hinweis: ›Für Säuglingsernährung geeignet!‹

Am Münchner Beispiel kostete die Förderung des biologischen Anbaus zur Verminderung der Nitratwerte den Verbraucher gerade mal 0,5 Cent pro Kubikmeter Wasser.

Wasser ist Leben! Es ist *das* Transport- und Reinigungsmittel für unsere Körperzellen. Wir Menschen bestehen zu 60% bis 80% aus Wasser. Wenn durch den Bioanbau die Nitratwerte in unserem Trinkwasser messbar sinken, dann hat sich Bio schon für uns gelohnt.

Ist Bio sicher? Natürlich regnet der saure Regen auch auf einen Bio-Acker und so mancher Bio-Acker liegt neben einem konventionellen Feld und bekommt hier und da auch mal einen Hauch Pflanzenschutzmittel von diesem konventionellen Acker ab. Dennoch hat die Bio-Bewegung ihre Berechtigung!

Der geschlossene Kreislauf und seine Vorteile Der kontrolliert ökologische Landbau basiert auf der Grundlage strenger gesetzlich vorgeschriebener Regelungen, die einen hohen menschlichen Arbeitseinsatz erfordern. Auf einem Bio-

Hof herrscht ein geschlossener Kreislauf. Dieser geschlossene Kreislauf hat viele Vorteile für den Verbraucher.

Ökologische Kreislaufwirtschaft

Kreislauf

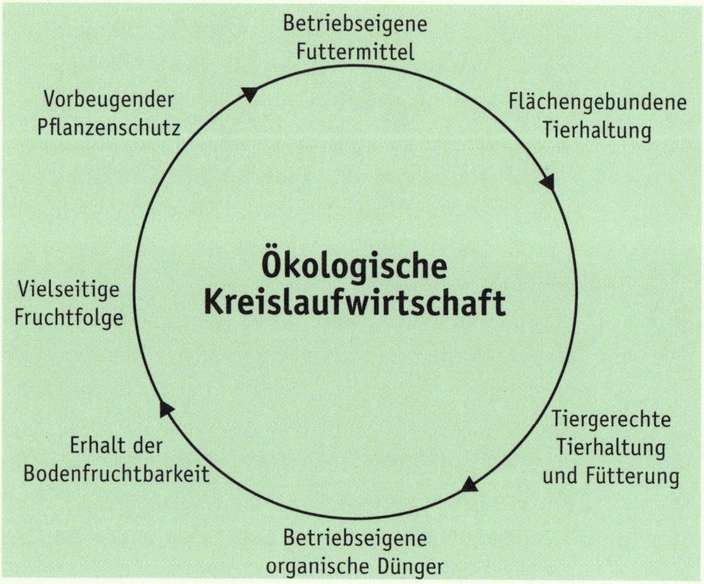

Hintergründe zum geschlossenen Kreislauf

1 Böden, auf denen nur alle 3 Jahre das gleiche Produkt angebaut werden darf, müssen zwischendurch mit Düngepflanzen bepflanzt werden und auch mal brachliegen, um sich regenerieren zu können. Diese Böden brauchen keine chemischen Düngemittel; die Düngepflanzen sind der Dünger. Wird nach dem dritten Jahr dann beispielsweise Weizen angebaut, steht diesen Pflanzen ein ungeahnter Nährstoffreichtum zur Verfügung, der sich durch die Düngepflanzen und die Regenerationszeit entwickeln konnte. Dieser natürliche Nährstoffreichtum kann von Mensch und Tier genutzt werden und ist dann

in den Endprodukten wie Müsli, Bratlingen, Mehl, Brot und Getreidemischungen, Obst und Gemüse, Fleisch, Fisch, Käse usw. wieder zu finden. So haben Bio-Produkte in der Regel wesentlich höhere Eisen- und Magnesiumwerte und der Gehalt an sekundären Pflanzenstoffen ist höher. Eisen ist ein wichtiges Mineral, das unsere Zellen mit Sauerstoff versorgt und uns damit neue Lebensenergie bringt. Ebenso verhält es sich bei Magnesium: Viele Menschen sind nur deshalb schlecht gelaunt, nervös und unruhig, weil ihnen Magnesium fehlt. Was aber nicht heißen soll, dass die konventionellen Lebensmittel zu wenig oder gar kein Magnesium enthalten. Würde Magnesium fehlen, könnte eine Pflanze nicht gesund wachsen. Das würden Sie der Pflanze ansehen und solche Pflanzen in Form von Salat, Paprika usw. mit Sicherheit nicht kaufen.

Können sich die Äcker in der beschriebenen Form regenerieren, herrscht eine ganz andere Mikrokultur im Boden und anders als bei der Monokultur, siedeln sich auch wieder heimische Pflanzen am Wegesrand an – ein Paradies für Bienen und Schmetterlinge.

2 Deutschland gehört zu dem Land mit den strengsten Richtlinien in Sachen Lebensmittel-Produktion und -Verkauf. Deshalb gibt es gegen den konventionellen Anbau als solchen auch nichts einzuwenden. Wer jedoch mehr möchte und darauf Wert legt, dass Tiere und Pflanzen in einem ökologischen Gleichgewicht aufwachsen, in dem die Natur sich selbstständig und ohne Eingriffe regenerieren kann, wer traditionelles Wissen zum Schutz des Lebens wieder aufleben lassen möchte, mit dem Pflanzen und Tiere ihre natürliche Widerstandsfähigkeit wieder erreichen und diese Schutzstoffe dann an den Menschen in Form von sekundären Pflanzenstoffen weitergeben, wer sich über Wiesen mit vielen Heilkräutern, Insekten, Schmetterlingen und Bienen freut, der kann sich mit dem Kauf von Bio-Produkten ganz klar zum Ja für die Natur entscheiden. Immer mehr Menschen tun das und sind

bereit, für den höheren Produktionskostenaufwand bei biologisch produzierten Lebensmitteln mehr Geld zu bezahlen.

Stellen Sie Bio-Produkte auf die Probe! Nehmen Sie einmal eine Packung zur Hand und schauen Sie auf die Bezeichnung ›aus kontrolliert ökologischer Landwirtschaft‹ und auf die Code-Nummer. Diese Code-Nummer ist von der Kontrollstelle, die die letzte Überprüfung vorgenommen hat. Mindestens einmal jährlich werden alle Bio-Betriebe von staatlichen Stellen bis ins Detail überprüft. Diese Prüfung kann man hinsichtlich der Vorgehensweise mit einer Steuerprüfung vergleichen. Da kann nichts aus dem konventionellen Bereich zugekauft werden. Es wird genauestens kontrolliert, welche Mengen zugekauft, welches Land damit bewirtschaftet wurde, wie viele Tiere damit ernährt werden. Da gibt es klare Kontrollkennzahlen und genaue Kontrollen. Bei einer Steuerprüfung müssen Sie die Einnahmen auch den Ausgaben gegenüberstellen. Wenn nicht ausreichend Futter erwirtschaftet wird, muss zugekauft werden, dabei wird der Beleglauf lückenlos kontrolliert. Sprechen Sie doch mal mit einem Bio-Bauern, wie viel Arbeitszeit diese Dokumentationen in Anspruch nehmen!

Dennoch gibt es schwarze Schafe! Im Sommer 2002 erhielten Biolandwirte mit Nitrofen verunreinigtes Futter, das aus unsachgemäß gereinigten Lagerhallen stammte. Der Bioweizen wurde ordnungsgemäß erzeugt, jedoch bis zur endgültigen Produktion in kontaminierten Hallen zwischengelagert. So war der Nitrofen-Skandal im Grunde kein Bioskandal, wurde jedoch durch die strengen Kontrollen eines verantwortungsbewussten Säuglingslebensmittelproduzenten aufgedeckt. Mit Sicherheit wird es solche Missstände immer wieder geben, wobei in diesem Fall nicht etwa ein absichtliches Täuschungsmanöver, sondern grobe Fahrlässigkeit der Hintergrund war.

Normalerweise ist davon auszugehen, und das zeigen auch die Erfahrungswerte, dass gerade langfristige Lieferverträge mit zuverlässigen Produzenten die beste Sicherheit vor Lebensmittelskandalen darstellen. Denn weder der Produzent noch der qualitätsbewusste Lebensmittelhandel haben ein Interesse an Skandalen.

Bio-Photonen – eine neue Möglichkeit, Lebensmittelqualität zu messen Ein früherer wissenschaftlicher Außenseiter, Fritz-Albert Popp vom Internationalen Institut für Biophysik (IIB) in Neuß, wird mittlerweile von der deutschen Bundesregierung und von Firmen wie Nestlé und Bahlsen gefördert. Durch seine Lichtmessungen lässt sich beispielsweise an einem Ei feststellen, ob das Huhn, das dieses Ei gelegt hat, seine Zeit draußen an Licht und Luft verbracht hat oder in einer Legebatterie. Der Test beruht auf der Fähigkeit eines jeden Organismus, Licht zu speichern und auch wieder abgeben zu können. Mit seinen Ausführungen knüpft Popp an die Erkenntnisse des Quantenphysikers und Nobelpreisträgers Schrödinger an, dass wir mit Lebensmitteln nicht nur Kalorien, sondern Ordnung aufnehmen. Diese Ordnung wird durch das gespeicherte Licht übertragen und steuert so vielfältige Ordnungsprozesse im Körper. Derzeit werden solche Ausführungen noch allzu gerne in die esoterische Ecke verbannt. Doch die große Taufe hat Popp bereits bestanden. Das groß angelegte Testverfahren Popps hinsichtlich der Eier von freilaufenden Hühnern wurde von der Universität in Bonn und der Gesamthochschule Kassel wiederholt und bestätigt. Alle Hühner hatten dieselbe Abstammung, dasselbe Alter und bekamen dasselbe Futter.

Doch bereits nach acht Tagen der ›Trennung‹ wiesen die Eier der Freilandhennen eine nachweisbar höhere Lichtspeicherfähigkeit auf. Nach 84 Tagen war die Lichtspeicherfähigkeit der frisch gelegten Freilandeier fast doppelt so hoch, wie die der frisch gelegten Eier der Hühner, die sich in den Legebatterien befanden.

Derzeit werden an der Universität in Hohenheim auch Untersuchungen hinsichtlich Bio- und konventionellem Anbau gemacht.

Das Resümee der Wissenschaftler: Je natürlicher Fleisch, Obst und Gemüse sind, desto langsamer geben sie Biophotonen ab.

Dies bestätigten auch die Analysen Popps, der im Auftrag des Food-Autors Hans-Ulrich Grimm für das Buch ›Mund auf, Augen auf – Der Ernährungsberater für Eltern und Kinder‹ verschiedene Baby-Breikost-Produkte untersuchte.

Dabei zeigte ein Gläschen mit Apfel-Bananen-Püree 300 Lichteinheiten, ein vergleichbares Produkt eines anderen Herstellers die doppelte Anzahl und der selbst gemachte Apfel-Bananen-Brei kam auf 20 000 Lichteinheiten.

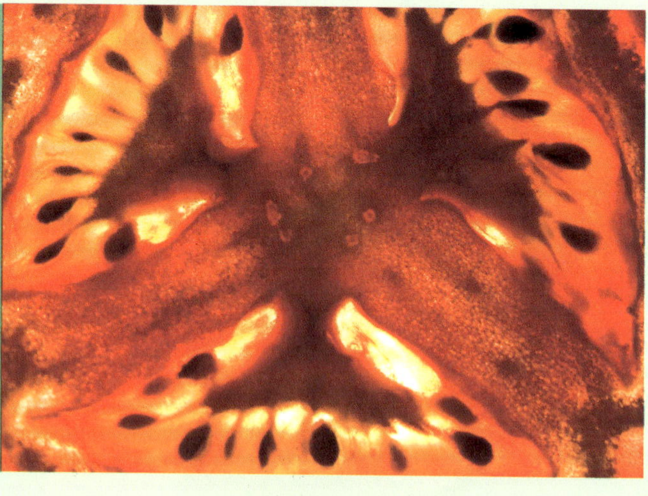

Der Nachteil der Biophotonenmessung ist, dass sie für jedes Lebensmittel durchgeführt und auch standardisiert werden müsste. Bis dahin werden noch Jahre ins Land gehen. Dennoch zeigt dieses Verfahren auf, dass die ausschließliche Beurteilung eines Lebensmittels nach Kalorien, Fett, Eiweiß, Kohlenhydrate, Vitaminen, Mineralstoffen, Spurenelementen und sekundären Pflanzenstoffen mit an Sicherheit grenzender Wahrscheinlichkeit nicht mehr der Maßstab aller Dinge sein wird.

4 Lebensmittel

Fit mit den richtigen Lebensmitteln

Zur Erkältungszeit ist das Wort ›Abwehrkräfte‹ meist in aller Munde, dabei erwischt es den einen gar nicht und der nächste liegt dauernd flach. Haben Sie sich eigentlich schon mal die Frage gestellt, wo sich unsere Abwehrkräfte befinden oder anders gesagt, durch welche Maßnahmen Sie diese Abwehrkräfte stärken können?

Unsere Abwehrkräfte lassen sich mit einem gigantischen Heer an Soldaten vergleichen, die an verschiedenen Grenzen ihren Sitz haben und darüber wachen, was in die Körperzellen hinein darf und was vernichtet werden muss. Tag und Nacht muss diese Truppe Wache halten, um gegebenenfalls gegen Viren, Pilze, Bakterien und Giftstoffe aktiv werden zu können. Die Fronten sind da, wo die Angreifer eindringen können, in den Lungen, im Verdauungstrakt, im Mund und auf der Haut. Das größte Abwehrsystem sitzt dabei im Darm. Wissenschaftler sprechen von einer Abwehrtruppe, die sich zu 60 bis 80 % auf und in der Darmschleimhaut befindet. Hier wird entschieden, was aus unserer Nahrung nun wirklich in den Körper hinein darf.

Verdauung

Unsere Verdauung stärkt unsere Abwehrkräfte

Der durch die Zähne und die Magensäure zerlegte Speisebrei wird im Dünndarm nochmals mit Hilfe von Darmbakterien und Enzymen zerlegt. Auf der Dünndarmoberfläche existieren etwa 100 Billionen Bakterien – ca. 400 Arten, ohne die unser

Körper nicht lebensfähig wäre. Dieses intakte Darmmilieu ist entscheidend an Ihrer Gesundheit beteiligt. Die Nährstoffe passieren dann die Darmwand und gelangen von dort in die Blutbahn. Über die Blutbahn und das extrazelluläre Gewebe zwischen den Zellen gelangen alle Vitalstoffe zu den Zellen. Hier wird deutlich, wie wichtig es ist, alles, was wir essen, möglichst lange klein zu kauen. Während des Kauens entsteht nämlich auch noch reichlich Speichel, der ebenfalls Enzyme enthält, die zum Beispiel komplexe Kohlenhydrate zerlegen können. Dieses Enzym heißt Amylase. Probieren Sie das selbst einmal aus! Wenn Sie ein Stück Vollkornbrot lange kauen, wird es mit einem Mal süß: Das Enzym Amylase hat den Mehrfachzucker und die Stärke in Glukose, das sind die kleinsten Zuckerbausteine, zerlegt.

Eine intakte Verdauung löst viele Probleme

Kopfschmerzen, Hautausschläge, Allergien, depressive Verstimmungen, Müdigkeit, Übergewicht, Gelenkschmerzen – kann das mit dem Darm zu tun haben? Da schütteln viele Menschen den Kopf mit der Aussage ›unmöglich‹. Natürlich gibt es für gesundheitliche Probleme viele Ursachen. Doch wenn Ihre Probleme mit Symptomen wie Blähungen, Unverträglichkeit von Speisen, Durchfällen, starker Müdigkeit nach dem Essen oder Stuhlgang nur jeden zweiten oder dritten Tag einhergehen, könnte die Ursache durchaus im Darm liegen.

Eine Studie des Oberhausener Arztes Dr. Raymund Pothmann ergab: Rund 60 % seiner Patienten waren nach einer Ernährungsumstellung fast völlig von Kopfschmerzen befreit. Ähnliches berichten Allergologen und Ärzte wie Dr. med. Ralf Kirkmann, Leiter des Labors für Funktionelle Medizin in Mainz. Woran liegt das?

Würde man einen gesunden Darm mit allen seinen Windungen und fingerartigen Ausbuchtungen (Zotten) ausbügeln können, erhielte man die Fläche eines Tennisplatzes. Bei Menschen, die sehr viel Obst, Gemüse und Vollkornprodukte essen, kann der Darm sogar die Größe eines Fußballfeldes einnehmen. Gründe für diese unterschiedlichen Flächen liegen in den unterschiedlichen Größen der Zotten, die sich abhängig von der Essenskonstellation entwickeln. Auf dieser Fläche sitzen überall sogenannte Immunzellen, die darüber wachen und entscheiden, was die Darmwand passieren darf. Die 240 000 km lange Blutbahn ist der Transportstrom, über den die fein aufgespalteten Nährstoffe zu den 70 bis 80 Billionen Körperzellen also zu den Muskelzellen, Knorpelzellen, Hautzellen, Leberzellen usw. gelangen können.

Hier wird deutlich, wie wichtig ein gesundes Magen-Darm-Milieu für unsere Gesundheit ist. Insbesondere die Leber muss hier viel leisten. Sie produziert Gallenflüssigkeit. Nur damit können die mit der Nahrung aufgenommenen Fette in mikroskopisch kleine Tröpfchen zerlegt werden. Bevor die Fette jedoch in die wartenden Zellen gelangen können, müssen sie in ein Eiweißmäntelchen gepackt werden. Denn bekanntlich schwimmt Fett oben und nur diese geniale Verpackung ermöglicht den weiteren Transport. Diese Eiweiß-Fettpäckchen nennt man in der Fachsprache ›Lipoproteine‹.

Dieser Vorgang soll Ihnen einen kleinen Einblick in das umfangreiche Geschehen in unserem Stoffwechsel geben.
Je größer die Darmfläche, desto besser ist die Nährstoffweitergabe an die Blutbahn und die Abwehrstoffweitergabe an die Lymphe möglich. Menschen mit Darmproblemen (z. B. einer Glutenunverträglichkeit) leiden oft an entzündeten und sich zurückbildenden Zotten. Kleinere Zotten bedeuten eine kleinere Aufnahmefläche und damit eine erschwerte Weitergabe der Nährstoffe.

Reichlich Ballaststoffe machen den Nahrungsbrei umfangreicher und gleichzeitig leichter. Wer zu viel Eiweiß in Form von Fleisch, Wurst, Fisch und Käse aufnimmt, erreicht einen festeren Speisebrei und der ist dann viel schwerer in die kleinsten Bausteine zu zerlegen.

Wie bereits ab Seite 41 erwähnt, sind Ballaststoffe von großer Bedeutung für die Darmgesundheit. Stellen Sie sich das Fruchtfleisch einer ausgepressten Orange vor. Wer eine Zitronenpresse schon mal einige Zeit bei Zimmertemperatur mit diesem ausgepressten Fruchtfleisch stehen gelassen hat, weiß, dass diese Fasern richtig hart werden und eintrocknen.

Andererseits können sie sich bei ausreichend Flüssigkeit enorm aufplustern. Da diese Faserstoffe nur zu einem sehr geringen Anteil verdaut werden, haben sie eine reinigende Wirkung auf die Darmwände. Man kann sie sich als kleine Besen vorstellen, die sich mit Gift- und Abfallstoffen vollsaugen können und auf natürlichem Weg den Körper wieder verlassen.

Genau hier liegt die Lösung: Umfangreiche Studien zeigen eine deutlich abnehmende Verweildauer der Speisen bei ausreichender Aufnahme von Ballaststoffen. Sie haben aber noch weitere Vorteile: Da sie aus Zellulose bestehen, saugen sie sich voll wie ein Löschblatt. Dabei nehmen sie reichlich Fett und Gallensäure mit.

Wichtig: Viel trinken, sonst könnte es sogar zu Verstopfung kommen!

Eine Ernährung, die über Jahre hinweg den falschen Treibstoff liefert, bringt das Magen-Darm-Milieu aus der Balance. Bei einer schleichenden Verdauung bilden sich Giftstoffe.
Es entsteht ein Teufelskreis:

1. In einem degenerierten Verdauungstrakt stehen nicht mehr ausreichend verdauungsfördernde Stoffe in Form von Enzymen, zerlegenden Bakterien, Vitaminen, Mineralstoffen und sekundären Pflanzenstoffen zur Verfügung.
2. Durch die falsche Ernährung sind die Immunzellen an der Darmwand geschwächt, weil zu wenig Vitalstoffverstärkung zur Verfügung steht. Über die Jahre werden die Abwehrkräfte nachhaltig geschwächt und daraus resultieren dann die Begleiterscheinungen, die am Kapiteleingang aufgezeigt wurden.

Ob das Magen-Darm-Milieu gestört ist, kann durch Stuhluntersuchungen festgestellt werden. Heute besteht sogar die Möglichkeit, Ihre persönlichen nützlichen Bakterien, die zu wenig vorkommen, zu züchten, um sie anschließend in Tablettenform wieder aufzunehmen und dadurch zu vermehren. Sprechen Sie hier in jedem Fall mit Ihrem Arzt!

Stress, schnelles Essen, vitalstoffarmes Fast-Food, einseitiges und fettes Essen, Medikamente oder wenig Schlaf haben oftmals ebenfalls sehr störende Auswirkungen auf das Magen-Darm-Milieu mit einigen der bereits genannten Folgen.

Entgiften Sie sich täglich

Eine ausgewogene Ernährung Um die Darmgesundheit wieder herzustellen und/oder zu erhalten, ist die richtige Nahrungsmittelzusammenstellung eine wichtige Vorraussetzung. Hier ist Fingerspitzengefühl und Aufmerksamkeit gefragt. Grundsätzlich sollten Sie darauf achten, in Phasen, in denen es Ihnen eher kühl ist, generell warme Speisen zu essen und umgekehrt. Ist das Verdauungssystem angegriffen, werden blanchiertes Obst, Gemüse und gegarte und getoastete, fein gemahlene Vollkornprodukte erfahrungsgemäß besser vertragen als Rohes. Bedenken Sie: Viele Vitalstoffe zu essen, heißt noch lange nicht, dass diese Vitalstoffe auch in unseren 70 bis 80 Billionen Zellen ankommen.

Doch gerade die Ausgewogenheit und die Natürlichkeit der Lebensmittel spielen eine große Rolle. Hinsichtlich der Ausgewogenheit sind Sie mit dem Supermix, siehe Seite 68 f., gut beraten. Gehen Sie auf Entdeckungsreise mit Ihrem Körper und lassen Sie sich von den Rezepten im Anhang und unter www.edeka-suedwest.de inspirieren. In vielen EDEKA-Märkten finden Sie bereits einen ausgebildeten Ernährungsservice, der Sie in Fragen zur ausgewogenen Lebensmittelauswahl unterstützen kann. Fragen Sie danach!

Entschlackungstage – Urlaub für Magen und Darm Wer nun einmal darüber nachgedacht hat, was der Körper jeden Tag seit seiner Geburt ohne Pausen und ohne Urlaub leistet, der wird verstehen, was ein Entlastungstag zwischendurch für Magen und Darm bedeutet. Hier unterstützen Sie Ihren Körper enorm, um sich erholen und reparieren zu können. Dazu bieten sich Reis-, Kartoffel-, Obst- und Gemüsetage oder, für ganz Mutige, Tee oder Safttage an (siehe ›Reistag‹ Seite 223 f.). Diese Tage bedeuten echte Erholung für Magen und Darm, an denen nicht etwa gefaulenzt wird, sondern die Zeit und Kraft für Reinigung- und Erneuerungsarbeiten genutzt wird.

Wichtig an diesen Entlastungstagen ist die Aufnahme von viel Flüssigkeit in Form von Ingwer-, Pfefferminz-, Kamillen- und Fencheltee, Entschlackungstee, Magen- und Darmtee, Brennnesseltee oder stillem Mineralwasser. Auf Kaffee, Alkohol und Fette jeder Art sollten Sie an diesen Tagen verzichten. Auch gut: Sauerkrauttage!

Hinweis Essen Sie nach Körpergefühl: Ist Ihnen kalt, essen Sie warm und umgekehrt. Rohkosttage oder Safttage sind für einen Menschen, der stets friert, aus meiner Sicht zur Stärkung nicht geeignet. Manchmal können Sie damit genau das Gegenteil erreichen und den Darm überfordern.

Mehr dazu in Kapitel 6, ab Seite 178.

Fasten Das sogenannte Saftfasten nach Dr. med. Helmut Lützner bietet hier eine ganzheitliche Methode, um sich von Giftstoffen zu befreien. Diese Therapie sollte jedoch beim ersten Mal in jedem Fall unter Aufsicht eines erfahrenen Fastenleiters erfolgen. Hier werden, nach einer zuvor unbedingt erforderlichen Darmentleerung, über mehrere Tage hinweg nur Frischpflanzen- und Entschlackungstees sowie Gemüsesäfte getrunken. Bei diesen Kuren sollten Sie jedoch immer mit Ihrem Arzt zusammenarbeiten, da es durch die Entgiftung zu nachhaltigen Befindlichkeitsstörungen kommen kann. In jedem Fall sollten Sie sich in der Zeit des Kurens eine Auszeit bzw. viele Erholungsphasen gönnen.

Kaffee und schwarzer Tee sind in dieser Zeit absolut tabu. Fasten ist nicht zum Abnehmen geeignet, sondern zur Regeneration. Kranke Menschen sollten nur mit Einwilligung eines erfahrenen Arztes fasten!

Entspannung Stress und hektisches Essen beeinträchtigen den Verdauungsvorgang nachhaltig. Betrachten Sie jede Mahlzeit als Energieressort für die nächsten Stunden. Lassen Sie deshalb Ihre Zähne und nicht Ihren Magen die Hauptarbeit leisten. Planen Sie feste Entspannungspausen in Ihren Alltag ein.

Positiver Nebeneffekt: Ein entspannter Mensch hat einen wesentlich höheren Immunglobulin-Status im Blut – das bedeutet eine aktive Abwehr.

Darmmassage Gleich morgens, sanft kreisend, rechts nach oben, über den Oberbauch und links nach unten, können ebenfalls Erleichterung bringen. Regelmäßige Bewegung, auch in Form eines Spazierganges, massiert den Darm ebenfalls.

Trainieren Sie Ihre Abwehrkräfte mit viel Genuss

Gelingt es unerwünschten Eindringlingen, z. B. durch die Nahrung, durch Verletzungen, über die Atmung oder über die Haut in den Körper zu gelangen, wird die Abwehrtruppe aktiv. Im leichtesten Fall schwemmen Schleim und Speichel die Angreifer wieder hinaus. Lassen sich damit nicht alle vertreiben, treten Spezialisten des Plan ›B‹ in Kraft. Die Hauptarbeit übernehmen die weißen Blutkörperchen. Aber auch hier gibt es verschiedene Spezialeinheiten: Die Fresszellen schwimmen über die Blutbahn durch den ganzen Organismus. Sind es zu viele Angreifer und diese bisher völlig unbekannt, rücken die vom Körper bestens ausgebildeten T-Zellen an, fotografieren die Feinde und schicken die Fotografie per Bildtelefon an die B-Zellen. Die B-Zellen bilden geeignete Abwehrkräfte aus, um die Angreifer nun endgültig in die Flucht zu schlagen. Die Feind-Informationen werden natürlich abgespeichert. So können bei einem späteren erneuten Angriff die entsprechenden Abwehrkräfte sofort losgeschickt werden. Zu den Spezialisten der Abwehrkräfte gehören das Knochenmark, in dem die Blutzellen gebildet werden, und die Thymusdrüse, in der die Blutkörperchen für ihre unterschiedlichen Aufgaben ausgebildet werden. In der Haut, in den Schleimhäuten und in der Milz befinden sich ihre Unterkünfte. Mandeln und Lymphknoten sind zusätzlich als filternde Kontrollposten tätig. Sind diese verdickt, ist das ein Zeichen, dass Entzündungsherde im Körper unterwegs sind. Unsere Abwehrkräfte arbeiten ohne Unterbrechung. Ohne die richtige Unterstützung können sie diese Aufgaben nicht zuverlässig durchführen. Oftmals fehlt es nicht nur an Unterstützung, sondern es wird durch falsche Ernährungsgewohnheiten, Stress, Nikotin und zu viel Alkohol sogar gegen die Abwehrkräfte und für die freien Radikale gearbeitet.

Jede Zigarette ist ein massiver Angriff auf die Zellen mit der Freisetzung von ca. 10 000 freien Radikalen.

Meine Tipps für eine starke Abwehr und eine gute Verdauung

1. Um die Abwehrkräfte zu stärken, ist es besonders wichtig, reichlich zu trinken, denn der ganze Abwehrstab ist auf ›Wasserstraßen‹ wie der Blutbahn, der Lymphe und im extrazellulären Gewebe unterwegs. Nur ein guter Wasserstand sichert gute Transportverbindungen.
2. Nach der Traditionellen Chinesischen Medizin sollten Menschen, die frösteln, niemals kalte Getränke zu sich nehmen, sondern die Säfte auf Trinktemperatur erwärmen oder mit Tees mischen. Besonders zu empfehlen ist Ingwertee. Dazu 2 bis 3 Scheiben Ingwerwurzel mit kochendem Wasser aufgießen und 10 Minuten ziehen lassen.
3. Trinken Sie hochprozentige Säfte immer schluckweise und ›kauen‹ Sie diesen Saft. Bei dieser Form des Safttrinkens werden Verdauungssäfte gebildet, die die Verdauungsarbeit erleichtern und als positiven Nebeneffekt auch noch richtig satt machen. Die meisten Säfte enthalten übrigens viel Vitamin A und C und mit einigen Tropfen Rapsöl und Hefeflocken werden die Säfte um Vitamin E, nervenstärkende und verdauungsfördernde Vitamine der B-Gruppe und Magnesium ergänzt. Dabei entsteht ein aktives Quartett zur Bekämpfung von Viren, Bakterien und freien Radikalen.
4. Trinken Sie an solchen Entschlackungstagen auch mindestens 1,5 Liter Wasser ohne Kohlensäure, z. B. Black Forest Pearl von Bad Peterstaler. Wem das zu fad ist, der gibt den Saft

einer Zitrone in die Flasche, das erfrischt und es verbessert obendrein die Aufnahme von Eisen.

5 Täglich eine halbe Stunde Bewegung an der frischen Luft und die Bronchien werden von Bakterien und Viren gereinigt. Außerdem beschleunigt Bewegung die Fließgeschwindigkeit der Körperflüssigkeiten. Abwehrkräfte können so schneller am Ort des Geschehens sein. Die Lymphe ist auf diese Beschleunigung durch Bewegung dringend angewiesen, da sie über keinen Eigenantrieb verfügt.

6 Haut und Schleimhäute (in Mund, Magen und Darm) sind über eine ausreichende Unterstützung durch Vitamin A und Carotinoide dankbar. Die stecken in allen natürlichen grünen, roten und orangefarbenen Lebensmitteln, wie etwa in Grünkohl, Wirsing, Kürbis, Möhren und Mangos.

7 Für eine gute Durchblutung der Milz und für ein Feuchthalten der Schleimhäute sind Lauch, Zwiebeln, Knoblauch, Kresse, Kohl und Rettich bestens geeignet. Diese Sorten wirken durch die enthaltenen Sulfide und Glucosinolate obendrein noch antibakteriell. Reichlich Vitamin C in Blattsalaten, Feldsalat, Orangen, Paprika und in dem bereits erwähnten Grüngemüse kräftigen die weißen Blutkörperchen und unterstützen die Abwehrzellen.

8 Das ganze Abwehrsystem ist entscheidend auf schonend gegarte Eiweißportionen angewiesen. Mehr dazu Seite 16 f. Gerade in Fleisch, Fisch, Milch, Käse, Sojaprodukten und Hülsenfrüchten sind reichlich Eiweiß und auch Eisen, Kupfer und Zink zur Unterstützung der täglichen Abwehrarbeit des Körpers enthalten. Um diese Mahlzeiten besser aufspalten zu können, ist das Beträufeln mit frisch gepresstem Zitronensaft empfehlenswert.

9 Radicchio-, Endivien-, Rucola-, Löwenzahnsalat und Artischocken enthalten Bitterstoffe, die die Entgiftungsarbeiten der Leber unterstützen und so die Verdauungsarbeit erleichtern. Besonders wirkungsvoll sind Pflanzensäfte der Arti-

schocke, die unmittelbar vor dem Essen getrunken werden können.

10. Probiotische Produkte wie Joghurt oder Kanne Brottrunk sind weitere Verdauungshelfer. Essen Sie Joghurt mit noch lebenden Bakterienkulturen.
11. Bei Darmproblemen sollten Sie auf grobe Vollkornkost und Rohkost verzichten. Greifen Sie vermehrt auf fein geschrotete (gemahlene) Dinkelvollkornprodukte, gegartes Gemüse und Salate sowie leicht verdauliche Eiweißportionen wie Fisch und Geflügel zurück. Das Brot sollten Sie stets toasten. Essen Sie morgens einen warmen Hirsebrei mit Zimt und Ingwer.
12. Essen Sie langsam und kauen Sie gründlich, damit erleichtern Sie ihren Verdauungsorganen die Arbeit.
13. Essen Sie keine stark angebratenen, scharfen und fettigen Speisen.
14. Bei Verstopfung und Darmproblemen ist eine Ernährungsumstellung auf den Supermix (siehe Seite 68 f.) sehr zu empfehlen. Die darin vorhandenen Ballaststoffe nehmen mehr Flüssigkeit auf und vergrößern damit das Stuhlvolumen. Das macht den Stuhl gleitfähiger. Die im Supermix enthaltenen Vitalstoffe unterstützen die Abwehrkräfte.
15. Übergewicht ist oft unmittelbar an der Entstehung von Darmproblemen beteiligt. Versuchen Sie bei Übergewicht Ihr Gewicht zu senken.

Wege zur Traumfigur

Traumfigur

Deutschland hat in den vergangenen zehn Jahren kräftig zugelegt. Jeder zweite Mensch ist übergewichtig. Jeder fünfte leidet an Adipositas (Fettsucht). Die Folgen sind sowohl für die Gesamtwirtschaft, aber natürlich auch für den Einzelnen dramatisch. Nach Angaben von Prof. Michael Ristow aus Jena gehen zwei Drittel der großen Volkskrankheiten, wie Herzinfarkt, Schlaganfall, Bluthochdruck, Osteoporose und Diabetes Typ II, ursächlich auf das Konto Übergewicht.

Ermitteln Sie Ihren BMI Früher lautete die Formel: Körpergröße in Zentimetern minus 100 minus 15 Prozent gleich Gewicht in Kilogramm. Diese Formel wurde vom Body-Mass-Index (BMI) abgelöst und folgende Richtwerte festgesetzt:

$$\mathbf{BMI} = \frac{\textbf{Körpergewicht in kg}}{(\textbf{Körpergröße in m})^2}$$

BMI	**Bewertung**
unter 18,5	Untergewicht
18,5 bis 24,9	Normalgewicht
25,0 bis 29,9	Übergewicht
30,0 bis 34,9	Adipositas Grad I
35,0 bis 39,9	Adipositas Grad II
40 und darüber	Adipositas Grad III

Beispiele für die Berechnung und Bewertung des BMI

Eine Frau wiegt 65 kg und ist 1,70 m groß.
BMI-Formel: 65/(1,70 x 1,70)= 22,5
BMI-Bewertung: idealer Bereich

Ein Mann wiegt 90 kg und ist 1,80 m groß.
BMI-Formel: 90/(1,80 x 1,80)= 27,8
BMI-Bewertung: leichtes Übergewicht

Anhand dieser Formel können Sie mithilfe eines Taschenrechners rasch feststellen, ob Sie ein paar Pfunde zu viel auf den Hüften haben. Falls ja, sollten Sie aktiv werden. Und zwar in jeder Hinsicht. Ändern Sie Ihre Ernährungsweise und treiben Sie regelmäßig Sport.

Zunächst einmal gibt es Entwarnung: Wer einem BMI von 25 bis 29 hat, sich aber rundum wohl fühlt und gesund ist, bei dem gibt es aus medizinischer Sicht kein erhöhtes Risiko. Sie sollten jedoch nicht weiter zunehmen!

Bei einem BMI von über 30 steigen die Risiken jedoch rapide an. Doch auch hier gibt es noch Unterschiede. So erhöht das hormonell bedingte oftmals typisch männliche Bauchfett das Krankheitsrisiko mehr, als das sich an Hüften, Schenkeln und Po befindliche Fett bei den Frauen. Doch durch die Doppelbelastung der Frau haben die Frauen in Sachen Herzinfarkt und Schlaganfall in den vergangenen Jahren leider sehr ›aufgeholt‹. Generell gilt: Apfeltypen sind gefährdeter als Birnentypen.

Stress begünstigt Übergewicht In Stresssituationen reagiert der menschliche Organismus immer noch wie in der Steinzeit. Die damaligen Stresssituationen gingen immer einher mit Gefahren, die nur mit hoher körperlicher Anstrengung zu bewältigen waren. Wenn man vom Säbelzahntiger verfolgt wurde, mussten Energiereserven kurzfristig angezapft werden, das sicherte das Überleben. Heute steht Stress in den seltensten Fällen mit körperlicher, sondern mit emotionaler und geistiger Anstrengung in Verbindung. Die in Stresssituationen von der Nebennierenrinde ausgeschütteten Hormone wie Adrenalin, Noradrenalin und Cortisol greifen aktiv in das Stoffwechselgeschehen ein. Adrenalin macht uns hellwach, Noradrenalin fördert die Konzentrationsfähigkeit und Cortisol stimuliert die Freisetzung von Glukose ins Blut. Diese Hormone stimulieren jedoch auch die Freisetzung von energiereichen Fetten. Das hört sich zunächst gut an, wenn die Fettzellen ihre Fette zur Energiegewinnung abgeben.

Jetzt steht genügend Energie für einen Kampf oder einen Fluchtlauf bereit. Doch der folgt nicht! Wenn die Stresssituation abgeklungen ist, regulieren sich die Abläufe mit der Notwendigkeit, die Hormon- und Brennstoffspeicher wieder aufzufüllen. Cortisol löst Appetit aus und macht heißhungrig. Lang anhaltende Stresszustände begünstigen so die Fetteinlagerung als Bauchfett. Stoffwechselphysiologen nennen dieses Bauchfett auch ›Stressfett‹, da es hormonell bedingt ist. Der Körper legt dieses Stressfett an, um in Stressphasen Energie für Flucht oder Angriff bereitstellen zu können. Neuste Studien zeigen, dass dieser Stress jedoch nicht nur beruflicher Natur sein muss, auch Beziehungsstress oder selbst produzierter Stress beim Sport sind Auslöser für das gefährliche ›Stressfett‹. Was wohl niemand erwartet hätte: Auch Fernsehen kann Stress auslösen und dadurch dick machen. Bei anstrengenden Krimiserien zum Beispiel. Wer greift da nicht gerne zur Chipstüte und Schokolade. Das sind die Botschaften der Hormone, die Ihre Speicher wieder auffüllen wollen.

Immer wieder hört man, dass Übergewichtige sich in die Aussage ›Veranlagung‹ flüchten. Doch hier gibt es ganz klare Erkenntnisse, dass die ›Veranlagung‹ in den seltensten Fällen die Ursache von Übergewicht ist.

So haben die Japaner sehr gute BMI-Werte und die höchste Lebenserwartung. Viele Japaner, die nach Amerika gehen, nehmen dort massiv zu.

So kriegt jeder sein Fett weg

Die Ratio ist der Freund der guten Figur, doch wo sind die Feinde? Nach meiner Erfahrung sind es die Verbote. Wenn ich Ihnen sage: ›Denken Sie bloß nicht an einen roten Elefanten‹, was werden Sie dann wohl tun? Genau, Sie denken an einen roten Elefanten.

Ebenso ist das mit dem Essen: Wenn man sich vornimmt, abzunehmen, kommen sofort die Schreckgespenster aus dem Unterbewusstsein, die die Entscheidung zu boykottieren versuchen. Weniger essen! Gürtel enger schnallen! Aushalten! Fade Diätkost! Kein Wunder, dass nach Ihrer Entscheidung, abnehmen zu wollen, überall etwas Essbares Ihren Weg kreuzt. Das Unterbewusstsein macht Sie auf Essen aufmerksam, das Ihnen vorher nicht in dem Maße aufgefallen ist. Meines Erachtens sind Verbote absolut kontraproduktiv in Sachen Abnehmen.

Wunderdiäten versprechen viele Kilos in wenigen Tagen. Wenn ich gefragt werde, wie man denn schnellstmöglich 5 Kilo abnehmen kann, habe ich eine sehr dramatische Antwort, die das Geschehen im Körper deutlich machen soll. Ich antworte: Hacken Sie sich doch einen Arm ab! Es ist normalerweise nicht meine Art, solche Aussagen zu machen. Unzählige Crash-Diäten von Kunden haben mir gezeigt, dass einseitige Diäten die aktiven Umwandlungsarbeiten des Körpers zum Erliegen bringen. Da kommen Kunden und sagen: ›Ich habe die Atkins-Diät oder die Agatson-Diät gemacht und 10 Kilo abgenommen, aber seitdem habe ich ständig Wasser in den Beinen.‹ Andere berichten vom Jojo-Effekt. Sie nehmen kurzfristig ab, trainieren den Körper auf ›Hungersnot‹ und nach der Diät ist das Abgenommene und noch mehr ganz schnell wieder drauf. 90 % aller Diäten sind absolut wirkungslos und enden im Chaos.

Um aufzuzeigen, was im Körper stattfindet, mache ich gerne den Vergleich mit einem schnellen Auto, z. B. dem Ferrari 599 mit zwölf Zylindern. Während der Diät werden sechs Zylinder abgebaut mit dem Resultat, dass Sie danach einen wesentlich geringeren Treibstoffbedarf haben werden und bei nachfolgender ›Normalkost‹ zunehmen.

In Kapitel 1 habe ich aufgezeigt, wie wichtig Eiweiß, Fette, Kohlenhydrate, Vitamine, Mineralstoffe und sekundäre Pflanzenstoffe für unsere Gesundheit sind. Essen wir diese nicht, setzen wir die 70 bis 80 Billionen Körperzellen großen Gefahren aus. Sie hungern sich krank und alt, was einer Amputation gleichkommt. Wenn Sie das Richtige, und zwar Fett abnehmen wollen, kommen Sie an komplexen Kohlenhydraten, dem richtigen Fettsäureverhältnis, guten Eiweißbausteinen für die Erneuerung, begleitet von Schutz- und Aktivstoffen wie Vitaminen, Mineralstoffen und sekundären Pflanzenstoffen nicht vorbei. Schicken Sie diesen Erneuerungstrupp im richtigen Supermix in Ihren Körper, und zwar 3- bis 5-mal am Tag, je nach Hungergefühl, und Sie werden abnehmen.

Meine persönliche Rekordkundin liegt derzeit bei 53 Kilo Gewichtsabnahme in sechs Jahren ohne Jojo-Effekt. Starten Sie Ihr Abnehmen mit der Gewissheit: ›Ich esse mich satt und schlank‹. Abnehmen lässt sich nur durch eine Essensumstellung. Denken Sie an die 83 000 kg Lebensmittel mit dem Supermix, im Vergleich zu 47 000 kg mit der Zivilisationskost. Freuen Sie sich auf Ihr neues Leben. Schon nach kurzer Zeit wird der Süßhungerteufel nicht mehr bei Ihnen anklopfen. Er ist wohl der größte Feind des Abnehmens.

Machen Sie sich vor Ihrem inneren Auge bewusst, dass Sie mengenmäßig viel mehr essen können, als Sie es vielleicht bisher getan haben. Faserstoffe blähen sich auf und Sie haben ein lang anhaltendes Sättigungsgefühl. Sich satt zu fühlen, ist die beste Garantie, um dauerhaft schlank zu werden.

In der Abbildung auf Seite 82 sind die Gründe für die lang anhaltende Sättigung grafisch dargestellt. Und noch eine wichtige Erkenntnis aus der Ernährungswissenschaft: Fette verbrennen im Feuer der Kohlenhydrate. Die lang anhaltenden, komplexen Kohlenhydrate sichern so die Energiefreisetzung aus den Fettzellen.

Organisieren Sie Kochpartys. Lassen Sie frische natürliche Lebensmittel in Ihr Leben. Durchleuchten Sie Ihre Ernährungsgewohnheiten und vergleichen Sie Ihr bisheriges Essverhalten mit dem in Kapitel 1 und 2 vorgestellten Wohlfühlkonzept. Mit den Rezeptvorschlägen in Kapitel 7 und den über 600 Rezepten im Internet unter www.edeka.suedwest.de kommen Sie auf etwa 2000 Kilokalorien bei drei bis fünf Mahlzeiten, berechnet auf den Wochenschnitt.

Wichtig Werden Sie nicht zum Rohkostfanatiker. Achten Sie genau darauf, was Sie gut vertragen. Mit Blähungen und Müdigkeit nach dem Essen haben Sie eindeutige Signale, dass die Nahrung für Sie nicht passabel war. Das wiederum schwächt die Abwehrkräfte. Nach Meinung der Traditionellen Chinesischen Medizin kann die für Sie falsche Nahrung dick machen (siehe dazu auch Kapitel 6). Diese Erfahrungen kann ich aus meiner Praxis bestätigen. Probieren Sie die nicht vertragenen Lebensmittel jedoch immer wieder mal aus. Durch den Supermix ändert sich das Magen-Darmmilieu. Denn nach jahrelangem Verzehr von Weißmehlprodukten und Süßigkeiten muss die Darmflora langsam wieder aufgebaut werden.

Achten Sie auf die Verpackung

1. Bezeichnungen wie **Light** oder **Leicht** erwecken den Eindruck, Sie hätten es mit einem kalorienarmen Produkt zu tun. Diese Bezeichnungen waren bisher nicht eindeutig rechtlich geregelt, müssen jedoch nun, nach einem Vorschlag der Europäischen Kommission, über nährwert- und gesundheitsbezogene Angaben zum Lebensmittel dieselben Bedingungen erfüllen wie die Angabe **reduziert**.
2. **Kalorienreduziert** ist eine Bezeichnung, die in der Nährwertkennzeichnungsverordnung festgelegt ist. Lebensmittel müssen den Brennwert von vergleichbaren Produkten um min-

destens 30 % unterschreiten, um diese Bezeichnung tragen zu dürfen.

3. **Kalorienarm** darf sich ein Produkt nennen, wenn der Brennwert eines flüssigen Lebensmittels nicht mehr als 20 kcal bzw. 80 kJ/100 ml und der eines festen Lebensmittels nicht mehr als 40 kcal bzw. 170 kJ/100 g beträgt.
4. Wenn Sie den Begriff **Diätetisches Lebensmittel** lesen, ist dieses Produkt in seiner Zusammensetzung gegenüber den normalen Produkten verändert worden. Es ist zum Beispiel natriumarm, kochsalzarm, eiweißreich, glutenfrei usw. Dieser Begriff sagt also nichts über die Kalorien aus oder anders gesagt, diese Produkte sind in der Regel nicht kalorienreduziert.
5. Ein sehr verwirrender Begriff ist die Bezeichnung **zuckerfrei**. Dann darf das Produkt nach den Vorgaben der Europäischen Kommission weniger als 0,5 g Zucker pro 100 g bzw. 100 ml enthalten.
6. Zu den **Zuckeraustauschstoffen** gehören Fructose, Sorbit, Mannit, Xylit, Isomalt und Maltit. Sie wirken auf die Zähne nicht kariesfördernd und werden ohne die Ausschüttung großer Insulinmengen verarbeitet. Meist fördern sie jedoch den Erhalt des Süßhungers und bis auf Maltit und Isomalt haben sie den gleichen Kaloriengehalt wie reiner Zucker.
7. Zu den **Zuckerersatzstoffen** mit kalorienfreier Süße, die eine wesentlich höhere Süßkraft als Zucker haben, gehören Saccharin, Cyclamat und Aspartam.

Meine Tipps zum Abnehmen

1. Verwenden Sie für Salatsoßen doch mal Bio-Bindemittel von Bio Wertkost. Dieses Bindemittel besteht aus Johannisbrotkernmehl (auch für Diabetiker bestens geeignet) und dickt ohne Erhitzen ein. Vorsicht: Gehen Sie sparsam damit um! Einfach mit einem Sieb einstreuen, die Marinade mit dem Schneebesen verrühren, binnen Sekunden wird die Marinade cremig, ohne viel Fett.

2. Gemüsebrühe bringt viel Würze, bei wenig Kalorien. Sie verlängert sozusagen Ihr Dressing. Das Öl auch wieder mit dem Schwingbesen unter die Gemüsebrühe mischen und mit Essig oder Zitronensaft, Kräutern, Pfeffer und Salz abschmecken. Wichtig: Achten Sie auf die Angaben auf der Verpackung. In vielen Gemüsebrühen finden sich Geschmacksverstärker, was nichts anderes heißt, als dass weniger Frischgemüse drinsteckt als bei Produkten ohne Geschmacksverstärker. Verwenden Sie z. B. Gemüsebrühe von Bio Wertkost.
3. Tofu, verrührt mit etwas Öl und Wasser und würzig abgeschmeckt, ergibt eine Creme, die Mayonnaise in nichts nachsteht.
4. Auch geraffelte Kartoffeln machen Salatdressings würzig und cremig ohne viele Kalorien.
5. Stellen Sie Butter in einer Butterdose ins Butterfach oder in das Gemüsefach des Kühlschranks, dort bleibt sie streichfähig und später besser dosierbar.
6. Geben Sie Öl nicht einfach so über die Speisen, sondern dosieren Sie mithilfe eines Teelöffels.
7. Legen Sie gebratene Speisen vor dem Servieren auf Küchenkrepp, um das Gargut abzuspecken.
8. Die Bundesanstalt für Fleischforschung in Kulmbach hat seit 1993 in zwölf verschiedenen Instituten mehr als 10 000 Proben von insgesamt 60 verschiedenen Wurstsorten und den wichtigsten Fleischteilstücken analysiert und dabei festgestellt, dass die Fettwerte heute meist deutlich unter den Werten der gebräuchlichen Nährwerttabellen liegen. Veränderte Zucht-, Haltungs- und Zuschnittbedingungen haben den Kalorienpegel bei Fleisch und Wurstwaren erheblich nach unten gedrückt. Dennoch: Der tägliche Fettverzehr sollte nach Meinung führender Experten bei 25 % bis maximal 35 % der Gesamtenergie liegen. Nach zahlreichen Studien, die von der Deutschen Gesellschaft für Ernährung beleuchtet wurden, liegt sie tatsächlich aber durchschnittlich zwischen

36 % und 40 %. Doch nicht nur, wenn Sie unter Übergewicht leiden, sollten Sie Ihre Fettfallen einmal genauer unter die Lupe nehmen, denn die Selbsteinschätzung ist besser als jede Statistik.

9 Achten Sie auf ein schönes Ambiente beim Essen. Legen Sie das, was Sie essen wollen, immer auf einen Teller, damit Sie eine Vorstellung darüber bekommen, welche Portionsgröße Sie essen. Achten Sie dabei auf den Supermix!

10 Essen Sie langsam, denn das Gehirn benötigt Zeit bis es aus dem Magen signalisiert bekommt: ›Ich bin satt‹. Essen Sie zu schnell, kommt die Nachricht zu spät an und dann haben Sie bereits zu viel gegessen.

11 Achten Sie auf die Kalorien in den Getränken. Eine Studie des Children's Hospital in Boston hat an 103 Jugendlichen ermittelt, dass alleine durch die Änderung der Trinkgewohnheit die Probanden enorm abnahmen, ohne beim Essen oder bei der Bewegung etwas zu ändern. Hier gilt es zu bedenken, dass reine Fruchtsäfte hinsichtlich der Kalorien durchaus mit gesüßten Limonaden zu vergleichen sind. Es ist deshalb besser, die Fruchtsäfte mit Wasser mindestens 1:1 zu mischen. Wasser hat keine Kalorien.

12 Bewegen Sie sich unmittelbar nach dem Essen, dadurch setzt die Bauchspeicheldrüse nochmals einen Schub Glukagon frei, das dafür sorgt, dass die neue Energie nicht in die Fettzellen gelangen kann. Gleichzeitig fördern Sie damit die Verdauung und belasten das Kalorienkonto.

13 Der schnelle Abnahmetrick: Wenn Sie morgens gleich nach dem Aufstehen trainieren können, müssen gleich die Fettzellen herhalten. Trinken Sie ein Glas Apfelschorle im Verhältnis zwei Teile Wasser zu einem Teil Apfelsaft und dann kann's losgehen. Über Nacht sind die Kohlenhydratspeicher geleert worden und beim Training wird gleich auf die Fettspeicher zugegriffen.

In den folgenden Übersichten: ›Finden Sie Ihren PAL (=Physical Activity Level)‹ und ›Wie viele Kalorien verbrauchen Sie?‹ können Sie ermitteln, wo sich Ihr persönlicher Kalorienbedarf eingependelt hat.

Finden Sie Ihren PAL

Beispiele für den durchschnittlichen täglichen Energieumsatz bei unterschiedlichen Berufs- und Freizeittätigkeiten von Erwachsenen

Arbeitsschwere und Freizeitverhalten	PAL[1]	Beispiele
ausschließlich sitzende oder liegende Lebensweise	1,2	gebrechliche Menschen
ausschließlich sitzende Tätigkeit mit wenig oder keiner anstrengenden Freizeitaktivität	1,4–1,5	Büroangestellte, Feinmechaniker
sitzende Tätigkeit, zeitweilig auch zusätzlicher Energieaufwand für gehende und stehende Tätigkeiten	1,6–1,7	Laboranten, Kraftfahrer, Studierende, Fließbandarbeiter
überwiegend gehende und stehende Arbeit[2]	1,8–1,9	Verkäufer, Kellner, Mechaniker, Handwerker
körperlich anstrengende berufliche Arbeit[2]	2,0–2,4	Bauarbeiter, Landwirte, Waldarbeiter, Bergarbeiter, Leistungssportler

1 PAL = Physical Activity Level – durchschnittlicher Energiebedarf für körperliche Aktivität als Mehrfaches des Grundumsatzes
2 Für sportliche Betätigungen oder anstrengende Freizeitaktivitäten (30–60 Minuten, 4- bis 5-mal die Woche) können zusätzlich pro Tag 0,3 PAL-Einheiten zugelegt werden.

Wenn Sie zum Beispiel eine überwiegend sitzende Tätigkeit haben, mit wenig anstrengenden Freizeitaktivitäten, dann liegen Sie bei einem PAL-Wert von 1,6. Sind Sie nun 45 Jahre alt und weiblich, dann haben Sie einen Grundumsatz, der bei 1340 Kalorien liegt und einen durchschnittlichen Gesamtkalorienbedarf von 2100 Kalorien.

Wie viele Kalorien verbrauchen Sie?

Kalorienverbrauch bei unterschiedlichem PAL

Alter (Jahre)	kcal/Tag bei Grundumsatz	kcal/Tag bei PAL 1,4	kcal/Tag bei PAL 1,6	kcal/Tag bei PAL 1,8	kcal/Tag bei PAL 2,0
Männer					
15 bis unter 19	1820	2500	2900	3300	3600
19 bis unter 25	1820	2500	2900	3300	3600
25 bis unter 51	1740	2400	2800	3100	3500
51 bis unter 65	1580	2200	2500	2800	3200
65 und älter	1410	2000	2300	2500	2800
Frauen					
15 bis unter 19	1460	2000	2300	2600	2900
19 bis unter 25[1,2]	1390	1900	2200	2500	2800
25 bis unter 51[1,2]	1340	1900	2100	2400	2700
51 bis unter 65	1270	1800	2000	2300	2500
65 und älter	1170	1600	1800	2100	2300

1 Schwangere erhalten über die gesamte Schwangerschaft eine Zulage von 1,1 MJ/Tag (255 kcal/Tag); die Zulage ist unabhängig von dem eweiligen PAL-Wert.

2 Stillende erhalten folgende Zulagen:
- bis einschließlich 4. Monat: + 2,7 MJ (635 kcal/Tag)
- weiter volles Stillen nach dem 4.Monat: + 2,2 MJ (525 kcal/Tag)
- teilweises Stillen nach dem 4.Monat: + 1,2 MJ/Tag (285 kcal/Tag)

Die Zulage ist unabhängig von dem jeweiligen PAL-Wert

Hier handelt es sich jedoch immer nur um Durchschnittswerte. Bei allen meinen Rezepten sind die Kalorien und die Vitalstoffangaben mit dabei. Damit Sie eine Kalorienvorstellung bekommen, sind die Nährwerttaschentabellen von Gräfe und Unzer sinnvoll. Eine ausschließliche Konzentration auf Kalorien ist aus meiner Erfahrung dem Erfolg eines Abnahmeprogramms aber eher abträglich. Durch Freizeitaktivitäten können Sie Ihren Kalorienverbrauch steigern und Ihren Grundumsatz erhöhen. Doch Bewegung bewegt noch viel mehr (siehe Seite 130f.).

Ein intaktes Bindegewebe – straffe, schöne Haut und vitale Ausstrahlung bis ins hohe Alter

Ein intaktes Bindegewebe ist entscheidend für die Versorgung der Zellen. Das Bindegewebe ist das Gewebe, das alle Organe im Körper miteinander verbindet. Bisher haben wir immer von der nährstofftransportierenden Blutbahn und der Lymphflüssigkeit gesprochen. Die Körperzellen werden jedoch nicht direkt von der Blutbahn versorgt, sondern über eine extrazelluläre Flüssigkeit, dem Bindegewebe, beliefert.

Wie kann man sich das vorstellen? Die Blutbahn und das Lymphsystem, die selbst aus Zellen und Bindegewebe bestehen, stellen die großen Flüsse und Bäche dar, die die benötigten Nährstoffe – so weit wie es ihnen möglich ist – im Körper verteilen. Die Nährstoffe können so jedoch nicht direkt bis zu den Zellen gelangen.

Warum? Die Blutbahn und das Lymphsystem ist mit einer großen Wasserstraße, sozusagen einem reißenden Fluss, der stets in voller Fahrt ist, zu vergleichen. Zwischen den Blut- und Lymphgefäßen befindet sich die Grundsubstanz, die in ihrer Gesamtheit das Bindegewebe ausmacht und einem riesigen

Wasserbecken gleicht, das alle Zellen miteinander verbindet und von den ›Flüssen‹ gespeist wird. Das Bindegewebe ist sozusagen die Pufferflüssigkeit zwischen den reißenden Flüssen und den Zellen. Über Schleusensysteme wie die Natrium-Kaliumpumpe werden die Flüssigkeiten im Zwischenzellgewebe mit neuen Nährstoffen aus der Blutbahn angereichert und die verbrauchten Endprodukte über die Blutbahn und die Lymphe entsorgt. Das Bindegewebe wiederum versorgt daraufhin die Zellen und nimmt Endprodukte aus den Zellen auf.

Hier wird deutlich, wie wichtig die richtige Nährstoffversorgung für eine schöne straffe Haut ist. Wird das Bindegewebe stets mit verbrauchten Endprodukten überlastet und kommen zu wenig energiebringende und schützende Vitalstoffe an, versucht es sich mit einem Trick auszuhelfen. Es lagert Flüssigkeit ein, um die Konzentration an verbrauchten Stoffen niedrig zu halten. Dadurch entstehen zunächst unschöne Dellen, die jedoch bis hin zu Empfindungsstörungen und mangelnder Durchblutung führen können. Cremes und damit verbundene Massagen bringen zwar die Gewebeflüssigkeiten in Bewegung, was grundsätzlich nicht falsch ist, wichtig wäre jedoch, die Flüssigkeiten zu erneuern.

Meine Empfehlungen für eine schöne Haut

1. Trinken Sie 1,5 Liter stilles Wasser und mehr, um die Reinigung des Bindegewebes zu unterstützen. Dieses Wasser können Sie mit Obstsäften anreichern.
2. Essen Sie den Supermix, um das Vitalstoffkonto wieder in Balance zu bringen und den Zellen und dem Bindegewebe neue Reinigungs-, Neubau- und Reparaturkräfte zur Unterstützung zu liefern. Bedenken Sie auch die freien Radikale, die ohne ausreichenden Schutz ihr Unwesen treiben und die Situation verschärfen.
3. Machen Sie entschlackende Bäder. Unsere Ursprungsflüssigkeit im Fruchtwasser bestand aus Salzwasser. Viele Menschen

berichten nach einem Meeraufenthalt über eine besonders schöne Haut. Sie müssen dazu jedoch nicht jedes Mal in Urlaub fahren. Dazu eignen sich Salzbäder in der Badewanne. Besonders gute Erfahrungen habe ich mit dem Basischen Badesalz von Golden Heart gemacht. Diesem Salz wurden noch Mineralstoffe aus Edelsteinen beigemengt und es hat, je nach Wasserhärte, einen PH-Wert von 8,5 bis 9 – der PH-Wert des Fruchtwassers! Um gute Effekte zu erzielen, können Sie bis zu 45 Minuten und länger im Wasser bleiben. Achten Sie darauf, dass Ihnen die Wassertemperatur angenehm ist. Gegebenenfalls können Sie heißes oder kaltes Wasser zugeben. Wer wissen möchte, wie stark der Körper während dieses Bades gearbeitet hat, kann sich in der Apotheke PH-Wert-Messstäbchen kaufen und den PH-Wert vor und nach dem Baden überprüfen. Nehmen Sie nach dem Baden bitte keine Badezusätze oder dergleichen. Sie werden es kaum glauben, Ihre Haut wird zart und geschmeidig und braucht auch keine Creme. Wichtig: Nehmen Sie sich nach dem Baden nichts mehr vor. Sie werden Schlaf brauchen, weil es den Körper sehr anstrengt.

4. Gehen Sie regelmäßig in die Sauna. Eine Studie aus Jena ergab: Die Haut von Saunagängern trocknet nicht so schnell aus und sie haben den zusätzlichen Effekt, beim Schwitzen Gifte loszuwerden.
5. Unterstützen Sie die Fließgeschwindigkeiten und den Neubau des Gewebes mit reichlich Bewegung.

Starke Muskeln

Starke Muskeln, starke Knochen, starke Gelenke

Die Wissenschaftler sind sich einig: Wer fit für den Sport sein will, braucht jeden Tag eine ausgewogene Ernährung. Lange Zeit sah man Sport als eine Maßnahme, die nur den gesunden, bereits fitten Menschen nutzt. Bei Krankheiten galt stets der Grundsatz des Schonprinzips. Doch nach umfangreichen Studien in den unterschiedlichsten Krankheitsbereichen hat man herausgefunden, dass regelmäßige sportliche Betätigungen einen positiven Einfluss sowohl auf die Gesundheit als auch auf den Genesungsprozess haben. Angefangen bei Herz-Kreislauferkrankungen, über Asthma, bis hin zu Krebs: Sportmediziner plädieren immer mehr zu moderatem Sport und das bereits unmittelbar nach schwierigen medizinischen Eingriffen. Der Grund: Durch das Training steigt die Leistungsfähigkeit. Stress, depressive Verstimmungen und Komplikationen nach der Behandlung sinken. Selbst bei Diabetikern und Schlaganfallpatienten ging durch regelmäßigen Ausdauersport der Bedarf an Medikamenten zurück. Quer durch alle Studien sind sich die Wissenschaftler darüber einig, dass sportliche Betätigung nur auf der Grundlage einer ausgewogenen Ernährung zum Ziel führt.

Fit für und mit Sport – Muskeln sind die beste Lebensversicherung

Sich ausschließlich am Wochenende auf den Drahtesel zu setzen und wie von der Tarantel gestochen den Berg zu erstürmen, kommt dem Vergleich ziemlich nahe, mit dem Auto im ersten Gang mit 60 km/h den Berg hoch zu fahren. Das Aufbäumen des Motors kann man hören, doch was ist bei diesen Extrembedingungen im Körper los? In diesem Moment sind Billionen ›freier Radikale‹ am Werk. Diese instabilen Sauerstoffverbindungen greifen massiv in das Zellgeschehen ein, indem sie den Zellstoffwechsel stören. Fitness gibt es deshalb nicht zum Nulltarif und schon gar nicht von heute auf morgen. Den zunehmenden Trainingserfolg können Sie dennoch bei vielen Sportarten messen. Trainieren Sie dazu möglichst 3-mal die Woche zwischen 30 und 45 Minuten. Das ist effektiver, als einmal die Woche 1,5 bis 2 Stunden. Achten Sie bei Ihren sportlichen Tätigkeiten auf den Puls! Zur Kontrolle ist – mit Ausnahme von der Wassergymnastik – eine Pulsuhr ideal. Ihre maximale Herzfrequenz (MHF) sollte 220 minus Lebensalter nicht überschreiten. Mit einem Pulsfrequenzmesser können Sie Ihre Pulsfrequenz überprüfen und damit zum einen vermeiden, dass der Körper zu stark belastet wird und zum anderen können Sie dadurch effektives Bodyforming betreiben. Denn bei einer Frequenz von etwa 50 bis 60 % Ihrer maximalen Herzfrequenz fördern Sie die Stabilisierung Ihrer Gesundheit. Es handelt sich hier um ein Training mit leichter Intensität. Bei 60 bis 70 % der maximalen Herzfrequenz wird Fett aktiv abgebaut. Diese Frequenz fördert Ihre Fitness und Ihre Gewichtsreduktion. Bei 70 bis 85 % befinden Sie sich im Bereich der verbesserten Fitness. Das ist ein Training mit mäßiger bis hoher Intensität und stärkt Ihre aerobe Fitness. Wie alle Faustformeln hat auch diese Formel einen Haken. So gibt es Hochpulser, die diese Frequenz bereits beim Gehen erreichen. In diesem Falle empfiehlt es sich, einen Pulscheck im Fitnesscenter oder beim Arzt durchzuführen. Sei es zur Stabilisierung der Gesundheit, zur Aktivierung des Fettstoffwechsels oder zur Verbesserung der Fitness. Mit dieser persönlichen Frequenz gehen Sie nicht das Risiko einer Überbelastung ein.

Die erste der folgenden Tabellen gibt Ihnen einen Überblick. Versuchen Sie, sich möglichst häufig in der Frequenz im grünen Bereich zu bewegen. Die zweite Tabelle ermöglicht Ihnen nochmals eine Unterteilung.

Sport

Fit für und mit Sport

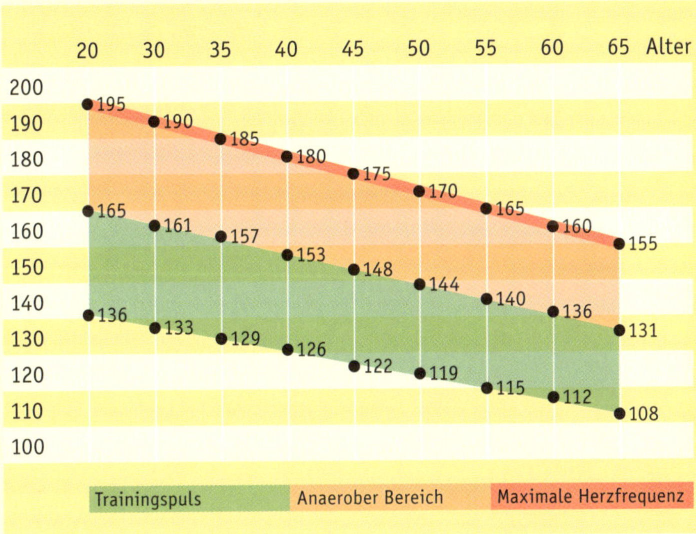

Herzfrequenz

Wirkung der unterschiedlichen Herzfrequenzen

Alter	MHF (220 minus Alter)	Stabile Gesundheit 50-60 % der MHF	Aktiver Fettstoffwechsel 60-70 % der MHF	Verbesserte Fitness 70-85 % der MHF
20	200	100-120	120-140	140-170
25	195	97-117	117-136	136-165
30	190	95-114	114-133	133-161
35	185	92-111	111-129	129-157
40	180	90-108	108-126	126-153
45	175	87-105	105-122	122-148
50	170	85-102	102-119	119-144
55	165	82-99	99-115	115-140
60	160	80-96	96-112	112-136
65	155	77-93	93-108	108-131

Welcher Sport ist ideal? Es gibt keine Sportart, die für jeden richtig ist. Wichtig ist Ihre persönliche Motivation. Tun Sie nichts, womit Sie sich nicht identifizieren können. Machen Sie aber auch ganz verrückte Dinge, wenn es Ihnen Spaß macht! Was haben Sie als Kind immer gerne getan? Seilhüpfen, Hula-Hoop, Rollschuh- oder Fahrradfahren, Schwimmen – was könnte Sie begeistern? Schauen Sie sich um! Auf dem Fitnesssektor gibt es zwischenzeitlich sogar Rudergeräte fürs Wohnzimmer. Planen Sie sich Ihre Fitnesstermine fest im Kalender ein, von Woche zu Woche neu. Die Zeit, die Sie für körperliche Bewegung verwenden, ist keine verlorene Zeit. Wissenschaftliche Studien beweisen eine Lebensverlängerung und eine Verbesserung der Lebensqualität bei moderatem Sport. Sie trauen sich nicht, weil Sie sich zu dick fühlen? Dann sind Heimtrainer ideal. Trainieren Sie bei offenem Fenster und achten Sie auf Ihren Puls.

Sport für ein langes Leben Bei regelmäßigem Training verbessern sich die Abwehrkräfte. Auch die Arbeitsweise von Herz und Kreislauf kann trainiert werden. Wird der Organismus durch Bewegung gefordert, schlägt das Herz nach einer gewissen Trainingszeit langsamer. Es strengt uns also nicht mehr so an, wie zu Beginn des Trainings. Über ein ganzes Leben gerechnet, muss das Herz bei gleicher Tätigkeit auch nicht mehr so schnell schlagen. Das hat echte lebensverlängernde Effekte.

Es gibt viele weitere Vorteile: die Fließeigenschaften des Blutes verbessern sich, die Knochen werden stabiler, es bilden sich straffende Muskeln, Fettzellen werden abgebaut, ja sogar die mentale Situation wird besser, weil während des Sports stimmungsaufhellende Hormone gebildet werden. Der Grundumsatz hinsichtlich Kalorien erhöht sich – das heißt, Sie dürfen mehr essen und bleiben schlank, denn Muskeln sind richtige Verbrennungsmaschinen. Treiben wir keinen Sport,

verlieren wir ab dem 30. Lebensjahr jährlich 3 % fettverbrennende Muskelmasse. Doch Muskeln tragen nicht nur zur Fettverbrennung bei, sie erhalten die Geschmeidigkeit, Beweglichkeit und die Stabilität des Körpers und verleihen uns die Anmut der Jugendlichkeit bis ins hohe Alter. Wie aktiv die Muskeln sind, wird bei Profisportlern übrigens nach jedem Wettkampf über die Laktatwerte ermittelt. Je trainierter, desto niedriger die Laktatwerte. Fitness kann man direkt messen und spüren!

Die wahre Fitness – machen Sie die Rechnung mit Ihrem Körper

Ein vitalstoffreicher Menüplan ist die Grundlage zur Steigerung der körperlichen Fitness. In den richtigen Lebensmitteln und in der richtigen Zusammenstellung findet man ausgezeichnete Bodyguards.

Wichtig Trinken Sie vor dem Sport ausreichend: Am besten in Form von Saftschorle mit hohem Fruchtsaftgehalt und im Verhältnis 1:1 oder 1:2, Saft zu Wasser.

Fitmacher, die es in sich haben! Essen Sie nach Farben! Buntes Obst, Gemüse und Kräuter in allen Farben sind randvoll mit den Vitaminen A, C, E und natürlichen Bioaktivstoffen. Die halten die freien Radikale, die durch den Sport leider auch entstehen, in Schach.

Die Treibstoffe für aktive Muskeln Haferflocken, Vollkornprodukte und Nüsse sind reich an aktivierenden Vitaminen der B-Gruppe, Magnesium, Vitamin E und Zink. Ebenso wichtig ist das Vorhandensein von Eisen und Calcium. All diese Vitalstoffe sind die Facharbeiter, die das Eiweiß, Fett und viele Kohlenhydrate in die Zellen transportieren. Deshalb sind möglichst komplexe Kohlenhydrate aus dem vollen Korn so wichtig. Um die Muskeln geschmeidig zu halten, brauchen Sie unbedingt die richtigen Fette in Form von Nüssen sowie dem sparsamen Einsatz von kalt gepressten Ölen, insbesondere Olivenöl, Rapsöl, Walnussöl und Leinöl.

Hinweis Sportler haben einen hohen Bedarf an Mineralstoffen und Vitaminen der B-Gruppe, deshalb ist der regelmäßige Verzehr von Vollkornprodukten dringend zu empfehlen. Zum Vergleich: 100 g Weißmehl decken den Tagesbedarf an Magnesium zu 5 %. Die gleiche Menge Vollkornmehl zu 20 %.

Die Aufbaustoffe für aktive Muskeln Ab und zu ein Ei: Es liefert leicht verwertbares Eiweiß, Lecithin, Vitamin A und reichlich Vitamine der B-Gruppe. Zweimal wöchentlich Seefisch: Darin sind reichlich Eiweiß, Jod und Omega-3-Fettsäuren enthalten. Mageres Fleisch und Schinken bringen blutbildendes Eisen, Vitamine der B-Gruppe und Zink. Achten Sie auf ausgezeichnete Fleischqualitäten. Sehr zu empfehlen sind Biofleisch und Wildfleisch. Hier handelt es sich um das Fleisch von Sportlertieren, weil sie ausreichend Bewegungsfreiraum haben. Dieses Fleisch enthält mehr Omega-3-Fettsäuren und liefert eine hervorragende Eiweißqualität, denn diese ist während der Aufzucht der Tiere von vielen natürlichen Bioaktivstoffen durch reichlichen Wildkräuterverzehr erreicht worden.

Der Eiweißbedarf bei Sportlern liegt, entgegen der sich standhaft haltenden Mythen, nicht höher als 15 %. Das liegt daran, dass das Körpereiweiß mithilfe von ausreichend Vitalstoffen auch immer wieder recycelt wird.

Vegetarier können ihren Eiweißbedarf durch Getreide, Tofu und Hülsenfrüchte decken. Volumenmäßig entspricht der Eiweißbedarf durch den hohen Wassergehalt von eiweißreichen Produkten in etwa einem Viertel des Tellers.

Essen und Trinken vor, während und nach dem Sport Direkt vor dem Sport kann ein Viertelliter Saftschorle getrunken werden. 2 Stunden vor dem Sport sollte man möglichst nichts mehr essen.

Während längerer Trainingseinheiten sind Bananen und ausreichend Getränke in Form von Saftschorle (Mischungsverhältnis: 2 Teile Wasser, 1 Teil Apfelsaft) zu empfehlen. Bei starken längeren Belastungen (länger als 3 Stunden) sind auch Energieriegel und isotonische Getränke sinnvoll. Unmittelbar nach dem Sport ist eine ausgewogene Mahlzeit im Schema des Supermix ideal. Dadurch trainieren Sie ihre Muskeln zu mehr Aufnahmekapazität von Glukose. Wissenschaftler sprechen hier von ›Supercarboloading‹.

Der Traum vom Superbody ist auch im Alter nicht ausgeträumt. Die richtige Ernährung mit vielen Vitalstoffen zur Erneuerung und muskelaufbauende Bewegung machen es möglich. Regelmäßiger Sport ist, zusammen mit einem vitalstoffreichen Menüplan, die beste Möglichkeit, um bis ins hohe Alter fit zu bleiben und es gegebenenfalls auch wieder zu werden.

Ein harter Knochen

Calcium spielt die wichtigste Rolle beim Bau von starken Knochen. Mit der richtigen Mischung an natürlichen Lebensmitteln und mit einem regelmäßigen Bewegungsprogramm ist es kein Problem, starke Knochen bis ins hohe Alter zu behalten.

Wie viel Calcium braucht der Mensch? In einem gesunden Körper befinden sich etwa 1,5 kg Calcium, wobei 99 % des Calciums in den Knochen zu finden ist. Die Bedeutung von Calcium für die Festigkeit unserer Knochen wird allein schon durch dieses Zahlenmaterial untermauert. Vordergründig könnte man zu der Erkenntnis kommen, wenn ich viel Calcium esse, dann bleiben die Knochen bis ins hohe Alter stabil.

Wie kommt das Calcium in die Knochen? Jede einzelne unserer Knochenzellen ist mit unserem Blutgefäßsystem verbunden und wird, falls vorhanden, über die Nährstoffe im Blut ernährt. Das Calcium gelangt aus der Nahrung über feinste Blutgefäße in die Knochenzellen. Wenn Sie sich einen Knochen brechen, arbeiten die Osteoklasten daran, fehlerhafte Knochenteile zu beseitigen. Die Osteoblasten haben die Aufgabe den Knochendefekt wieder aufzufüllen.

Auch Knochen können heilen!

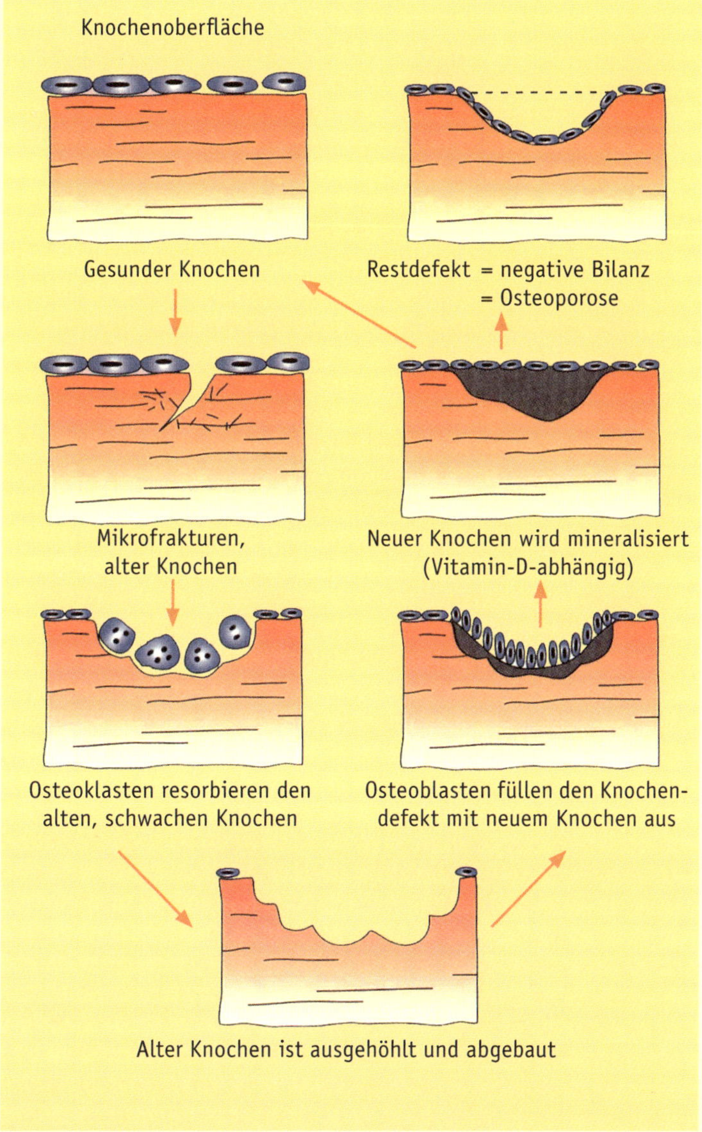

Etwa 1% des im Körper befindlichen Calciums zirkuliert im Blut. Hier arbeitet Calcium eng mit den Mineralstoffen Natrium und Kalium zusammen und ist unter anderem für das gute Funktionieren von Muskeln und Herz lebensnotwendig. Fehlt das Calcium aus der Nahrung, hilft sich der Körper, indem er es aus den Knochen abzieht. Hier liegen die möglichen Ursachen für einen Calciummangel:

- Zu wenig Calcium in der Nahrung
- Schlechte Aufnahme über den Darm
- Hohe Calcium-Ausscheidung über den Urin

Meine Empfehlungen für starke Knochen

1. Ausgewogener Genuss mit allen Sinnen – das stärkt die Knochen.
2. Eine vitalstoffreiche Menüzusammenstellung – das lieben auch unsere Knochen. Eine schöne Vorspeise in Form eines frischen Salates mit Kräutern und einigen Nüssen. Das ist Vorfreude, bringt nicht nur Calcium, sondern signalisiert vor allem Magen und Darm: ›Bitte genügend Verdauungssäfte bereitstellen, damit gleich alles an die wartenden Zellen weitergegeben werden kann‹. Essen Sie also gemütlich, kauen Sie richtig! Die Zeit, die Sie sich jetzt nehmen, steht Ihnen später sofort in Form von Energie zur Verfügung.
3. Zu den calciumreichsten Lebensmitteln zählen: Käse, Milch und Milchprodukte. Andere calciumreiche Lebensmittel sind Feigen, grünes Gemüse wie Lauch, Brokkoli, Erbsen, Kresse, Fenchel, Grünkohl, Petersilie, Nüsse und Ölsaaten wie Sesam, Sonnenblumenkerne, Pistazien. Mein Tipp: Trinken Sie täglich einen Sesamshake. Nehmen Sie 1 Tasse geschälten Sesam auf 2 Tassen Wasser und mixen Sie so lange, bis der Sesam sich mit dem Wasser verbindet. Jetzt mit Saft abschmecken.
4. Bewegen Sie sich jeden Tag, das pumpt Calcium in die Knochen.
5. Gehen Sie jeden Tag für mindestens 20 Minuten bei Tageslicht spazieren. Noch besser ist Walken oder Joggen. Mäßige

körperliche Belastung fordert Knochen und Gelenke. Die Knochenzellen verfügen sozusagen über ein ›Gedächtnis‹ und lagern entsprechend den körperlichen Anforderungen Calcium in die Knochen ein. Deshalb hat ein Bauarbeiter einen anderen Knochenbau als ein Büroangestellter. Außerdem unterstützt das Tageslicht die Vitamin-D-Produktion, was für eine gute Aufnahme von Calcium aus dem Darm sehr wichtig ist.

6 Vitamin D befindet sich nur in sehr wenigen Lebensmitteln. Wenn Sie in der Winterszeit nicht aus dem Haus können, sollten Sie vermehrt zu Fisch, Pilzen und Avocado greifen. Diese Lebensmittel sind reich an Vitamin D.

7 Setzen Sie auch hier auf den Supermix. Grünes Blattgemüse, Kräuter und Sesam enthalten ebenfalls reichlich Calcium. Viele Menschen meinen, sie müssten bei Osteoporosegefahr fast ausschließlich auf Milchprodukte setzen. Das ist falsch. Denken Sie an das intakte Magen-Darm-Milieu, dass nur mit reichlich Ballaststoffen zu erreichen ist. Viel Calcium zu essen bedeutet noch nicht, dass Sie viel Calcium in die Knochen aufnehmen.

Starke Gelenke

Die gesamte Körperhaltung eines Menschen wird im Wesentlichen von der Beschaffenheit seines Binde- und Stützgewebes geprägt. Unfälle, Verletzungen, emotionale Belastungen und angeborene oder gewohnheitsmäßige Fehlhaltungen können zu einer verzerrten Körperhaltung führen. ›Von Gram gebeugt‹ ist eine Redewendung, doch gerade älteren Menschen sieht man die Lebensgeschichte nicht selten auch an der Körperhaltung an.

Verspannungen führen dazu, dass sich die Muskeln und das Bindegewebe um die Muskelzellen verkürzen und verhärten. Sie erinnern sich, das Bindegewebe zieht sich durch den ganzen Körper wie ein Netz oder wie der Name schon sagt, wie ein Gewebe. Deshalb beeinträchtigen Spannungsschmerzen, z. B. im Rücken, immer auch den Bewegungsablauf des ganzen Körpers. Ein lockeres Bindegewebe ist die beste Vorraussetzung, um Stöße, Vibrationen und Schwingungen, die den ganzen Tag über auf den Körper einwirken, gut abfangen zu können (zur Beschaffenheit des Bindegewebes siehe auch ab Seite 128).

Das Bindegewebe hat die Aufgabe, plötzliche schädliche Krafteinwirkungen von den Gelenken abzuhalten. Ist das Bindegewebe nicht ausreichend versorgt, kann es diesen Aufgaben nicht ausreichend gerecht werden. Nicht selten hört man Menschen sagen: ›Da ist mir doch etwas in den Rücken geschossen!‹

Dass Sie Ihre Gelenke mit der richtigen Lebensmittelauswahl nachhaltig unterstützen können, darüber sind sich heute auch führende Mediziner einig. Allen voran Dr. med. Tempelhof, Facharzt für Orthopädie und Autor des Buches: ›Gesunde Gelenke – schmerzfrei und beweglich‹. Dieses Buch wird vom Berufsverband der Fachärzte für Orthopädie empfohlen.

Meine Empfehlungen für junge Gelenke

1. Die Knorpelschicht besteht zu 65 bis 80 % aus Wasser. Deshalb ist es vollkommen klar, dass beim Auftreten von Gelenkschmerzen die wichtigste Gegenmaßnahme erst einmal das reichliche Trinken ist. Das Lieblingsgetränk von Knorpeln und Gelenken besteht aus stillem Wasser mit hohen Hydrogencarbonatanteilen. In der Erfahrungsmedizin haben sich – als begleitende Maßnahmen – auch Tees aus Löwenzahn- oder Birkenblättern, Wacholderbeeren und Schachtelhalm als hilfreich erwiesen. Sprechen Sie diese Maßnahme mit Ihrem Arzt ab. Kontrollieren Sie Ihre Trinkgewohnheiten. Mindestens 1,5 l sollten es sein. Bei starker Belastung und

Arbeiten im Freien kann sich das um ein Vielfaches erhöhen (siehe Seite 8 f.).

2. Bewegen Sie sich moderat und regelmäßig mit der dem Körpergewicht angepassten Sportarten. Wichtig: Wenn Sie zu Kältegefühlen neigen, ist Schwimmen nicht die richtige Sportart, um die Gelenke zu fordern, es sei denn das Wasser hat eine entsprechend gute Temperatur, wie das in Heilbädern in der Regel der Fall ist.
3. Wenn Sie übergewichtig sind, sollten Sie konsequent Ihr Körpergewicht reduzieren, um die Gelenke zu entlasten. Machen Sie jedoch keine Radikalkuren.
4. Wenn Sie bereits Gelenkschwierigkeiten haben, sollten Sie ihre Fleischmahlzeiten zugunsten von Fischmahlzeiten reduzieren und vermehrt zu Lachs, Hering, Makrele und Thunfisch greifen. Diese enthalten reichlich entzündungshemmende Omega-3-Fettsäuren.
5. Verwenden Sie ausschließlich kalt gepresste Öle zum Braten, insbesondere Oliven-, Raps- und Weizenkeimöl. Für Salate sollten Sie vermehrt Lein- und Walnussöl sowie die vorher genannten Öle verwenden.
6. Zucker, Weißmehlprodukte, Kaffee, Cola, Alkohol, zu viel Eiweiß aus Fleisch, Fisch, Eiern und Milchprodukten können zu einer chronischen Übersäuerung des Organismus führen. Dadurch werden den Knochen zum einen Calcium und Phosphor entzogen. Weiterhin wird dadurch vermehrt Harnsäure produziert, dadurch ›verschlackt‹ das Bindegewebe. Wird bei dieser Konstellation noch zu wenig Flüssigkeit zur Verfügung gestellt, wird die Situation noch weiter verschlechtert. Achten Sie deshalb auch auf einen moderaten Kaffee- und Alkoholkonsum (siehe Seite 8 f.).
7. Essen Sie reichlich Obst- und Gemüse, um den freien Radikalen, die auch das Knorpelgewebe angreifen, mit Vitalstoffen in Form von sekundären Pflanzenstoffen und Vitaminen Paroli bieten zu können.

8. Legen Sie mindestens einen veganen Tag ein, an dem Sie vollständig auf tierisches Eiweiß verzichten. Werfen Sie einen Blick auf die magische Gemüsesuppe im Rezeptteil, Kapitel 7.
9. Melden Sie sich regelmäßig zur Bindegewebsmassage an.
10. Beachten Sie das EDEKA Südwest Wohlfühlkonzept in Kapitel 2. Es ist sehr gut geeignet, um Mangelernährung bzw. zu viel Zucker, Fett und Eiweiß bei der täglichen Auswahl zu vermeiden.

Fit im Kopf

Fit

Zu unserer Geburt verfügen wir etwa über 100 Milliarden Nervenzellen. Das entspricht in etwa der Sternenzahl der Milchstraße. Jeden Tag sterben einige dieser Gehirnzellen ab, die auch nicht wieder erneuert oder ersetzt werden. Betrachtet man jedoch die Struktur von intakten Nervenzellen, fällt auf, dass diese Nervenzellen ähnlich wie ein Tintenfisch, viele verzweigte Arme haben. Diese Arme können sich im Laufe des Lebens vervielfachen.

Darin liegt letztendlich das Geheimnis des lebenslangen Lernens und die Ausbaumöglichkeiten der Gehirnleistung. Denn jede Nervenzelle steht mit bis zu 10 000 anderen Nervenzellen über sogenannte Axone in Verbindung. Lernen und der damit verbundene Ausbau der Gehirnkapazität bedeutet letztendlich die Zuschaltung neuer Verbindungen der Gehirnzellen untereinander. In 1 000-facher Vergrößerung kann man erkennen, dass dieser Umbau ständig erfolgt. Durch ständiges Lernen verändern sich die Arme, die sogenannten Dendriten der Nervenzellen, in ihrer Dicke, Länge und in der Anzahl der Verzweigungen. Genau in diesen Verzweigungen liegt das Geheimnis der unvorstellbaren Leistungen des menschlichen Gehirns.

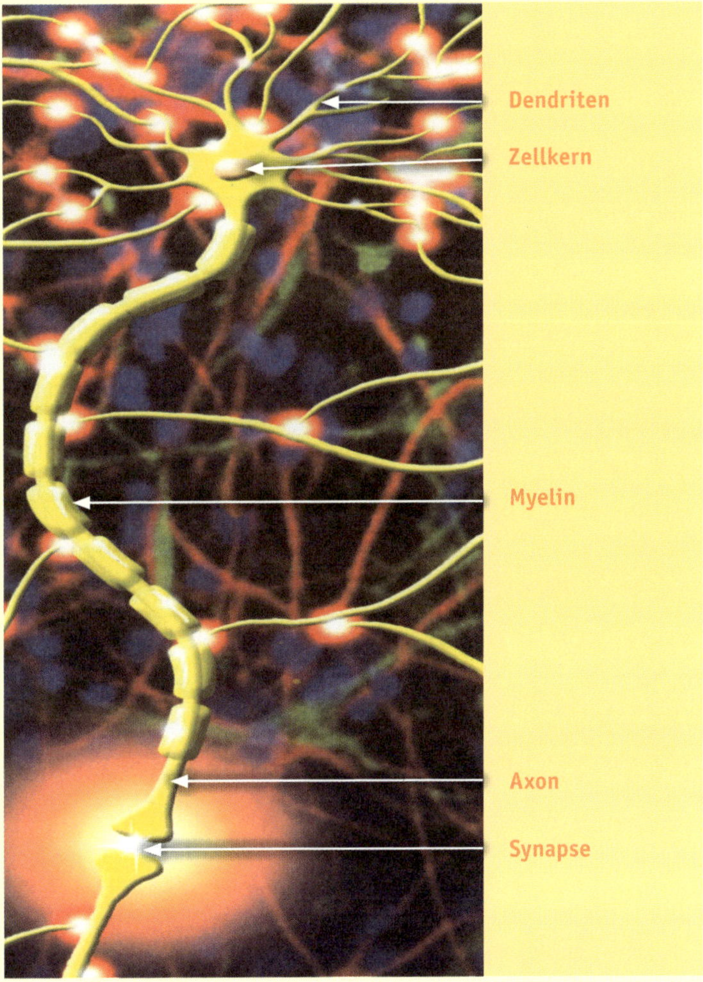

Mit der richtigen Ernährung können Sie diese ständige Erneuerung und die Schnelligkeit der Informationsübertragung unterstützen und damit das Lernen erleichtern.

Essen Sie sich glücklich und geistig fit, bis ins hohe Alter

Fragt man die Deutschen nach ihren großen Wünschen, dann stehen Gesundheit, Vitalität, Kraft und Erfolg ganz oben auf der Liste. Es gibt keinen Zweifel: Süßes, Schokolade und Nudeln setzen verschiedene Vorgänge in unserem Organismus in Gang, die dazu führen, dass der Botenstoff Serotonin für kleine Glücksgefühle sorgt. Doch Hand aufs Herz: Ich habe noch keinen Menschen gesehen, der durch einen ausschließlichen Verzehr von Süßigkeiten und Nudeln zum wahren Glückskind geworden wäre. Zum Erreichen des großen Glücks gehört also mehr, als Süßes zu naschen. Wenn Sie Körper und Geist mit den richtigen Lebensmitteln versorgen und dabei einige Feinheiten beachten, dann steht dem Glücklichsein kaum noch etwas im Wege.

Das Gehirn braucht komplexe Kohlenhydrate Die enge Verflechtung von Gehirn, Nerven, Psyche und Ernährung ist heute kein Geheimnis mehr. So kann bereits ein Jod- oder Eisenmangel zu Konzentrationsstörungen führen. Ständiger Süßigkeitenverzehr führt zu aggressivem Verhalten, Müdigkeit, Nervosität und Verzagtheit. Woran liegt das?

Das Gehirn macht am Gesamtgewicht des Körpers etwa 3 % aus, es benötigt aber 20 bis 25 % der gesamten Nährstoffe, die wir täglich aufnehmen. Das Gehirn ernährt sich ausschließlich mit Kohlenhydraten. Voraussetzung ist deshalb ein stetiger Strom an Kohlenhydraten, den man am besten in Form von Vollkornprodukten gewährleistet. Diese werden im Gegensatz zu Süßigkeiten von vielen Vitaminen der B-Gruppe und von Mineralstoffen wie Calcium und Magnesium begleitet, die dann gleich für die Umwandlung und Aufspaltung der Nährstoffe und zur schnellen Informationsübertragung im Gehirn zur Verfügung stehen. Dagegen verbrauchen Süßigkeiten und Weißmehlprodukte nerven- und muskelkraftspendende

Vitamine und Mineralstoffe, ohne selbst solche mitzubringen. Durch das selbst verursachte, ständige Auf- und Ab des Blutzuckerspiegels (siehe Abbildung Seite 82) katapultiert man sich mit einfachen Kohlenhydraten immer wieder in den Bereich der Unterzuckerung, das ist der Bereich, in dem man sich müde, lustlos und überfordert fühlt. Mit Hilfe von komplexen Kohlenhydraten kann man diese Situationen sicher vermeiden.

Das Gehirn braucht das richtige Fett Die Gehirnzellen sind von einer ölig feuchten Schicht umgeben, man nennt sie die Myelinschicht.

Diese Schutzschicht saugt sich voll mit den in der Hirnflüssigkeit schwimmenden Nährstoffen und gibt sie in die Gehirn- bzw. Nervenzellen weiter. Die Geschmeidigkeit dieser Myelinschichten ist deshalb für den Bau und die Erneuerung der Gehirnzellen eines Erwachsenen von entscheidender Bedeutung. Nüsse, kalt gepresste Öle und Kaltwasserfische enthalten hochwertige Fette, die die Geschmeidigkeit dieser Myelinschichten fördern. Das Gehirn besteht zu 60 % aus Fett! Die Vitamine A, C und insbesondere Vitamin E sowie die sekundären Pflanzenstoffe in Obst und Gemüse bilden eine Leibgarde für diese empfindlichen Fette.
Ist diese Leibgarde nicht vorhanden, besteht die Gefahr, dass die Fette im Organismus oxidieren und damit nicht nur nicht mehr verwertbar, sondern für den Körper sogar schädlich werden. Dann erreichen sie die Zellen im Gehirn nicht mehr und können keine neuen Zellschutzhüllen bauen. Um dies zu vermeiden, sind kalt gepresstes Raps-, Walnuss, Lein- und Olivenöl besonders

zu empfehlen, weil sie die wertvollen Omega-3-Fettsäuren enthalten, bzw. einfach ungesättigte Fettsäuren. Den größten Anteil an Omega-3-Fettsäuren bringen jedoch Kaltwasserfische wie Lachs, Makrele, Thunfisch und Hering. Das Ganze natürlich begleitet von wesentlich größeren Anteilen an Obst und Gemüse! Es gibt immer mehr wissenschaftliche Erkenntnisse darüber, dass Menschen mit einem gut ›ernährten‹ Gehirn seltener Verzagtheitsgefühle und auch weniger Angstgefühle haben. Diese Studien wurden verstärkt auch in Altersheimen durchgeführt und bestätigt.

Die schnellen Boten Eiweiß, besser gesagt die kleinsten Eiweißbausteine, die Aminosäuren, arbeiten im Gehirn als Botenstoffe. Das kann man sich wie bei einem Staffellauf vorstellen. Die Läufer und die Staffeln selbst bestehen aus Eiweiß und Mineralstoffen. Die Läufer werden durch den Treibstoff Kohlenhydrate in die Lage versetzt, die Informationen weiterzugeben. Die Knotenpunkte sind dabei immer die Axone. An den Axonen werden die Staffeln über den synaptischen Spalt an die nächste Nervenzelle weitergegeben. Die vielen Verästelungen (Dendriten) empfangen die Informationen und leiten die Information wieder weiter an das eigene Axon, das dann die Aufgabe hat, die nächste Nervenzelle zu informieren.

Über elektrische Impulse können die Informationen sekundenschnell an Millionen Nervenzellen weitergeleitet und vernetzt werden. Nur so ist es möglich, dass ein empfundener Schmerz im Zeh unverzüglich im Gehirn ankommt und eine entsprechende Reaktion auslöst. Wichtige Eiweißlieferanten sind Fisch, Fleisch, Eier, Milcherzeugnisse, Tofu und Hülsenfrüchte wie Erbsen und Linsen.

So fördern Sie die Kreativität und bekämpfen Stress

Warum behalten manche Menschen bei angespannten Situationen die Nerven und einen kühlen Kopf während andere bei der erstbesten Situation, z. B. bei einem etwas unsicheren Autofahrer, gleich ausrasten?

Natürlich haben Wutattacken etwas mit dem Temperament zu tun, aber auch mit der Ernährung und nicht zuletzt mit der Fähigkeit, einfach mal abschalten zu können.

Gerade nach einem ausgiebigen Urlaub nimmt man sich oft vor, diesmal nicht in die Stressmühle zu geraten. Doch allzuoft sitzt er bald wieder da: der Stressteufel. Ich möchte Sie dabei unterstützen, ihn, sobald er sich zeigt, zu vertreiben oder ihn vielleicht gar nicht mehr erscheinen zu lassen.

Hier kommen die großen Stresskiller Bei einer vitalstoffreichen Menügestaltung gibt es viele Biostoffe, die auf das Gehirn wirken können. Doch zunächst müssen sie den Übergang vom Blut ins Gehirn bewältigen. Die sogenannte Blut-Hirn-Schranke stellt sicher, dass viele natürlich vorkommende Stoffe, die für die Gehirn-Nervenzellen aber giftig sind, aufgehalten werden. Das Gehirn grenzt sich gewissermaßen gegenüber dem restlichen Körper ab. Im Gehirn sind der gedankliche Bereich und der Empfindungsbereich angesiedelt. Zucker in Form von Glukose, kleinste Eiweißbausteine in Form von Aminosäuren, lebensnotwendige Fettsäuren, Vitamine und Mineralstoffe werden so zu Trägerstoffen gedanklicher Vorgänge. Daran wird klar, wie wichtig es ist, dem Gehirn zur Förderung der Konzentration, als sogenannte Nervennahrung und zur Erhaltung einer ausgeglichenen Psyche, das richtige Material zu Verfügung zu stellen. Unser Gehirn arbeitet ähnlich wie ein Computer. Für die Informationen, die übermittelt werden sollen, braucht es sogenannte Botenstoffe (Hormone).

Wichtige Botenstoffe (Hormone) und ihre Lieblingsspeisen

Acetylcholin ist mit im Spiel, wenn aus einem Bild eine Idee wird. Angenommen, Sie sehen einen alten Schrank und Ihnen kommt sofort der Gedanke: Wenn ich den blau anmale, mit einer neuen Arbeitsfläche und neuen Beschlägen versehe, dann passt er ideal neben die hochmodernen Schränke in der Küche. Hier werden in Sekunden, Erfahrungen, Eindrücke, Gedanken miteinander vernetzt und neue Visionen daraus gebildet. Acetylcholin wird aus Cholin gebildet, das sich in lecithinreichen Nahrungsmitteln wie Buttermilch, Eigelb, Käse, Nüssen, Haferflocken, Sojaprodukten und Butter befindet.

Dopamin wird aus dem Eiweißbaustein Tyrosin gebaut. Der Körper kann diesen Eiweißstoff selbst bilden. Gute Grundlagen bilden hier Sojaprodukte, Käse, Fisch und Hähnchen. Dopamin beflügelt unsere Gedanken und unsere Empfindungswelt.

Noradrenalin ist ein Hormon, das mithilfe von verschiedenen Eiweißbausteinen, die in magerem Fleisch, Fisch, Geflügel und Käse enthalten sind, und unter Anwesenheit von Vitamin C, B6, Magnesium und Mangan gebaut wird. Dieses Hormon macht wach und fördert die Lern- und Konzentrationsfähigkeit. Es gehört zu den wichtigsten ›Glückshormonen‹.

Serotonin ist zu einem großen Anteil an allen Lebensvorgängen beteiligt. Dazu gehört das Empfinden von Glücksgefühlen, ein geordneter Wach-Schlaf-Rhythmus und ein gut funktionierendes Sättigungsgefühl. Fehlt Serotonin, kann es zu Schlafstörungen, gesteigertem Schmerzempfinden und Aggressionen kommen. Serotonin wird aus dem Eiweißbaustein Tryptophan gebildet. Leichte Fischmahlzeiten in Verbindung mit

Vollkornnudeln oder Reis, Vollkornbrötchen belegt mit Käse, Tomaten oder Avocado oder für ›süße Naschkatzen‹ mit Bananen, Honigmelone, Schichtkäse, Nüssen oder Flocken, sind ideale Serotoninbildner.

Endorphine sind gehirneigene Stoffe, die mithilfe von eiweißhaltigen Lebensmitteln, wie Fisch, Fleisch, Geflügel und Käse gebaut werden. Auslöser für die Endorphinbildung können auch Sport und kreative Beschäftigungen wie Basteln, Malen oder genussvolles Essen sein.

Sie sehen, um am Ball zu bleiben, sind eiweißreiche Baustoffe gefragt. Doch um dieses Eiweiß aufspalten zu können, braucht der Körper Vitamine der B-Gruppe. Die Nerven- und Gehirnzellen benötigen zudem lebensnotwendige Fette, die z. B. in kalt gepressten Ölen und Meeresfisch enthalten sind. Auch diese Fette benötigen Schutz in Form von Vitamin E und Beta-Carotin. Reichlich komplexe Kohlenhydrate in Getreideprodukten, Vollkornnudeln, Vollkornreis und Kartoffeln sind der ideale Treibstoff für Gehirn- und Nervenzellen. Nicht zu vergessen ausreichend Flüssigkeit in Form von calcium- und magnesiumreichen Wässern, Obstsäften und Kräutertees.

Mein Tipp

Denken Sie vor einem anstrengenden Arbeitstag über ausreichend Proviant nach, um Ihre Aufgaben und Ziele mit Freude und Spaß erreichen zu können. Im Rezeptteil, Kapitel 7, und unter www.edeka-suedwest.de finden Sie viele genussvolle und vitalstoffreiche Rezepte im Supermix. Damit geben Sie Körper und Geist den richtigen Treibstoff und Sie kommen garantiert schneller und leichter ans Ziel.

Meine Empfehlungen für mehr Freude am Leben

Mit allen Sinnen genießen Es ist gar nicht so schwer, sich glücklich zu schlemmen, denn Essen allein ist bereits eine der schönsten Beschäftigungen, die 90 % aller Deutschen jedem Kinobesuch vorziehen. Die wichtigste Voraussetzung dabei ist, wirklich mit allen Sinnen dabei zu sein. Dann hebt bereits der Gedanke an das nun folgende Essen die Stimmung. Wenn Sie lustlos oder in Eile, nebenher oder sogar verärgert alles herunterschlingen, kann selbst die gesündeste Kost negative Effekte haben. Bewusste gedankliche Anwesenheit und ein schönes Ambiente beim Essen setzen bereits Botenstoffe im Gehirn frei, die den Stoffwechsel anregen und damit die Aufnahme der Vitalstoffe verbessern. Ein weiterer wichtiger Grund: Entspannte Menschen haben einen nachweisbaren bis zu 10 % höheren Status an abwehrstärkenden weißen Blutkörperchen.

Mein Tipp

Dreimal täglich 5 Minuten nichts tun, sich mental an einen schönen Ort träumen und dabei die Beine hochlegen, fördert bereits die Produktion von Glückshormonen und stärkt die Abwehrkräfte.

Vermeiden Sie Stress Entspannung muss sein. Verwechseln Sie Entspannung jedoch nicht mit Durchhängen und Sich-berieseln-Lassen (Fernsehen). Wichtig ist aktive Entspannung in Form von Schwimmen, autogenem Training, Tai Chi, Yoga oder Ähnlichem.

Riechen Sie sich glücklich und gesund! Die Riechschleimhaut in der Nase ist nur wenige Quadratzentimeter groß. Dort befinden sich spezielle Riechzellen, die kleinste Duftmoleküle binden können. Über komplexe chemische Abläufe wird die

Duftinformation in Form von elektrischen Signalen in Sekundenschnelle an das Riechhirn und von dort aus an weitere Gehirnzentren weitergeleitet. Viele Menschen berichten von sich verändernden Gefühlen und Stimmungslagen durch bestimmte Düfte. So gibt es Menschen, die sich bei schiefen Stimmungslagen z. B. Pfannkuchen mit Apfelmus backen, weil sie damit von ihren Eltern bei entsprechenden Situationen immer verwöhnt worden sind. Bereits der Duft dieser Speisen löst dann ein besseres Wohlgefühl aus. Probieren Sie es aus! Achten Sie dabei stets auf 100 % reine ätherische Öle!

Hier einige Duftsteckbriefe

Duftsteckbrief

Eukalyptus	Citronella	Orange	Zitrone	Melisse	Pfefferminze
frisch, scharf	frisch, zitronig	frisch, warm	frisch, spritzig	sanft, warm	strahlend, kühl
erfrischt, luftreinigend	belebend, ausgleichend	stimmungsaufhellend	konzentrationsfördernd	ausgleichend	aktivierend

Frischetipp für Morgenmuffel Geben Sie einige Tropfen Pfefferminzöl in einen halben Liter Wasser und frieren sie diese Flüssigkeit in einem Eiswürfelbehälter ein. Morgens nach dem Duschen mit zwei Eiswürfeln den Körper gründlich abrubbeln, das erfrischt und bringt das abwehrstärkende Lymphsystem auf Touren. Die Eiswürfel kreisend zum Herzen hin bewegen.

Wichtig Nicht anwenden bei Kältegefühlen!

5 Vitalstoffe

Länger, besser leben – mit den richtigen Vitalstoffen

Arteriosklerose – diese Krankheit trifft einen angeblich plötzlich, doch sie entwickelt sich im Verborgenen meist in einer Zeit von etwa 20 Jahren. Herz- und Gefäßerkrankungen sind die Ursache bei fast zwei Drittel aller Todesfälle der Erwachsenen in den Industrieländern, Tendenz steigend!

Nachdem lange Zeit ein regelrechter Cholesterinmythos herrschte, erkennen Wissenschaftler und Mediziner, dass das Problem vielschichtiger ist. Doch hier die gute Nachricht: Mit einer ausgewogenen Vitalstoffversorgung können Sie der Arteriosklerose vorbeugen und ihre Entwicklung verlangsamen.

Freie Fahrt in den Arterien

Arterien

Wie entsteht eigentlich die Gefäßverengung? In der Vergangenheit ist man neben hohen Cholesterinwerten auch auf hohe Homocysteinwerte als Feinde der Arterien gestoßen. Homocystein reichert sich an, wenn nicht genügend B2, B6, B12 und Folsäure zur Verfügung stehen. Man nimmt an, dass Homocystein die Gefäße verletzt und sich dadurch Risse bilden. Als Gegenwehr versucht der Körper diese Verletzungen mit Bindegewebe, Fetten, LDL-Cholesterin und Calcium zu kitten. Auch freie Radikale können die Gefäßwände verletzen. Ein weiteres Problem wird in oxidierten Fetten gesehen.

Transfette lagern sich ebenfalls bevorzugt an den Gefäßwänden ab. So verengen sich die Arterien, was man im Volksmund als Arterienverkalkung bezeichnet.

Da die Arterien die Aufgabe haben, sauerstoff- und nährstoffreiches Blut in die Zellen zu bringen und unsere 80 Billionen Körperzellen so mit Energie zu versorgen, bringen Verengungen der ›Wasserstraße‹ Blutbahn natürlich Probleme mit sich. Sind Arterien betroffen, die das Herz versorgen, führt dies zu Atembeschwerden, insbesondere dann, wenn der Bedarf an Sauerstoff steigt. Also bei sportlichen Betätigungen, beim Treppensteigen und bei Stress. Kurzatmigkeit sollte in jedem Fall ein Warnsignal sein. Gibt es dann noch Blutgerinnsel und Zusammenballungen von oxidierten (ranzigen) Fetten, die die Abwehr nicht zerlegen kann, kann es zur Pfropfbildung kommen. Das kann bis zum Herzinfarkt oder Schlaganfall führen.

Gesunde Gefäße

Länger jung bleiben mit gesunden Gefäßen

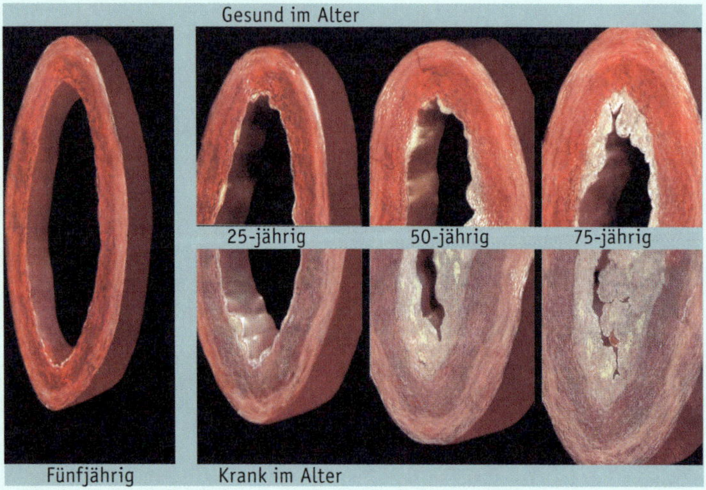

Homocystein – nein danke! In den letzten Jahren hat man auf vielen Ebenen geforscht und dabei festgestellt, dass man mit verschiedenen Vitalstoffen den Selbstschutz des Körpers tatkräftig unterstützen kann. Homocystein ist beispielsweise ein Stoff, der ständig in unserem Stoffwechsel entsteht. Allerdings wird dieser schädliche Stoff entschärft, wenn ausreichende Mengen der B-Vitamine, Folsäure, Vitamin B2, B6 und B12 vorhanden sind, die für den Umbau des Homocystein in unschädliche Stoffe benötigt werden.

Nachdem in den USA eine generelle Anreicherung von Grundnahrungsmitteln mit Folsäure durchgeführt wurde, konnte nicht nur der Homocysteinspiegel in der Gesamtbevölkerung, sondern auch die Todesfälle durch Herz-Kreislauferkrankungen um mehr als 100 000 Fälle pro Jahr gesenkt werden. Nach Einschätzung der Deutschen Gesellschaft für Ernährung (DGE) ist die Versorgung mit Folsäure auch in Deutschland generell unzureichend. So erreichen nach den

Daten der Nationalen Verzehrsstudie 75 % der deutschen Erwachsenen die Zufuhrempfehlungen nicht. Gute Folsäurequellen sind Weizenkeime, Spinat, Linsen, Endiviensalat, Tomaten, Getreide, Brokkoli, Avocado. Die Vitamine B2, B6 und B12 findet man in Fleisch, Fisch, Käse. Vitamin B6 findet man auch in Vollkornprodukten, Nüssen und Bananen. Stehen ausreichend Vitamin B2, B6, B12 und Folsäure zur Verfügung, wird der Eiweißstoff Homocystein in Methionin umgewandelt, ein Stoff, der für gute Laune verantwortlich ist.

Cholesterin

Wozu Cholesterin?

In welchen Lebensmitteln steckt es und ist es wirklich die Ursache des starken Anstiegs der Herz-Kreislauf-Erkrankungen in Deutschland? Bisher gibt es sehr widersprüchliche Aussagen über den Zusammenhang eines erhöhten Cholesterinspiegels und der Gefahr eines Herzinfarktes. Zum Beispiel besagt das ›französische Paradoxon‹, dass die Häufigkeit von Herzerkrankungen in Frankreich im Vergleich zu Großbritannien trotz ähnlichen Fettkonsums beider Bevölkerungen deutlich geringer ist. Man vermutet, dass der höhere Fisch-, Gemüse- und Rotweinkonsum der Franzosen ursächlich damit zusammenhängt.

Dieses Ergebnis wurde durch die MONICA-Studie, die von der Weltgesundheitsorganisation in Auftrag gegeben und an Menschen in 35 Gebieten und insgesamt 19 Ländern durchgeführt wurde, bestätigt. Die Studie sagt aus, dass 65 % der Herzerkrankungen allein durch die Verminderung der klassischen Risikofaktoren, wie Bluthochdruck, erhöhte Cholesterin- und Triglyzeridwerte und Rauchen, zu verhindern wären. Dabei steigen diese genannten Risikofaktoren mit einem erhöhten BMI (Body-Mass-Index).

Cholesterin ist ein fettähnlicher Stoff, der für den Körper lebensnotwendig ist. Er ist wichtig, um stabile Zellmembranen aufzubauen, Gallensäuren herzustellen, ohne die die Verdauung bestimmter Speisen nicht funktioniert. Cholesterin unterstützt bei der Vitamin D-Produktion, ein wichtiges Vitamin zum Auf- und Umbau der Knochen und bei der Bildung von Hormonen.

Worin steckt Cholesterin? Vereinfacht gesagt steckt Cholesterin in allen tierischen Produkten. Also in Fleisch, Wurst, Käse, Eier, Butter und Fisch, aber auch in Produkten, in denen tierische Fette verarbeitet worden sind, z. B. in Schokolade und verschiedenen Süßigkeiten sowie Kuchen und Torten. ›Dann darf man ja gar nichts mehr essen‹, werden Sie jetzt vielleicht sagen. Doch ich kann Sie beruhigen, denn es kommt auf die richtige Lebensmittelauswahl an. Zahlreiche Studien, in denen unterschiedliche Bevölkerungsgruppen auf ihre Ernährungsgewohnheiten hin untersucht worden sind, haben folgende Lebensmittel herausgefunden, die den Cholesterinspiegel aus unterschiedlichen Gründen positiv beeinflussen.

Meine Empfehlungen für Lebensmittel mit vielen Bio-Aktivstoffen

1. Vitamin E hat eine nachweislich schützende Wirkung auf die Gefäßwände und verhindert das Ranzigwerden von Cholesterin im Blut. Sehr gute Vitamin E-Quellen sind Weizenkeimöl, Olivenöl und Rapsöl.
2. Verwenden Sie beim Anbraten und Verfeinern von Speisen überwiegend pflanzliche kalt gepresste Öle und ungehärtete Fette. Wichtig: Machen Sie bei der Verwendung von kalt gepresstem Oliven- und Rapsöl zum Anbraten den Temperaturtest mit einem Tropfen Wasser. Fängt dieser an zu brutzeln, das Gargut einlegen. Andernfalls können die gesundheitsfördernden und hitzeempfindlichen Fettbegleitstoffe verbrennen

und werden dadurch selbst wieder zum Risikofaktor durch die dabei entstehenden freien Radikale und die in der Pfanne ranzig gewordenen Fette.

3 Zu den Fettbegleitstoffen aus kalt gepressten Ölen, Nüssen und Kernen gehören auch die sogenannten Phytosterine. Sie haben eine nahe Verwandtschaft mit dem Cholesterin. Durch den Austausch von tierischen Fetten gegen pflanzliche Fette tragen diese Stoffe zu einer Senkung des Cholesterinspiegels bei (zu den Phytosterinen siehe Seite 51 f.). Essen Sie deshalb jeden Tag eine Handvoll Nüsse!

4 Hülsenfrüchte wie Bohnen, Erbsen, Linsen, aber auch Sojaprodukte, Haferflocken und Knoblauch enthalten reichlich Saponine und Ballaststoffe. Auch Vollkornprodukte sind reich an Ballaststoffen. Ballaststoffe und Saponine binden Gallensäure und hemmen krank machende Viren und Bakterien. Um wieder neue Gallensäuren produzieren zu können, benötigt die Leber Cholesterin, deshalb wirken die in Lebensmitteln enthaltenen Saponine und Faserstoffe cholesterinsenkend. Bereits 10 g Ballaststoffe täglich mehr gegessen können den LDL-Cholesterinspiegel um 5 % senken. Wichtig: Das Kochwasser von Hülsenfrüchten mit verwenden. Das gilt insbesondere auch für Dosenprodukte, es ist reich an Mineralstoffen.

5 Drei bis fünf Obst- und/oder Gemüsemahlzeiten am Tag, roh und/oder gekocht, sind eine unumstrittene Empfehlung. Sie enthalten reichlich Schutzstoffe in Form von Vitaminen, Mineralstoffen, sekundären Pflanzenstoffen und Ballaststoffen. Obst- und Gemüsemahlzeiten können durch die Vitamine Beta-Carotin, einer Vorstufe des Vitamin A, sowie C und E die freien Radikale in Schach halten. Deshalb empfiehlt es sich, zu jeder Mahlzeit frisches oder gegartes Gemüse oder Obst zu essen und dabei immer mit den Farben abzuwechseln.
Tipp: Essen Sie gerade zu Fleisch, Fisch und Käse satte Obst- und Gemüseportionen, die mindestens die Hälfte des Tellers ausmachen sollten. Setzen Sie auf den Supermix!

6. Essen Sie mindestens zweimal wöchentlich Kaltwasserfisch: Dieser enthält Omega-3-Fettsäuren, sie verbessern die Fließeigenschaften des Blutes und haben eine blutdruck- und blutfettsenkende Wirkung.
7. Verwenden Sie Leinöl und geschroteten Leinsamen für Salate. Sie sind ebenfalls reich an Omega-3-Fettsäuren.
8. Knoblauch, Kräuter und Gewürze bringen die nötige Würze in die Speisen und enthalten viele cholesterinsenkende Schutzstoffe. Außerdem wird dadurch weniger Kochsalz verwendet, was bei erhöhtem Blutdruck ebenfalls hilfreich ist.
9. Kohl macht Sie fit! Kohl und Wirsing sind bestens geeignet, um das Herz durch eine bewusste Ernährung zu stärken. Sie enthalten wenig Kalorien aber viele Ballaststoffe. Sie beschleunigen die Verdauung und sorgen so dafür, dass vom Organismus weniger Fett aufgenommen wird und eine schlechte Verdauung gar nicht erst entsteht.
10. Essen und trinken Sie regelmäßig Sojaprodukte und Tofu. Bereits 25 g täglich senken den LDL-Cholesterinspiegel um 5 %.
11. Meiden Sie gehärtete Fette. Diese Fette müssen deklariert werden. Achten Sie deshalb auf das Zutatenverzeichnis.
12. Trinken Sie ab und zu ein Gläschen Rotwein zum Essen! Es stimuliert die Produktion von Magensäure, tötet Viren und Bakterien ab und enthält reichlich gefäßschützende Polyphenole. Gerade ältere Menschen, die weniger Magensäure produzieren, berichten von der wohltuenden Wirkung des Weines. Gute Polyphenolquellen sind weiterhin Vollkorngetreide sowie rote und blaue Beeren (siehe dazu auch Seite 53 f.).
13. Trinken Sie täglich 1,5 Liter Flüssigkeit in Form von Kräutertees, Wasser gemischt mit Säften und grünem Tee. Das verbessert die Fließeigenschaften des Blutes.

Hören Sie auf Ihr Herz!

Machen Sie Ihr Herz zur Herzenssache! Hand aufs Herz, hören Sie auf Ihr Herz? Diesem faustgroßen Organ, das unaufhörlich schlägt, setzen wir manchmal ganz ordentlich zu, statt es zu entlasten. Dabei ist die Leistung, die das Herz im Laufe eines 70-jährigen Lebens vollbringt, enorm. Es schlägt über 3 Milliarden Mal und treibt dabei bis zu 250 Millionen Liter Blut durch unser 240 000 Kilometer langes Blutgefäßsystem, um unsere Zellen zu ernähren und die beim Stoffwechsel entstehenden Giftstoffe zu entsorgen. Die genannte Menge entspricht etwa dem Fassungsvermögen von 80 großen Schwimmbädern, um nur in etwa ein Gefühl für unsere Herzleistung zu bekommen.

Viele Frauen meinen, Herzinfarkt wäre Männersache, doch zwischenzeitlich ist fast die Hälfte der Herzinfarktpatienten weiblich. Gründe dafür vermutet man in der Doppelbelastung durch Haushalt, Familie und Beruf. Doch neben Stress gibt es noch andere Risikofaktoren. Nach Ergebnissen von Langzeitstudien stehen Herzerkrankungen in 82 % aller Fälle mit ungesunden Lebensgewohnheiten wie Rauchen, mangelnder Bewegung und schlechter Ernährung in Verbindung. Während der Wintermonate ist das Herz besonders gefährdet. Man trinkt mehr Alkohol, frönt fetten Mahlzeiten und genießt den gemütlichen Fernsehabend auf der Couch, statt bei Minusgraden um die Häuser zu ziehen. Ein Teufelskreis!

So bleiben Sie gesund! Nordic Walking (schnelles Gehen mit Stöcken) ist ideal, um Sonne zu tanken (Vitamin D-Produktion), zu entspannen und Ihre Herzleistung zu trainieren. Beim Training sollten Sie gerade noch durch die Nase atmen oder sich unterhalten können (Tipps zur Pulsfrequenz siehe Seite 132 f.). Damit fordern Sie Ihr Herz, ohne es zu überfordern. Durch regelmäßiges Training arbeitet das Herz wirtschaftlicher und schlägt langsamer, was natürlich auf das ganze Leben gesehen eine enorme Entlastung für das Herz darstellt. Positiver Nebeneffekt: Sie kommen auch nicht mehr so schnell aus der Puste!

Nordic Walking ist eine Sportart, bei der man sich nach einigem Training auch mit Gewichten an Armen und Beinen zusätzlich fordern kann. Wer nicht alleine draußen walken möchte, für den ist ein Trampolin, ein Stepper oder ein Crosstrainer ideal, um Herz und Kreislauf zu stärken. Wichtig: Bei geöffnetem Fenster trainieren. Wer zusätzlich abnehmen möchte, trainiert am besten direkt nach dem Aufstehen, da sind die Kohlenhydratspeicher geleert und der Energieabbau geht direkt an die Fettzellen. Durch regelmäßige Bewegung lässt sich auch der Blutdruck senken.

Diabetes Typ II

Ernährungstipps (nicht nur) bei Diabetes Typ II

Neueste wissenschaftliche Untersuchungen zeigen, dass eine an die Krankheit angepasste Lebensweise sehr gute Möglichkeiten bietet, um schwerwiegende Folgen von Diabetes Typ II zu vermeiden.

Es gibt über 8 Millionen Diabetiker in Deutschland. Die derzeitige Dunkelziffer noch nicht erkannter Diabetesfälle wird auf 2 Millionen geschätzt. Häufiges Durstgefühl, unerklärliche Gewichtsabnahme, Süßhungerattacken, häufiges Wasserlassen, Abgeschlagenheit, Übergewicht und schlecht heilende Wunden können auf eine Diabetes-Erkrankung Typ II hinweisen. Während Diabetes Typ I meist in der Jugend auftritt und der Stoffwechsel über Insulinspritzen normalisiert werden muss, kann der Diabetiker Typ II durch eine ausgewogene Ernährung und einen angepassten Lebensstil den Stoffwechsel in den meisten Fällen ohne ›fremdes‹ Insulin in den Griff bekommen. Dass Diabetiker ein völlig ›normales‹ Leben führen können, beweisen Menschen wie Hans Lauber, Autor des Buches ›Messen, Essen, Laufen‹. Lebensverändernde Maßnahmen lassen eine Medikamenteneinnahme und Insulinspritzen bei Risikopatienten überflüssig werden. Was jedoch nicht heißen soll, dass bereits insulinspritzende Patienten ihre Medikamente weglassen sollen. Bei der hier vorgeschlagenen Ernährungsweise für beide Diabetikertypen handelt es sich um Begleitmaßnahmen, neben der von Ihrem Arzt vorgeschlagenen Therapie, die helfen können, Spätfolgen in Form von Durchblutungsstörungen am Herzen, im Gehirn, den Nieren, in der Augennetzhaut und in den Gliedmaßen zu verhindern. Um das Wort Spätfolgen näher zu umschreiben: Diabetiker haben eine um 15 Jahre niedrigere durchschnittliche Lebenserwartung, wenn sie ihre Lebensgewohnheiten nicht grundsätzlich ändern.

Diabetiker Typ II haben oft Übergewicht Die falsche Lebensmittelzusammenstellung (zu viel Zucker, zu viel und falsches Fett, zu viel Eiweiß), Übergewicht und in sehr seltenen Fällen die Veranlagung kann zur Entstehung von Diabetes Typ II beitragen. Vier von fünf Diabetikern sind übergewichtig. Diabetes ist eine Stoffwechselkrankheit, die im Falle des Diabetes Typ II – man muss es leider so drastisch benennen – im wahrsten Sinne des Wortes ›angefressen‹ ist. Wenn der Körper neben dieser Krankheit noch zu viel Gewicht verarbeiten muss, ist das eine echte Doppelbelastung, die man nicht lange ohne negative Auswirkungen verkraftet. Dabei stellt sich die Frage, was Ursache ist und was Wirkung. Mediziner wie Dr. med. Volker Schmiedel, Chefarzt der inneren Abteilung der Habichtswaldklinik in Kassel, dessen wissenschaftliche Arbeit sich auf die Gebiete Stoffwechsel und Ernährung konzentriert, ist zwischenzeitlich mit vielen Kollegen der Überzeugung, dass das Übel an der Wurzel gepackt werden muss.

Warum haben Diabetiker Übergewicht? Der ursächliche Hauptgrund von Übergewicht bei Diabetes Typ II ist nicht, wie oft angenommen, eine unzureichende Insulinausschüttung der Bauchspeicheldrüse, sondern eine zunächst überschießende Insulinausschüttung, die bei Fortbestand der ursächlichen Probleme in Form von Übergewicht und der damit einhergehenden Unempfindlichkeit der Insulinrezeptoren, die Funktion der Bauchspeicheldrüse irgendwann zum Erliegen bringt. Im Anfangsstadium des Diabetes Typ II produziert die Bauchspeicheldrüse also zunächst zu viel Insulin, weil sie feststellt, dass der Blutzucker durch das bereitgestellte Insulin nicht ausreichend gesenkt wird. Das Insulin ist der ›Schlüssel‹, um die Zelltüren für das Einschleusen von Glukose, den kleinsten Zuckerbausteinen, zu öffnen (siehe auch Seite 81 f.). Passen diese Schlüssel nicht, ist die Bauchspeicheldrüse gefordert, noch mehr Insulinschlüssel zu produzieren. Man kann sich das wie bei einem Schlüsseldienst vorstellen, dessen Maschinen nicht richtig arbeiten und der bei einer Bestellung von einem Schlüssel immer gleich vier Schlüssel anfertigt, damit dann wenigstens ein Schlüssel passt. Arbeitskräftemäßig werden von der Bauchspeicheldrüse dadurch Höchstleistungen gefordert, die sie auf die Dauer nicht durchhält. Insulin ist ein Speicherhormon, das den Abbau von Fett aus den Fettzellen verhindert, indem es die Fette sozusagen hinter Schloss und Riegel hält und gleichzeitig dazu beiträgt, dass das durch die Nahrung aufgenommene Fett ebenfalls gleich wieder in die Fettzellen gelangt, statt in den Muskelzellen zu Energie verbrannt oder in geschmeidige Zellwände eingebaut zu werden.

Der Stoffwechsel ist beim Diabetiker Typ II massiv gestört, wodurch diese Menschen in der Regel ein ganzes Bündel an Symptomen aufweisen. Man spricht hier vom tödlichen Quartett oder medizinisch, vom Metabolischen Syndrom, das aus Diabetes, Übergewicht, Bluthochdruck und Fettstoffwechselstörungen besteht.

Derzeit sind die wenigsten Diabetes Typ II-Patienten bereit, etwas an ihren Lebensgewohnheiten zu ändern. Der Schock der Diagnose ›Diabetes‹ sitzt tief und die meisten halten krampfhaft an den Ernährungsgewohnheiten, die diese Misere ausgelöst haben, fest. Viele Ärzte sind aus mangelnder Einsicht der Patienten deshalb auch ›gezwungen‹, den Patienten Medikamente zu verschreiben, die die Bauchspeicheldrüse stimulieren Insulin freizusetzen, mit der Absicht, den Blutzuckerspiegel dadurch zunächst zu normalisieren. Es werden somit noch mehr Schlüssel produziert, um dadurch mehr passende Schlüssel zu erhalten. Der Kollaps der Bauchspeicheldrüse ist vorprogrammiert.

Wer ›normal‹ leben möchte, muss sein Leben ändern! Der finnische Forscher Jaakko Tuomilehto fand in eigenen Studien heraus, dass es einige gezielte Maßnahmen gibt, mit denen man sich vor Diabetes Typ II wirksam schützen kann. Er arbeitete 1993 mit 500 Personen zusammen, die ein hohes Diabetes Typ II-Risiko hatten. Die Teilnehmer wurden aufgefordert, die folgenden Aufgaben zu erfüllen:

- Verminderung des Gewichts um 5%
- Einschränkung der gesättigten, überwiegend tierischen Fette
- Vermehrte Zufuhr von ballaststoffreichen Lebensmitteln wie Obst, Gemüse und Vollkornprodukten
- Einhaltung einer täglichen halbstündigen Bewegungseinheit

Die Ergebnisse waren eindeutig: Das Risiko, an Diabetes Typ II zu erkranken, wurde um 58% reduziert.

Eine im Jahr 2002 veröffentlichte Studie aus den USA kam zu einem vergleichbaren Ergebnis.

Dabei fördert Bewegung nicht nur den Fettabbau, sondern verbessert die Rezeptorarbeit der Körperzellen, wodurch die Bauchspeicheldrüse das Signal bekommt, weniger Insulin produzieren zu müssen. Nach Aussagen von Prof. Dr. Gerhard

Uhlenbruck, Universität Köln, kann die Effektivität der Insulinrezeptoren der Zellen dadurch um das Fünffache verbessert werden. Positiver Nebeneffekt: Bewegung produziert obendrein noch Glückshormone. Durch die Bewegung wird außerdem das Hormon Glukagon gebildet, der Gegenspieler des Insulins, wodurch der Abbau von Fett gefördert wird. Zudem verbraucht Bewegung Kalorien und verbrennt Fett (siehe auch Seite 135 f.).

Das Diabetikerregal ist ein ›Sahnehäubchen‹ Spezielle Lebensmittel mit der Aufschrift ›Für Diabetiker geeignet‹ enthalten Zuckeraustauschstoffe oder Fructose, die die Bauchspeicheldrüse nicht belasten. Manche Diabetiker glauben jedoch, dass diese Produkte möglichst oft auf ihrem Speiseplan stehen sollten. Das ist nicht so. Man sollte diese Lebensmittel als kleines Trostpflaster ansehen. Die meisten Mediziner raten zwischenzeitlich zu einem moderaten Zuckerverzehr (bis 20 g am Tag), damit der Betroffene nicht den Eindruck hat, in ständigem Verzicht leben zu müssen.

Meine Empfehlungen für den Diabetiker

1. Für den Diabetiker ist der Supermix ein wichtiges Instrument, um den Blutzuckerspiegel in Balance zu halten. Essen Sie z. B. nur Trauben, steigt der Blutzuckerspiegel stärker an, als wenn Sie zu der gleichen Menge Trauben noch ungesüßten Joghurt und Vollkornkekse essen. Ähnlich ist es beim ausschließlichen Verzehr von Nudeln gegenüber einer Mahlzeit wie z. B. Spaghetti Bolognese mit einem Salat. Ausgewogen essen ist die wichtigste Devise für eine gute Blutzuckerbalance. Kochen Sie Nudeln ›al dente‹. Dadurch reduziert sich die glykämische Last, das heißt der Blutzuckerspiegel bleibt gegenüber weich gekochten Nudeln niedriger.
2. Kohlenhydrate aus Kartoffeln, Hülsenfrüchten, Reis, Nudeln, Hirse, Dinkel, Müsli und Brot mit der Bezeichnung Vollkorn-

produkte, sind besonders empfehlenswert. Hier handelt es sich um ›langsame‹ Kohlenhydrate, die durch die langsame Aufspaltung keine hohen Insulinausschüttungen und auch keine Heißhungergefühle auslösen.

3. Eiweiß aus Fleisch, Fisch, Käse, Eiern sollten nicht mehr als etwa 10 % der täglichen Nahrungsenergie ausmachen, da zu viel Eiweiß ebenfalls im Verdacht steht, die Insulinrezeptoren in ihrer Aufnahmefähigkeit zu beeinträchtigen.
4. Um den Anteil an gesättigten Fetten möglichst gering zu halten, sollten bevorzugt mageres Fleisch, Käse und Molkereiprodukte gegessen werden. Verwenden Sie kalt gepresste Öle, insbesondere Olivenöl, Walnussöl, Leinöl und Rapsöl – aber bitte sparsam – und essen Sie mindestens 2-mal wöchentlich Kaltwasserfisch, insbesondere Hering, Lachs, Makrele und Thunfisch. Die darin enthaltenen Fettsäuren sind wichtig als Vorläufer von Gewebshormonen, die die Stoffwechselaktivitäten fördern (siehe auch Seite 85).
5. Um eine dem Sport angepasste Kohlenhydratzufuhr zu ermöglichen, sind zu Beginn regelmäßige und engmaschige Blutzuckerkontrollen notwendig. Wie bereits erwähnt, arbeiten die Insulinzellrezeptoren beim Sport nicht kalkulierbar, da Sport die Zellrezeptoren individuell sensibilisiert. Sollten Sie bereits Insulin spritzen, besprechen Sie die geplante sportliche Betätigung mit Ihrem Arzt.
6. Um eine Unterzuckerung (Hypoglykämie) zu vermeiden, ist eine Verteilung von sechs kleineren Mahlzeiten gegenüber drei großen Mahlzeiten zu bevorzugen.
7. Ideal wären 15-minütige Bewegungseinheiten direkt nach dem Essen (Glukagon-Ausschüttung).
8. Täglich sollten Sie mindestens 1,5 Liter Flüssigkeit in Form von Kräutertees, Wasser gemischt mit Säften oder grünem Tee trinken.
9. Für den Diabetiker Typ II ist das EDEKA-Südwest Wohlfühlkonzept sehr gut geeignet, um unausgewogene Ernährung bzw.

zu viel Zucker, Fett und Eiweiß bei der täglichen Auswahl zu vermeiden (siehe Kapitel 1 und 2). Wichtig: Setzen Sie Entspannung wirklich regelmäßig auf den Terminplan!

10 Sensationelle Ergebnisse stellte das Human Nutrition Research Center in Beltsville, USA, bei der Verwendung von Zimt fest. Danach wird der tägliche Verzehr von einem Teelöffel Zimt empfohlen.

Wechseljahre

Mit Schwung und Energie durch die Wechseljahre

Wechseljahre, was bedeutet das eigentlich? Im Grunde beschreibt schon das Wort eine sich verändernde Situation. Doch was verändert sich? In der westlichen Welt zählen Jugendlichkeit, Schönheit, Flexibilität und Fitness. Sie nehmen einen hohen Stellenwert ein und das Ganze treibt seine Blüten bis in die boomende Schönheitschirurgie. Zu keiner Zeit haben Frauen wie Männer so viel daran gesetzt ›jung‹ zu bleiben.

Andererseits ist es erstmals in der Geschichte so, dass die ›wissende Generation‹ nicht die Älteren sind. Im Zeitalter der Elektronik- und Computerindustrie wissen die Älteren in diesem Bereich oft weniger als die jungen Menschen. Hier handelt es sich um persönliche Erfahrungswerte. Natürlich gibt es derzeit auch viele erfahrene Computerspezialisten, die älter als 40 Jahre sind. Ist es nicht so, dass Älterwerden in unserer derzeitigen Gesellschaft gerade auch in Anbetracht der wachsenden Gesundheitsausgaben – oder sagen wir besser Krankheitskosten – als etwas Negatives angesehen wird? Die ausgeglichene Großmutter oder den Großvater, der immer einen Rat wusste, die gibt es nicht mehr. Das ›Alter‹ wird in den Köpfen der Gesellschaft vielfach mit Kranksein und Nichtmehrkönnen gleichgesetzt.

Frank Schirrmacher beschreibt in seinem Buch ›Das Methusalem-Komplott‹ die Chancen und Risiken der älter werdenden Gesellschaft. Einige Studien zeigen auf, dass Menschen, die keine Angst vor dem Älterwerden haben, biologisch gesehen um viele Jahre jünger sind als ihre Altersgenossen und eine erheblich längere Lebenserwartung haben. Martin Seligman, Professor der Psychologie an der Universität Pennsylvania und Autor des Buches ›Der Glücksfaktor‹, hat in einer Studie mit 180 Nonnen festgestellt, dass die Optimistinnen unter den Ordensfrauen zu 90 % das 85. Lebensjahr erreichten und zu 54 % sogar das 94. Lebensjahr. Bei den Pessimistinnen waren es 34 % die das 85. Lebensjahr erreichten und nur 11 % das 94. Lebensjahr. Wie man die Optimistinnen von den Pessimistinnen unterschieden hat? Direkt nach dem Gelübde wurden die Nonnen gebeten, ihre Lebensziele aufzuschreiben. Diese Aufsätze wurden verwendet, um sie in eher optimistische bzw. pessimistische Menschen einzuordnen. Für diese Studie wurden Ordensschwestern gewählt, da sie völlig vergleichbare Lebensumstände haben. Angefangen von der Schlafgelegenheit über das Essen bis hin zum Arbeiten und der Luft, die sie atmen. Fazit der Wissenschaftler zu den Pessimisten:

- Sie leben auf einem niedrigeren Glücksniveau, als die eigenen Stärken es erlauben.
- Sie bringen weniger Leistung bei der Arbeit und beim Sport
- Sie altern schneller als nötig.
- Sie haben mehr Beschwerden im Alter.
- Ihre Abwehrkräfte arbeiten nicht so gut, wie bei den Optimisten.
- Sie genesen langsamer als die Optimisten.

Meine persönlichen Empfehlungen, um jung alt zu werden

1. Wer Angst hat vor dem Älterwerden, wird biologisch gesehen schneller alt werden. Die Aussage: ›Das kann ich nicht mehr, ich bin eben zu alt‹, ist meines Erachtens eine Flucht. Natür-

lich gibt es Dinge, die ich mit 20 Jahren problemlos meistern konnte, die ich aber als 45-Jährige nicht mehr können muss. Und mit Sicherheit werde ich als 60- oder 80-Jährige Dinge nicht mehr tun, die ich mit 45 Jahren getan habe. Die Frage ist jedoch: Tue ich diese Dinge nicht mehr, weil ich mir selbst suggeriere, dass ich dafür zu alt bin, oder weil ich zur Überzeugung gekommen bin, dass ich sie heute nicht mehr können muss.

2 Ich selbst bin Ende 1961 geboren und freue mich darauf, jung alt zu werden. Ich sehe, was meine Kinder in der Schule und im Beruf leisten müssen, um sich etwas zu erarbeiten. Ich kann bereits auf 20 Jahre Berufserfahrung zurückgreifen und habe dadurch einen ganz anderen Erfahrungsschatz und eine Sicherheit, auf die ich zurückgreifen kann. Würde mir jemand 10 Jahre schenken wollen, würde ich dankend ablehnen. Mit den Erfahrungswerten, die ich heute habe, alles noch mal machen zu müssen, das wäre für mich geradezu eine Tortour. Ich will Neues erleben, Neues erlernen, und zwar mit dem Alter und mit den Erfahrungswerten, die ich heute habe und morgen haben werde. Altwerden ist für mich überhaupt keine Schreckensvision. Ich kenne Frauen und Männer, die sehr viel älter sind als ich und in unserer Gesellschaft ihren festen Platz haben und dieser Gesellschaft sehr viel geben. Mein größter Wunsch ist es, den anderen Menschen auch in 10, 20, 30, 40, … Jahren noch etwas aufzeigen zu können. Deshalb investiere ich jeden Tag sehr viel Zeit und Aufmerksamkeit in meinen Körper. Es liegt an der Gesellschaft, inwieweit sie das Älterwerden nutzt, um ihm neue attraktive Attribute zuzuschreiben. Um das zu verändern, brauchen wir jeden Einzelnen. Oder wie Frank Schirrmacher schreibt: ›Wir müssen das Problem unseres eigenen Alterns lösen, um das Problem der Welt zu lösen‹. Fangen wir damit an, indem wir das Älterwerden nicht als Problem sehen, sondern als neue Chance der Selbstverwirklichung innerhalb und mit der Gesellschaft!

③ Das Wort Wechseljahre gibt es in Asien nicht. Damit soll gesagt sein, dass die Menschen dort auch älter werden und zwar im wahrsten Sinne auch durchschnittlich älter als die Deutschen (siehe auch Seite 90 f.), dies jedoch nicht als Krankheit oder als Problem ansehen. In Asien haben ältere Menschen auch einen viel höheren Stellenwert in der Gesellschaft. Man zollt den alten Menschen Achtung und Respekt. Meines Erachtens kann ich in 30 Jahren von jungen Menschen nicht erwarten, dass sie vor mir Respekt haben, wenn ich heute älteren Menschen keinen Respekt zolle. Hier kann jeder bei sich selbst anfangen, wenn er zum Wohle für sich selbst und für die Gesellschaft an dieser Veränderung beteiligt sein möchte.

Krank sein beginnt (zum Teil) im Kopf Dieser kleine psychologische Ausflug sollte Ihnen aufzeigen, wie stark wir die Sichtweise des Älterwerdens selbst steuern können, und wie sehr wir damit unsere ›mentale Abwehrkraft‹, die wissenschaftlich in vielen Studien nachgewiesen werden konnte, aktivieren können. Seminare, die zeigen, wie man vom Pessimisten zum Optimisten wird, können da hilfreich sein. Denn auch Optimismus ist erlernbar. Vielleicht genau die richtige Herausforderung für die Wechseljahre!

In den vorangegangenen Kapiteln haben Sie viele Vorschläge und Informationen bekommen, um das Älterwerden zu verzögern und sich dabei zu unterstützen, dass die körperliche Kraft Ihrer geistigen Kraft in nichts nachsteht und umgekehrt. Begeben wir uns wieder in die medizinische Welt und sehen uns einmal näher an, was in den Wechseljahren der Frau passiert. Dazu zunächst einige begriffliche Definitionen:

Klimakterium ist der medizinische Begriff für die Wechseljahre. Manche Frauen kommen bereits mit vierzig in die Wechseljahre, andere erst Mitte fünfzig.

Menopause ist der Begriff für das endgültige Ausbleiben der Periode. Im Durchschnitt tritt die Menopause mit 52 Jahren ein.

Prämenopause nennt man die Jahre vor der Menopause.

Postmenopause nennt man die Jahre nach der Menopause.

Im Rahmen die hormonellen Veränderungen mit dem Ausbleiben der Regel, verändert sich der hormonelle Gesamthaushalt. Sexualhormone werden jetzt nicht mehr für die Fruchtbarkeit gebraucht, doch um sexuelle Lust und Lebensfreude erleben zu können, sind auch niedrigere Hormonkonzentrationen ausreichend. Dennoch sind es nicht nur die typisch weiblichen Hormone Östrogen und Progesteron, die etwas mit der Veränderung in den Wechseljahren zu tun haben. Diese Sexualhormone stehen mit dem gesamten Hormonhaushalt in Verbindung. An den Steuerungsmechanismen des Hormonhaushaltes arbeiten die folgenden Drüsen: Die Zirbeldrüse und der Hypothalamus sowie die Hypophyse im Gehirn, die Schilddrüse und die Nebenschilddrüse im Halsbereich, die Nebennierenrinde in den Nieren, die Bauchspeicheldrüse und die Eierstöcke.

Was machen die Östrogene? Da die Östrogenproduktion während der Menopause stark absinkt, stellt sich natürlich die Frage, welche Aufgaben Östrogen im Körper bisher übernommen hat.

Neben der Steuerung des Fruchtbarkeitszyklus steuert Östrogen die Regelung folgender Abläufe, zusammen mit anderen Hormonen:

- Regelung von Stoffwechsel- und Verdauungsprozessen
- Blutdruckerhöhung
- Stimmungsaufhellung

- Durchblutung und Flüssigkeitshaushalt aller Gewebe
- Wachstums- und Aufbauprozesse

Hormonschwankungen – warum? Bereits ab einem Alter von 35 Jahren fällt gelegentlich ein Eisprung aus, weil immer weniger Follikel den gesamten Reifungsprozess durchlaufen. Dadurch kann es sogar zu einem Östrogenüberschuss kommen.

Die abnehmenden Hormonausschüttungen von Östrogen und Progesteron werden verstärkt durch die Hormone FSH und LH kompensiert. Diese Hormone halten die höheren Werte bis zum 65. bis 70. Lebensjahr aufrecht. Erst danach beginnt das sogenannte ›Alter‹. Aber auch dann reichen die vom Körper produzierten Hormonmengen bei einer gesunden Frau aus, um auch nach der Menopause und nach dem 70-sten Lebensjahr vital und mit Lebensfreude leben zu können. Denn neben den Eierstöcken werden auch in anderen Drüsen noch kleine Mengen an Östradiol gebildet.

Das starke Absinken des Östrogens wird für die Stimmungsschwankungen und die damit einhergehenden Schweißausbrüche, das Herzklopfen, die Schwächegefühle bis hin zu Depressionen verantwortlich gemacht. Sprechen Sie mit Ihrem Arzt, inwieweit eine Hormonersatztherapie notwendig ist. Gönnen Sie Ihrem Körper jedoch auch eine gewisse Phase der Anpassung. Der Körper fordert Beachtung, das ist die Körperbotschaft. Nehmen Sie diese Zeit als Herausforderung zum Überdenken des bereits Erreichten und der noch nicht erfüllten Ziele an.

Bedenken Sie, dass die Wechseljahre eine ganz natürliche Phase von körperlicher (hormoneller) und innerer Wandlung sind. Sehen Sie sich nicht als ein fehlerhaftes Produkt der Natur, die uns Frauen mit zu wenig Östrogen im Alter ausgestattet hat.

Asiatinnen leiden viel seltener unter Wechseljahrbeschwerden als die Europäerinnen und Amerikanerinnen. Lange

Zeit ging man davon aus, dass dies lediglich ein Phänomen der genetischen Veranlagung wäre. Doch man beobachtete bei japanischen Einwanderinnen, dass bereits die Tochtergeneration ähnliche Anfälligkeitsquoten hinsichtlich Brustkrebserkrankungen, Osteoporose und Herz-Kreislauferkrankungen aufwies wie die Einheimischen. Was den lästigen Nebeneffekt von Hitzewallungen angeht, diese treten in Asien so selten auf, dass es dafür noch nicht einmal einen Namen gibt.

Soja – Pflanzliche Hormone sind eine Lösung Nachdem die genetische Veranlagung für die Theorie der fehlenden Wechseljahrbeschwerden bei Asiatinnen ausschied, begann man die Ernährung der Asiaten näher zu beleuchten und stieß dabei auf entscheidende Unterschiede. Obwohl Japanerinnen so gut wie keine Milchprodukte essen, leiden sie viel seltener unter Osteoporose. Man suchte also nach den Calciumlieferanten, stieß dabei auf Soja und entdeckte gleichzeitig die sogenannten Phytoöstrogene.

Fazit Asiatinnen betreiben mit ihrer sojareichen Ernährung eine lebenslange Hormonergänzung. Dadurch werden die knochenabbauenden Osteoklasten gehemmt und die knochenerneuernden Osteoblasten stimuliert. Für die Einlagerung von Calcium in die Knochen sind Hormone und Vitamin D notwendig, außerdem wirkt zu viel tierisches Eiweiß der Calziumeinlagerung entgegen. Als Faustregel gilt: Je mehr Eiweiß man aufnimmt, desto mehr Calcium findet man als Abfallprodukt im Urin. Hier wird klar, wie wichtig die ausgewogene Ernährung mit einem hohen Anteil an pflanzlichen Produkten ist. Das Osteoporoseproblem einzig und allein auf Calciumgaben zu beschränken, ist falsch und wird dem hoch komplizierten Zusammenspiel von verschiedensten Vitalstoffen in unserem Körper nicht gerecht (siehe auch Seite 137 f.).

Positive Nebeneffekte: Asiaten leiden deutlich weniger an Herz-Kreislauferkrankungen, Prostataerkrankungen und Brustkrebs. Bereits 1995 wurden 38 größere Studien zu dieser Frage unternommen. Die Anderson-Studie konnte mit Diäten mit einem hohen Sojaanteil, Cholesterinsenkungen bis zu durchschnittlich 24% feststellen. Dabei wurde das gefäßschädigende LDL-Cholesterin deutlich reduziert. Die ›guten‹ HDL-Werte stiegen dabei sogar leicht an.

Gute Phytoöstrogen-Quellen sind Soja- und Sojaprodukte. An erster Stelle stehen gekeimte Sojabohnen, Sojaflocken und Sojageschnetzeltes, Sojamehl und Tofu, Sojamilch und Sojasoße. Aber auch Leinsamen, Linsen, Roggen, Hafer, Spargel und Knoblauch und kalt gepresstes Sojaöl enthalten Phytoöstrogene.

Nach der umfassenden Darstellung der Aufgaben verschiedener Vitalstoffe im Körper in den vorangegangenen Kapiteln, wäre es meines Erachtens sehr einseitig, das Ergebnis dieser Studien einzig und allein auf Sojaprodukte zu beschränken. Die Japaner essen von Geburt an durchschnittlich 30 bis 35 mg Soja-Isoflavone täglich, ein Europäer zwischen 0 bis 2 mg. Die Japaner essen im Jahr aber auch durchschnittlich 83 kg Fisch, die Deutschen 9 kg. Der Japaner isst 5-mal mehr Gemüse. Aus meiner Erfahrung leiden Menschen umso weniger an Wechseljahresbeschwerden, je gesünder sie bis zum Eintritt der Wechseljahre gelebt haben. Um dennoch auftretende Probleme in den Griff zu bekommen, hier noch weitere Anregungen.

Meine Empfehlungen für mehr Schwung in den Wechseljahren

1. Essen Sie ausgewogene Mahlzeiten in Form des Supermix. Vermeiden Sie einseitige Diäten. Denn diese bringen Ihren Hormonhaushalt mit Sicherheit nicht in Balance.
2. Wenn Sie Übergewicht haben, sollten Sie dieses maßvoll und langsam reduzieren. Nehmen Sie sich 1 kg im Monat vor (Tipps zum Abnehmen siehe Seite 116 f.).
3. Wenn Sie unter Hitzewallungen leiden, sollten Sie vermehrt zu kalten Mahlzeiten greifen, was nicht heißen soll, dass Sie jetzt nur noch Rohkost essen sollten. Getreide in Form von gegarten Vollkornprodukten, wie Nudeln, Reis, Hirse, Kartoffeln mit reichlich Gemüse, das je nach Verträglichkeit auch gegart sein kann und mit Tofu- und Sojaprodukten verfeinert wird, ist ideal. Scharfe Mahlzeiten, bei denen Sie schon während des Essens ins Schwitzen kommen, sollten Sie jetzt meiden. Heißer Kaffee und Tee ist ebenfalls nicht angebracht. Wenn Sie auf Kaffee nicht verzichten wollen, dann gönnen Sie sich doch mal einen Eiskaffee. Trinken Sie statt heißem Schwarztee besser kühlenden Pfefferminz- und Melissentee. Wenn Sie Raucher(in) sind, versuchen Sie, diese krank- und altmachende Gewohnheit aufzugeben.
4. Essen Sie häufiger Fischmahlzeiten, mindestens 2-mal in der Woche, besser häufiger.
5. Meiden Sie überhitzte Räume und führen Sie Sport eher im Freien als im Sportstudio aus.
6. Helfen Sie Ihren Venen mit kühlenden Cremes, z. B. aus Aloe-Vera bei brennenden Beinen. Durch tägliches 5-minütiges abwechselndes Wippen – so als würden Sie auf einem Stepper stehen (nicht mit einer Übung direkt auf dem Stepper zu vergleichen) –, betätigen Sie die Venenpumpe und helfen damit das gestaute Blut in den Beinen nach oben zu transportieren. Auch dadurch können Hitzegefühle, die von den Beinen her aufsteigen, vermieden werden. Tragen Sie Kompressions-

strümpfe. Legen Sie Ihre Beine in Entspannungspausen höher. Wenn Sie eine sitzende Tätigkeit verrichten, sollten Sie die Beine immer mal wieder in Sitzhöhe anheben. Machen Sie Salz-Fußbäder mit einer Wassertemperatur, die Ihnen angenehm erscheint (nicht zu heiß).

7. Unterliegen Sie starken Stimmungsschwankungen, könnte dies neben den Hormonschwankungen auch an einer unzureichenden Zufuhr an Vitaminen der B-Gruppe liegen. Greifen Sie jetzt ausschließlich zu Vollkornprodukten und regelmäßigen Fleischportionen im Verhältnis des Supermix. Damit können Sie Ihre innere Unruhe und das Nichtschlafenkönnen gegebenenfalls auf natürliche Weise regeln. Essen Sie in diesem Fall auch keine großen Mahlzeiten mehr am späten Abend und schauen Sie auch keine aufregenden Filme. Lesen Sie ein schönes Buch! Gegen einen kleinen ausgewogenen Snack ist nichts einzuwenden. Sehr gut hilft bei Schlaf- bzw. Einschlafschwierigkeiten das bewährte (alkoholfreie) Bier oder ein Glas Milch mit Honig.
8. Wenn Sie unter immer wiederkehrenden Harnwegsinfektionen leiden, trinken Sie jeden Tag ein Glas Preiselbeersaft und packen Sie Ihre Nieren warm ein.
9. Haben Sie trotz ausgewogenem Menüplan und ohne Veränderung der Portionsgrößen zugenommen, rücken Sie den Pfunden mit entspannendem Ausdauersport, z. B. Walking, zu Leibe. Dabei werden gleich noch Gute-Laune-Hormone gebildet.
10. Qigong, Yoga und Tai-Chi werden immer mehr zu entspannenden Ausgleichsportarten, die die Geschmeidigkeit der Gelenke und der Muskulatur in besonderem Maße fördern und inneren Ausgleich schaffen. Diese Bewegungen können Sie bis ins hohe Alter ausführen.

Das folgende Kapitel ist nicht zwingender Bestandteil des Wohlfühlkonzeptes dieses Buches. Wenn Sie die Naturheilkunde nicht mit einbeziehen wollen, können Sie es überblättern.

Eine andere Sichtweise – Asiatische Wohlfühltipps

Jeder vierte Deutsche hat bereits Erfahrungen mit Akupunktur gemacht und bereits jeder 25. mit der chinesischen Kräutertherapie. Die chinesische Ernährungslehre, sanfte Bewegungsübungen (Qigong) und Massagen sind weitere wichtige Teilbereiche der Traditionellen Chinesischen Medizin (TCM). Bei der Therapie nach der Traditionellen Chinesischen Medizin werden bei allen Krankheiten Empfehlungen im Bereich der täglichen Essensauswahl gegeben, die zur Förderung der Funktionsweise der Organe beitragen bzw. eine Vermeidung von Lebensmitteln angeraten, um überschießende Organfunktionen zu vermeiden. Wer keine Krankheiten hat, kann mit der Fünf-Elemente-Ernährung dazu beitragen, dass der Körper in Balance bleibt, weil alle Organe versorgt werden. Alle Rezepte in Kapitel 7 beinhalten Lebensmittel aus allen fünf Elementen. Ebenso die Rezepte unter www.edeka-suedwest.de, die mit einem Stern * gekennzeichnet sind.

In Balance bleiben mit den fünf Elementen

Balance

Nach der Traditionellen Chinesischen Medizin kommt der Mensch mit einer festgelegten Energie (Qi) auf die Welt, die er von seinen Eltern erhalten hat. Gerne wird hier der Vergleich mit zwei Gefäßen gemacht. Die Ursprungsenergie ist das erste Gefäß, dieses Gefäß kann nicht aufgefüllt werden.

Mit anderen Worten: Niemand kann – mit welchen Anstrengungen auch immer – über sein Ursprungs-Qi hinauswachsen. Es gibt jedoch ein zweites Gefäß und dieses kann durch unterschiedliche Maßnahmen immer wieder aufgefüllt werden. Dazu gehören die Atmung (Atem- und Entspannungsübungen), eine typgerechte Ernährung, typgerechter Sport, Gymnastik und Massagen. Diese Maßnahmen ermöglichen es, die Energie in starkem Maße aus dem zweiten Gefäß zu schöpfen und dabei das erste Gefäß möglichst wenig anzutasten. Wer sich jedoch ständig überfordert und nur wenig dafür tut, seine Körperenergien zu regenerieren, der lebt aus der Substanz des ersten Gefäßes. Er wird diese dadurch auch schneller verbrauchen, als wenn er das zweite Gefäß selbst immer wieder mit Energie auffüllen und dann entsprechend auf diese Reserven zurückgreifen würde.

Anders als in der westlichen Welt werden Lebensmittel nicht nach Vitalstoff- und Kalorienaspekten, sondern nach ihren Wärmewirkungen, Geschmacksrichtungen, Wirkrichtungen, sowie dem Funktionskreisbezug (Organe) bewertet. Sind Störungen oder Ungleichgewichte da, können diese nach der Traditionellen Chinesischen Medizin durch die entsprechende Lebensmittelauswahl gemildert oder sogar völlig harmonisiert werden. Was aber zwangsläufig auch bedeutet, dass bei bereits vorhandenen Störungsmustern die falsche Lebensmittelauswahl die Störungen verstärken kann. Hierzulande hört man die Menschen oftmals sagen: ›Ich esse, was mir schmeckt‹. Dies sind in der Regel Menschen, die über sehr viel Ursprungs-Qi verfügen. Menschen, die mit wenig Ursprungs-Qi auf die Welt kommen und dadurch bedingt meist eine sehr starke Sensibilität dafür haben, was ihnen gut tut, werden von den starken Ursprungs-Qi-Menschen oftmals belächelt. Da gibt es dann Aussagen wie: ›Der achtet dauernd auf seine Ernährung und ist dauernd krank‹, oder: ›Ach, was soll das alles mit der Ernährung, mein Opa hat jeden Tag zwei Flaschen Wein getrunken, zwei Packungen Zigaretten geraucht und ist dennoch 72 Jahre alt geworden‹. Vielleicht werden Sie jetzt schon darauf aufmerksam, dass ein Mensch nicht mit einem anderen Menschen verglichen werden kann. Das wäre, als wenn man Äpfel und Birnen vergleichen würde.

Ein Beispiel macht es deutlich: Menschen, die sehr viel Hitzegefühle haben, lieben leider sehr oft scharfe Speisen und essen auch noch gerne sehr heiß. Für das Wohlbefinden des Feuertyps ist diese Speisenauswahl sehr kontraproduktiv. Von Ausgeglichenheit, Aufmerksamkeit und einer konstruktiven Arbeit ist nach dem Essen in aller Regel kaum mehr die Rede. Ungeduld, innere Unruhe, Hitzegefühle bis hin zu Aggressivität mit starker innerer Anspannung können die Folge sein. Eine typgerechte Essensauswahl hat das Ziel, die Funktionsweise aller Organe zu fördern und Ungleichgewichte auszugleichen.

Über die Philosophie der Fünf-Elemente-Ernährung

Alles hat seine zwei Seiten, das gilt auch für die beiden Pole Yin und Yang. Im Yin befindet sich ein kleiner Anteil Yang und umgekehrt. In der chinesischen Literatur wird oft der Vergleich mit einem Berg angewendet, dessen eine Seite sich im Schatten befindet, deshalb kühl, feucht und dunkel ist. Die Sonnenseite ist heiß, trocken und hell und gehört zum Yang. Wie man sieht, hat der Berg beide Eigenschaften.

Beim Menschen gilt es herauszufinden, welche Seite überwiegt, wobei sich auch hier alles im Fluss befindet, d. h. die Eigenschaften können sich durch Lebensumstellung, Umzug, Ernährung, Beruf, Erkrankung usw. ändern. Menschen, die sehr schnell frieren, ein großes Wärmebedürfnis haben und sich im Sommer richtiggehend in der Sonne aalen, gehören zur Yin-Entsprechung. Dagegen suchen Yang-betonte Menschen im Sommer das kühle Plätzchen im Schatten, nutzen jede Gelegenheit für eine kühle Erfrischung und sind selbst im Winter eher hitzig und durchaus mal im T-Shirt anzutreffen.

Wenn Yang-betonte Menschen verstärkt zu Lebensmitteln greifen, die Yang-betont sind, geraten sie ins Ungleichgewicht. Dies kann sich zum Beispiel in Hitzewallungen bis hin zum Herzinfarkt äußern. Man spricht hier von Störungen im Feuerelement.

So wie die fünf Elemente nach der chinesischen Ernährungslehre im gesamten Kosmos anzutreffen sind, so sind auch die Lebensmittel den fünf Elementen zugeordnet. Im menschlichen Körper befinden sich Organpaare, die ebenfalls den fünf Elementen zugeordnet werden. Deshalb ist es nach der chinesischen Ernährungslehre ideal, alle Elemente in den Kochtopf bzw. in die Salatschüssel zu bringen. Das Kochen im Zyklus der fünf Elemente schließt sozusagen das ›Füttern‹ aller Organe mit ein. In der Ernährungstherapie der Traditionellen Chinesischen Medizin werden bei Problemen organunterstützende Lebensmittel und deren förderliche Zubereitung empfohlen. Der folgende kurze Überblick erhebt keinen Anspruch auf Vollständigkeit, will jedoch aufzeigen, dass die Auswahl und die Balance der Lebensmittel in Asien einen ganz anderen Stellenwert haben, um die Gesundheit zu erhalten, als in den westlichen Industriestaaten. Durch die Berücksichtigung der Yin- bzw. Yang-Entsprechung kann man so mithilfe der Ernährung einen harmonischen Ausgleich für seinen eigenen Organismus schaffen.

Der große Unterschied Ein Rohkostsalat mit frischen Kräutern und einem Joghurtdressing bietet ohne Zweifel viele Vitalstoffe, doch ein Mensch, der sich gerade müde und kraftlos fühlt und fröstelt, erhält durch diese Mahlzeit zu wenig Energie. Warum? Weil sie dem Körper zu viel Verdauungsarbeit abverlangt. Schließlich muss die Mahlzeit im Körper um bis zu

25 Grad auf 37 Grad Körpertemperatur erwärmt werden, um im Anschluss verarbeitet werden zu können. Diese Energie wäre vergleichbar mit einem kleinen Feuer, das man mit feuchten Blättern zu schüren versucht. Dabei entsteht viel Rauch und wenig Wärme. Durch die verzögerte Aufspaltung entstehen Gärungsprozesse bis hin zu Giftstoffen, die den Organismus schwächen. Kein Wunder wenn sich diese Menschen nach einer solchen Mahlzeit noch schlapper fühlen.

Nach der Traditionellen Chinesischen Medizin sollten Menschen, die sich im Yin befinden, überwiegend zu erwärmten, gut gewürzten Mahlzeiten greifen und möglichst immer warme Getränke genießen. Umgekehrt ist es bei Menschen, die sich im Yang befinden. Sie können ihre überschüssige Hitze mit einem kühlenden Salat drosseln und damit die Körperenergie besser dosieren und harmonisieren. Auch in der westlichen Ernährungslehre kommt man zwischenzeitlich immer mehr zu der Überzeugung, dass die individuell unterschiedliche Verträglichkeit von Speisen eine entscheidende Rolle für das Wohlbefinden spielt.

Die Küche als Kosmos In der Traditionellen Chinesischen Medizin werden alle Lebensmittel den Elementen Feuer, Erde, Metall, Wasser oder Holz zugeordnet. Diese Elemente sind in allen Lebensbereichen und somit auch im menschlichen Körper zu finden.

Zu den Elementen Bei allen genannten Elementen gibt es heiße, warme, neutrale, kühle und kalte Lebensmittel. Als grobe Richtlinie kann man sagen: Lebensmittel, die im Warmen wachsen, wirken eher kühlend und umgekehrt. Getreideprodukte gehören eher in den neutralen bis warmen Bereich. Milchprodukte und Käse zu den kühlenden bis kalten und Fleisch zu den wärmenden bis heißen Gerichten und Fischmahlzeiten je nach Zubereitung zu den kühlenden, neutralen oder wärmenden Gerichten. Um in Balance zu kommen, sollte man bei Kältegefühlen, mangelndem Antrieb und Müdigkeit niemals kalte und kühlende Lebensmittel verzehren. Die kühlende Wirkung kann durch Erhitzen aufgehoben werden, z. B. wirken Beeren, die kurz erwärmt und mit Zimt oder anderen Gewürzen abgeschmeckt werden, wärmend.

Um alle Organe zu versorgen, wird in der Traditionellen Chinesischen Medizin häufig im Zyklus der fünf Elemente gekocht, weil man der Auffassung ist, dass sich die Elemente gegenseitig stärken. Dabei ist es unerheblich, in welchem Bereich des Zyklus man beginnt. Das Kochen im Zyklus ist jedoch nicht zwingend und eine eher westliche ›Erfindung‹. Dennoch sind Speisen, die alle Elemente beinhalten, eine Stärkung für alle Organe. Deshalb wird in der Traditionellen Chinesischen Medizin empfohlen, möglichst viele neutrale Lebensmittel zu essen und das jeweilige Balancebedürfnis über den Geschmack, das Temperaturverhalten und den Funktionskreisbezug zu steuern.

Der folgende Satz aus dem Klassiker ›Der Gelbe Kaiser‹ von Huang Di Neijing kennzeichnet die Verteilungsmuster der aufgenommenen Nahrung: ›Nimm Getreide als Nahrung, Früchte zur Unterstützung, Tierisches zum Energie vermehren, Gemüse zum Füllen‹.

Entdecken Sie Ihren persönlichen Supermix

Hintergründe zu den verschiedenen Elementen In der Traditionellen Chinesischen Medizin beschäftigt man sich mit der Frage, welches Essen und welche Zubereitungsform für welchen Menschen am besten geeignet ist.

Ein Beispiel: Wenn Sie an kalten Händen und Füßen leiden, signalisiert Ihr Körper damit: ›Es fehlt an Energie!‹ Essen Sie nun frische und vitalstoffreiche Lebensmittel direkt aus dem Kühlschrank, muss der Körper mithilfe seiner Energie die 8 Grad kalten Lebensmittel auf 37 Grad erwärmen. Um die gegessenen Lebensmittel verarbeiten und in Energie umwandeln zu können, muss Ihr Körper also in diesem Fall erst mal sehr viele Energiereserven für den Verdauungsvorgang freisetzen, um an die aufgenommene und komplexe Energie in der Nahrung gelangen zu können.

In der Traditionellen Chinesischen Medizin arbeitet man gerne mit Bildern, die diese komplexen Vorgänge verdeutlichen. Stellen Sie sich ein kleines Feuer vor! Würden Sie dicke Holzbalken hineinlegen, bräuchte dieser sehr lange, bis daraus ein passables Feuer entsteht, möglicherweise gelingt es gar nicht und der Balken schwelt mit großer Rauchentwicklung vor sich hin. Dagegen können kleine Holzscheite sehr schnell ein größeres Feuer entfachen, um dann in diesem Feuer dicke Balken verbrennen zu können. So lässt sich auch nicht sagen, was denn jetzt generell für den Organismus besser wäre: erst die heiße Suppe und dann der kalte Salat? Ich denke, diese Frage können Sie bereits selbst beantworten: Wem es zu heiß ist, der sollte zunächst den Salat essen und umgekehrt.

Überfordern wir unseren Körper kontinuierlich mit der ›falschen Nahrung‹, dann fühlen wir uns müde und abgespannt. Nicht selten führt das zu Übergewicht. Langfristig können sich sogar allein durch die falsche Temperatur der Lebensmittel Krankheiten einstellen, selbst wenn man ständig sehr vitalstoffreiche Lebensmittel isst. Ich kann mich da sehr gut an eine sehr schlanke, frierende und kraftlose Dame mit sehr trockener Haut und dünnen Haaren erinnern, die mir erzählte, dass sie jeden Morgen einen frisch gepressten Orangensaft mit Frischkornbrei isst. Aus der Sicht des Vitalstoffreichtums das Beste vom Besten. Aus der Sicht der Traditionellen Chinesischen Medizin hätte man zum Beispiel ein getoastetes, fein geschrotetes Vollkornbrot mit Kräuter-Rührei, danach ein warmes Apfelkompott mit Zimt und Ingwer und dazu eine dampfende Tasse Capuccino empfohlen.

Wie erkennen Sie die eigene Konstitution? Lesen Sie sich die folgenden verschiedenen Typenklassifikationen aufmerksam durch. Der Typ, von dem Sie sich auf Anhieb angesprochen fühlen, ist derzeit der Richtige. Beachten Sie jedoch, in der Traditionellen Chinesischen Medizin spricht man statt von Elementen häufiger noch von Wandlungsphasen. So ist es durchaus möglich, dass sich Menschen, die noch vor kurzer Zeit ständig zu Hitzegefühlen neigten, irgendwann so viel Ursprungs-Qi verlieren, dass sie heute eher zu Trockenheit neigen. Ein Feuertyp kann auch durchaus eine Erkältung bekommen, dadurch Kältegefühle haben und ist dann eben zu Gast im Wasserelement. Auch äußere Einflüsse haben nach der Traditionellen Chinesischen Medizin ihre Wirkung: Wind, starke Sonneneinstrahlung, Kälte durch eine zu kalt eingestellte Klimaanlage usw. beeinflussen das Wohlbefinden und die Körperenergien in starkem Maße. So kann ein ursprünglich hitziger Feuertyp unter Kältegefühlen leiden und sollte in dieser Phase zu wär-

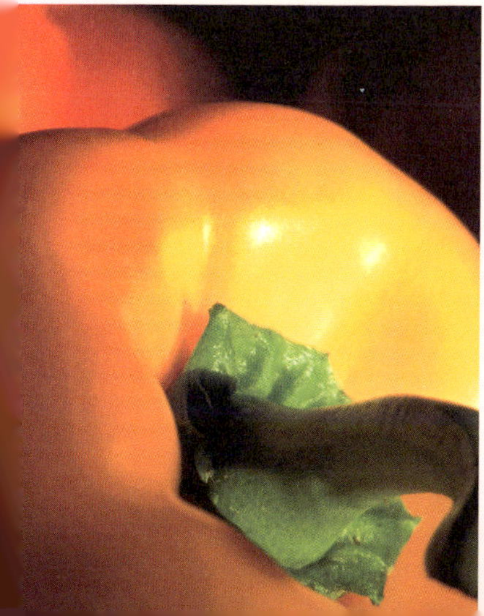

menden Lebensmitteln greifen. Ein ursprünglich eher fröstelnder Wassertyp kann durch äußere Einflüsse wie zum Beispiel starke Sonneneinstrahlung einen Hitzschlag erleiden und braucht in dem Moment eher neutrale bis kühlende Nahrung. Das neutrale Getreide sollte jedoch immer die Hauptnahrung ausmachen.

Was tun, wenn für verschiedene Typen gekocht werden muss? In der Regel greifen die einzelnen Typen zu den richtigen Mahlzeiten und die Typenbeschreibungen sollen auch nicht bedeuten, dass z. B. ein Metalltyp ausschließlich Lebensmittel aus dem Metallelement essen soll. Es soll aus allen Elementen gegessen werden und das möglichst abwechslungsreich und vielfältig. Bevorzugt sollten neutrale Speisen gegessen werden. Weiterhin sind die Zubereitungsart und die damit verbundene Wärmewirkung wichtig. Die Wärmewirkung lässt sich am Tisch durch unterschiedliche Beigaben auch noch individuell beeinflussen. So lassen Schälchen mit gerösteten Nüssen, frischen und getrockneten Gewürzen und Kräutern, Käsewürfeln usw. für jeden Typ individuelle Verfeinerungsspielräume und die Wärmewirkung lässt sich entsprechend variieren. Der Feuertyp kann zunächst seinen Salat essen und anschließend die Hauptspeise, die er besser etwas abkühlen lässt. Der Wassertyp wird erst einmal zur warmen Hauptspeise greifen und den Salat anschließend noch mit Paprika, Chili und Pfeffer würzen. Machen Sie aus der Elementenzuordnung keinen Stress. Gehen Sie auf Entdeckungsreise! Fühlen Sie vor und auch nach dem Essen in sich hinein. Essen Sie langsam.

Was die Lebensmittelauswahl anbelangt, so sollten Sie auch weiterhin natürliche Lebensmittel verwenden und im Supermix-Schema essen. Durch Zubereitungsarten wie Braten, Frittieren, Grillen, Backen oder Kochen wird die Wärmewirkung des Gerichts stark gefördert. Dagegen trägt Dünsten,

Blanchieren und Im-Wasserbad-Garen dazu bei, Trockenheit auszugleichen. Ungegarte Lebensmittel wirken eher kalt bis kühlend, wobei durch Kleinschneiden auch hier die Wirkung in Richtung neutral bis wärmend verändert werden kann. Bei jeder Mahlzeit sollten Sie in jedem Element stets ausgewogen und vielfältig essen und alle Elemente dabeihaben. Durch Wartezeiten vor dem Verzehr lässt sich die Wärmewirkung verändern. So wird eine Suppe, die warm und nicht heiß gegessen und mit ungegarten Gemüsewürfeln bestreut wird, neutral bis warm statt heiß wirken.

Der Ernährungstypentest

Alle Essenstypen haben ihre Vorzüge und ihre Eigenheiten. Gehen Sie bei der Auswertung nicht danach, wie Sie gerne sein möchten, sondern wie Sie sich derzeit fühlen. Versuchen Sie, sich nicht streng in ein Schema zu pressen – in der Regel sind die meisten Menschen in mehreren Elementen zu Gast. Beantworten Sie alle Fragen spontan. Im Zweifelsfall können Sie für eine Eigenschaft auch zwei Kreuze bei unterschiedlichen Typen geben. Das Element, in dem Sie die meisten Punkte haben, überwiegt im Moment. Wird dieses Element gefolgt von einer ähnlich hohen Punktzahl, dann lesen Sie auch die Auswertung dieses Elements. Je nach Lebenssituation und klimatischen Bedingungen trifft dann derzeit auch die andere Empfehlung zu.

Wichtig Der Typentest ist eine grobe Orientierung und erhebt nicht den Anspruch einer Ernährungstherapie. Wenn Sie an einer Ernährungstherapie nach der Traditionellen Chinesischen Medizin interessiert sind, finden Sie weitere Informationen unter www.daegfa.de, der Internetadresse der Deutschen Ärztegesellschaft für Akupunktur e.V. (DÄGfA).

Testen Sie Ihren Typ

Wie beurteilen Sie Ihren Körperbau?

Holz: Ich habe einen drahtigen Körper.
Feuer: Ich habe gleichmäßige, muskulöse Proportionen.
Erde: Ich habe einen starken Knochenbau und eher üppige Proportionen.
Metall: Ich bin eher feingliedrig.
Wasser: Ich bin feingliedrig.

Wie steht es mit Ihrem Gewicht?

Holz: Ich habe Normalgewicht, bei Stress nehme ich jedoch zu.
Feuer: Ich habe Normalgewicht und kann mein Gewicht leicht halten.
Erde: Ich neige eher zu Übergewicht und nehme schnell zu.
Metall: Ich neige eher zu Untergewicht und nehme schwer zu.
Wasser: Ich neige eher zu Untergewicht.

Wie sieht es mit Ihrem Haarwuchs aus?

Holz: Ich habe dicke und eher gerade Haare.
Feuer: Ich habe viele, feine Haare.
Erde: Meine Haare sind eher dick und wellig.
Metall: Ich habe feine Haare.
Wasser: Ich habe wenig und dünne Haare.

Welche Haareigenschaften haben Sie?

Holz: Ich habe normales Haar.
Feuer: Ich neige zu Haarausfall.
Erde: Ich neige zu fettenden Haaren.
Metall: Meine Haare sind eher trocken. Ich neige zu Kopfschuppen.
Wasser: Ich neige zu früh ergrautem Haar.

Wie würden Sie Ihren Hauttyp beschreiben?

Holz: Meine Haut ist eher etwas ledrig. Man kann die Muskeln und Sehnen gut erkennen.

Feuer: Meine Haut ist von Natur aus sehr hell oder leicht rötlich. Man kann die Adern gut erkennen. Ich neige zu Hautentzündungen.

Erde: Meine Haut ist grobporig und eher dick. Ich neige zu Wasseransammlungen.

Metall: Meine Haut ist eher trocken und neigt zu Fältchen.

Wasser: Meine Haut ist eher blass und durchsichtig.

Beschreiben Sie Ihren Zungenbelag!*

Holz: Der Zungenbelag kann in dieser Wandlungsphase nicht direkt definiert werden.

Feuer: Meine Zunge ist an der Zungenspitze rot, ohne Belag oder im hinteren Bereich auch mit einem gelben Belag.

Erde: Ich habe eine schwammige, feuchte Zunge mit Zahneindrücken am Zungenrand. Der Belag ist weiß und dick.

Metall: Meine Zunge ist trocken und hat auch kleine Risse.

Wasser: Ich habe einen blassen, weißen Belag.

Wie reagieren Sie bei körperlicher Aktivität oder in der Sauna?

Holz: Ich schwitze eher schnell und fühle mich auch unruhig.

Feuer: Ich schwitze sehr oft und schnell.

Erde: Ich schwitze nur mäßig.

Metall: Ich schwitze spontan und nicht kalkulierbar.

Wasser: Ich schwitze so gut wie nie.

---

* Wenn Sie Ihre Zunge beurteilen, sollten Sie zwei Stunden zuvor nicht gegessen und getrunken haben.

Bei welchem Wetter fühlen Sie sich am wohlsten?

Holz: Ich fühle mich am wohlsten, wenn es weder zu heiß noch zu kalt ist.

Feuer: Am wohlsten fühle ich mich in den kühlen Bergen.

Erde: Ich mag es warm, ich liebe den Sommer.

Metall: Ich mag es gerne feucht und warm.

Wasser: Ich liebe das heiße Klima.

Bei welchem Wetter fühlen Sie sich schlecht?

Holz: Wind ist mir sehr lästig.

Feuer: Heißes Wetter ist mir lästig.

Erde: Feuchtes, windiges Wetter finde ich schrecklich.

Metall: Der Herbst ist meine schwierigste Zeit. Trockene Hitze ist mir lästig.

Wasser: Ich hasse den Winter. Kälte ist mir lästig.

Wie steht es mit Ihrem Appetit?

Holz: Mein Appetit ist eher groß. Ich habe eine große Vorliebe bzw. eine starke Abneigung gegen Saures.

Feuer: Mein Appetit ist stets groß. Ich habe eine extreme Vorliebe bzw. eine starke Abneigung gegen Bitteres.

Erde: Mein Appetit ist eher mäßig. Extreme Abneigung oder extreme Vorliebe für alles Süße.

Metall: Mein Appetit ist sehr schwankend. Manchmal kriege ich keinen Bissen runter und dann wiederum ist mein Appetit riesig. Ich kann jedoch in der Regel keine großen Mahlzeiten essen und bin schnell satt. Extreme Vorliebe oder extreme Abneigung gegen Scharfes.

Wasser: Mein Appetit ist eher gering. Extreme Abneigung oder extreme Vorliebe für alles Salzige.

Was passiert, wenn Sie eine Mahlzeit ausfallen lassen müssen?

Holz: Ich werde aggressiv und zornig und fühle mich unausgeglichen.

Feuer: Wenn ich zu meinen gewohnten Zeiten nichts esse, werde ich unkonzentriert, fahrig und manchmal auch aggressiv.

Erde: Wenn ich eine Mahlzeit ausfallen lasse, verspüre ich zwar keinen Hunger, meine Ausdauer lässt jedoch nach.

Metall: Manchmal vergesse ich das Essen, dann habe ich jedoch bald echte Konzentrationsschwierigkeiten und fühle mich müde.

Wasser: Ich bekomme Kältegefühle und fange an zu frieren. Ich fühle mich müde.

Wenn es mit der Verdauung mal nicht so klappt, habe ich folgende Probleme:

Holz: Ich neige zu saurem Aufstoßen, Sodbrennen und Spannungen im Oberbauch. Manchmal habe ich auch Bauchkrämpfe oder Koliken.

Feuer: Ich neige dann eher zu Verstopfung; das kommt aber selten vor.

Erde: Ich leide dann eher unter Völlegefühl und Blähungen, manchmal ist meine Verdauung auch etwas träge.Der Stuhl ist eher breiig.

Metall: Ich neige dann eher zu Verstopfung und unregelmäßigem Stuhlgang.

Wasser: Ich neige dann eher zu Durchfall.

Wie würden Sie Ihren Schlaf kennzeichnen?

Holz: Ich habe einen guten Schlaf. Manchmal wache ich zwischen 1 und 3 Uhr auf und kann dann nicht mehr einschlafen.

Feuer: Ich habe einen guten Schlaf und schlafe auch schnell ein, wache aber bei Geräuschen sehr schnell auf.

Erde: Ich habe einen tiefen, festen Schlaf.

Metall: Ich habe einen leichten, eher unruhigen Schlaf mit vielen Träumen.

Wasser: Ich habe oft Angstträume.

Wie fühlen Sie sich zu unterschiedlichen Zeiten?

Holz: Ich habe keine bestimmte Zeit.

Feuer: Eigentlich bin ich immer gut drauf. Meine Bestzeit habe ich ab Mittag.

Erde: Ich werde erst im Laufe des Vormittags so richtig aktiv, bin aber abends noch richtig fit.

Metall: Ich bin ein richtiger Morgenmensch, sobald ich wach bin, springe ich topfit aus dem Bett. Abends bin ich müde.

Wasser: Ich habe morgens immer Kältegefühle und muss mich zum Aufstehen überwinden.

Wie gehen Sie an neue Informationen heran?

Holz: Sehr kritisch. Ich denke erst mal darüber nach, was alles nicht geht.

Feuer: Ich lerne gerne, muss darin aber einen Vorteil für mich sehen.

Erde: Ich brauche viel Energie, um Neues aufzunehmen.

Metall: Ich lerne Neues sehr schnell.

Wasser: Beim Lernen bin ich oft etwas ängstlich und behindere mich dadurch selbst in meiner Aufnahmefähigkeit.

Wie steht es mit Ihrem Erinnerungsvermögen?

Holz: Ich habe ein gutes Erinnerungsvermögen, besonders wenn mich etwas geärgert hat.

Feuer: In der Regel kann ich auf mein Wissen immer wieder zurückgreifen, oder ich weiß, wo ich es gelesen habe.

Erde: Man sagt mir ein Elefantengedächtnis nach.

Metall: Wenn ich nicht ständig mit einer Sache zu tun habe, vergesse ich sehr schnell.

Wasser: An weniger schöne Dinge kann ich mich meist besser erinnern als an schöne Erlebnisse.

Wie beurteilen Sie Ihr Verlangen nach sportlicher Tätigkeit?

Holz: Ich brauche den Sport. Er ist für mich Ausgleich.

Feuer: Ich brauche echte sportliche Herausforderungen als Ausgleich.

Erde: Ausdauersportarten tun mir gut, ich muss mich jedoch immer etwas dazu überwinden.

Metall: Ich will mich bewegen, benötige aber sanfte Sportarten, ohne viel Stress, zum Ausgleich.

Wasser: Bewegung tut mir gut und wärmt mich von innen, oft fehlt mir jedoch der Antrieb.

Wie würden Sie Ihr Auftreten gegenüber anderen Menschen beurteilen?

Holz: Oft eher abweisend. Viele schätzen mich als arrogant ein.

Feuer: Ich bin anderen Menschen gegenüber kritisch. Ich unterhalte mich jedoch gerne mit interessanten Menschen.

Erde: Ich bin ruhig, aufgeschlossen, aber zurückhaltend.

Metall: Ich gehe sehr schnell auf Menschen zu und bin auch eher kontaktfreudig.

Wasser: Ich bin sehr zurückhaltend und eher schüchtern.

Welche dieser Lebenssituationen treffen Sie häufiger an?

Holz: Ich laufe oftmals auf, weil meine Mitmenschen nicht

meiner Meinung sind und ich nicht die Geduld habe, sie von den Hintergründen meines Standpunkts zu überzeugen.

Feuer: Ich habe einen starken Willen und setze mich meistens durch.

Erde: Ich handle mit Bedacht. Oft grüble ich, bis ich eine Entscheidung treffe.

Metall: Ich fühle mich häufig gleichzeitig unsicher und traurig und schließe mich eher der Meinung der anderen an.

Wasser: Ich bin eher ängstlich und lasse die anderen entscheiden.

Wie würden Sie Ihre Geduld einschätzen?

Holz: Ich bin oftmals ungeduldig und werde nicht selten richtig zornig.

Feuer: Ich brause schnell auf, vergesse aber ebenso schnell wieder.

Erde: Ich bin schwer aus der Fassung zu bringen.

Metall: Ich bin häufig etwas ungeduldig.

Wasser: Ich fühle mich häufig müde und kraftlos und verliere schnell den Mut.

Erreichte Punktzahl

Zu Gast im Holzelement:		Punkte
Zu Gast im Feuerelement:		Punkte
Zu Gast im Erdelement:		Punkte
Zu Gast im Metallelement:		Punkte
Zu Gast im Wasserelement:		Punkte

火

Zu Gast im Feuerelement

Die Organe des Feuerelements sind Herz und Dünndarm. Das zugehörige Sinnesorgan ist die Zunge. Der zugehörige Geschmack ist bitter. Das zugehörige Gewebe sind die Blutgefäße. Die zugehörige Emotion ist die Freude und die zugehörige Eigenschaft ist Hitze. Für das Feuerelement ist es ganz besonders wichtig, die Balance zu halten. So kann zu viel Feuer den Organismus schwächen und austrocknen (z. B. Herzinfarkt) und zu wenig Feuer kann zu Antriebslosigkeit und Müdigkeit führen. Um die Organe dieses Elements auszubalancieren, ist es wichtig, ausreichend Flüssigkeit aufzunehmen. Atemübungen und autogenes Training fördern das Gleichgewicht.

Kennzeichen für den Feuertyp Der Feuertyp ist ein richtiges Energiebündel. Meist hat er einen athletischen Körperbau. Er ist unternehmungslustig, fröhlich, willensstark und entscheidungsfreudig. Diese Menschen sind sehr fleißig und ausdauernd, trotzdem sehr spontan und abenteuerlustig. Zur Harmonisierung des Kräftehaushalts ist es bei dieser Konstitution besonders wichtig, seine Grenzen zu kennen, weil dieser Typ dazu neigt, sich zu überfordern.

Im Alltag übertragen diese Menschen neue Eindrücke und Aufgaben schnell auf bereits bekannte Situationen. So können sie meist sehr gut einschätzen, welcher Aufwand die neuen Gegebenheiten bringen oder ob Veränderungen den versprochenen Vorteil ergeben. Wenn sich diese Menschen einmal zu etwas entschlossen haben, ziehen sie es ohne Rücksicht auf (auch auf eigene) Verluste und Anstrengungen durch. Sie übernehmen gerne Verantwortung und sind von ihren Leistungen und Ideen überzeugt – manchmal auch zum Leidwesen ihrer Mitmenschen!

Günstige Eigenschaften Präzision, Ehrgeiz, Scharfsinn

Ungünstige Eigenschaften Arroganz, Ungeduld, Übertreibung

Ist der Energiehaushalt gestört, kommt es zu Erkrankungen des Herzens, Hitzewallungen, Nervosität, Schlafstörungen, Übelkeit, Unruhe, Depressionen, Energiemangel und Erschöpfung, Zerstreutheit.

Empfehlungen für den wahren Essens- und Lebensgenuss
Der Feuertyp isst in der Regel sehr schnell und wehe, wenn er Hunger bekommt, dann kann er es kaum mehr aushalten, etwas Essbares zwischen die Zähne zu bekommen. In diesem Moment schlingt er alles in sich hinein. Um diese Heißhungerattacken gar nicht aufkommen zu lassen, ist es besonders wichtig, immer etwas zum Knabbern bereitzuhalten. Das erste Gebot für den Feuertyp: Mindestens 20-mal kauen.

Möglichst selten sollte Scharfes, Heißes und sehr Salziges auf dem Tisch stehen. Scharfe Gewürze wie Ingwer, Chili, Paprika, Tabasco, Salziges wie gesalzene Butter, Pökelfleisch, salzige Wurstwaren und eingelegter Fisch werfen den Feuertyp aus dem Gleichgewicht. Ständige Hitzewallungen sind die Folge. Der Löwenhunger ist kennzeichnend für den Feuertyp. Salzige Speisen, Süßes in Form von Weißmehl-Kuchenstücken, Süßigkeiten und Alkohol kurbeln das Hungergefühl noch zusätzlich an. Fertigsnacks sind meist recht salz- oder zuckerhaltig und somit wird sich auch hier der Hunger nach kurzer Zeit wieder einstellen.

Ernährungstipps für den Alltag Die folgenden genannten Lebensmittel erhalten oder verbessern das Wohlbefinden des Feuertyps. Es sind kühlende und besänftigende Speiseangebote. Dieser Esstyp sollte süße, natürliche und kohlenhydratreiche Nahrungsmittel bevorzugen, die versorgen Körper und Geist mit neuer und gut verwertbarer Energie und besänftigen das Feuer. Wichtig dabei ist, dass es sich um Obst-, Gemüse-, Getreide- und Nussangebote handelt, die vollwertige Lebensmittel sind und nicht mit raffiniertem Zucker oder ausgemahlenem Mehl zubereitet wurden. Für den Feuertyp sind außerdem kalte Speisen sehr wichtig, um seine Hitzeempfindungen und sein Temperament in positiven Grenzen zu halten. Ein Milchshake oder Früchtesorbet kann für den Feuertyp die reinste Medizin sein. Wichtig sowohl beim Essen und beim Trinken: Alles mit Muße!

Frühstück Das Müsli, bestehend aus Buchweizen, Weizen, Dinkel, Gerste, Hafer, Amaranth in Flockenform oder grob geschrotet und über Nacht eingeweicht, mit Sahne, etwas Zitronensaft und Früchten angereichert, z. B. Mangos, Äpfel, Melone, Pfirsich und Trauben, ist der ideale Start in den Tag.

Alternative: Grobes Vollkornbrot mit Frischkäse, Ziegenkäse, Sprossen und Kräutern.

Trinkempfehlung: Milchkaffee, Eiskaffee, Orangensaft, Gemüsesaft, Kräuter- und Früchtetees wie: Pfefferminze, Melisse, Fenchel, Jasmin, Brombeer-, Erdbeer- und Himbeerblättertee, Grüner Tee, Matetee. Die Tees werden am besten kalt getrunken. Zum Milchkaffee möglichst immer kaltes Wasser trinken.

Mittagessen Als Vorspeise empfiehlt sich ein deftiger Salat oder eine kräftige Suppe mit vielen in mundgerechte Stücke geschnittenen Gemüsestückchen, bissfest gegart. Die Suppe sollte nicht heiß gegessen werden. Ideal sind auch Kaltschalen.

Bei der Hauptspeise sollte der Feuertyp des Öfteren auf Gratins mit viel Gemüse, Bratlinge, gefüllte Gemüsesorten wie Kohlrabi, Paprika, Kartoffeln und Zucchini zurückgreifen. Vollkornnudeln und Risottos aus den bereits beim Frühstück genannten Getreidesorten sollten die bevorzugten Beilagen sein, begleitet von Gemüsesaucen mit vielen Kräutern.

Zum Dessert Kühle Obstsalate mit Äpfeln, Birnen, Mangos, Orangen und Mandarinen, Honigmelonen und Kirschen sind ideal. Genießen Sie dazu kalte Quark- und Frischkäsespeisen oder Eis.

Snacks Zwischenmahlzeiten sind für den Feuertyp ganz besonders wichtig, weil er mit einem quälenden Hungergefühl im Bauch nicht nur unkonzentriert, sondern auch aggressiv werden kann. Snacks eignen sich am besten in Form von Obst, Gemüse oder Nüssen. Eine Schale mit Gemüsestreifen z. B. mit einem Kräuterdipp, ein Rohkostsalat und dazu noch einige Kürbis- und Mandelkerne oder Vollkornkekse mit Nüssen, machen aus dem brummenden Löwen eine schnurrende und aktive Katze.

Abendessen Da der Feuertyp über eine kräftige Verdauung verfügt, können die meisten auch abends noch Rohkost vertragen. Wichtig ist jedoch dabei, keine scharfen Gewürze einzusetzen und gründlich zu kauen. Bei nervösen Beschwerden sollte das Abendessen sehr leicht sein, z. B. einen Spargelvollkorntoast mit einer Kräuter-Nussmischung überbacken oder blanchierten Brokkoli als Salat oder Gemüse zubereitet oder ein getoastetes Vollkornbrot mit Tomaten und Mozzarella. Trinken Sie am Abend noch ein Glas alkoholfreies, kühles Bier, das kühlt, beruhigt und entspannt.

Kräuter- und Gewürzempfehlungen Sellerie, Dill, Fenchel, Minze, Lorbeer, Estragon, Rosmarin, Kamille, Petersilie und in kleinen Mengen schwarzer Pfeffer – möglichst wenig Salz verwenden.

Gemüseempfehlungen Spargel, Brokkoli, Rosenkohl, Rot- und Weißkohl, Stangensellerie, Gurken, grüne Bohnen, grünes Blattgemüse, grüner Salat, Pilze, Okra, Kartoffeln, Keimlinge, Paprika, Artischocken, Auberginen, grünes Blattgemüse, Spinat, Lauch, Mangold, Hülsenfrüchte, Kartoffeln, Eichblattsalat, Endivien, Feldsalat, Löwenzahn, Radicchio, Lollo Rosso, Zucchini, Sauerkraut

Obstempfehlungen Apfel, Ananas, Avocado, Bananen, Beeren, Birnen, Süßkirschen, Feigen, Trauben, Mangos, Melonen, Pflaumen, Rhabarber, Brombeeren, Granatäpfel, Rosinen. Wichtig: Achten Sie auf reife Obstsorten.

Fleisch-/Fischempfehlung Huhn, Pute und Lamm sind zu empfehlen, aber bitte so wenig wie möglich Fleisch. Greifen Sie öfter zu pochiertem Fisch.

Bevorzugte Zubereitungsmethoden Dünsten, kurz garen, blanchieren, im Saft kochen, überbacken, dämpfen, im Wasserbad zubereiten

Getränke Trinken Sie mindestens 1,5 Liter am Tag. Bevorzugen Sie Kräutertees, die Sie auch kalt trinken können. Kaffee sollte möglichst mit viel Milch und selten getrunken werden. Trinken Sie Früchtetees und saure Obstsäfte. Sie sollten viel trinken, vor allem stille Mineralwässer.

Reisen und Entspannung Dieser Esstyp sollte sich regelmäßig etwas Freizeit auf den Stundenplan setzen. Reiseziele, in denen sportlichen Unternehmungen möglich sind, sind besonders empfehlenswert. Völlig abträglich für die Erholung sind heiße trockene Gebiete. Ideal ist ein Wanderurlaub in den Bergen.

Zu Gast im Erdelement

Dem Erdelement entsprechen die Körperorgane Milz, Bauchspeicheldrüse, Oberbauch und Magen. Die ›chinesische‹ Milz hat eine weitreichendere Bedeutung als die ›westliche‹ Milz. Das zugehörige Sinnesorgan ist der Mund. Der zugehörige Geschmack ist süß. Das zugehörige Gewebe ist das Bindegewebe. Die zugehörige Eigenschaft ist Feuchtigkeit. Die zugehörige Emotion ist die Sorge.

Bei Menschen, die oft unter Heißhungerattacken leiden, bedeutet das nach der Traditionellen Chinesischen Medizin einen Hilferuf des Erdelements, das an Energiemangel leidet. Gutes, langsames Kauen und genussvolles Essen von natürlichen Gerichten, die eine natürliche Süße aufweisen, sind hier die besten Balancehelfer.

Kennzeichen für den Erdtyp Erdtypen haben meist einen starken Körperbau, sie sind ruhig, innerlich stabil, beständig, liebevoll, mitfühlend und mutig. Sie verfügen über eine starke physische Kraft und werden von ihren Mitmenschen als absolut zuverlässige Personen geschätzt.

Für diese Menschen ist es wichtig zu wissen, welche Erfahrungen andere Menschen mit einer bestimmten Begebenheit oder Aufgabe gemacht haben und wie lange diese Menschen sich damit schon beschäftigen. Sind sie von diesen Erfahrungen beeindruckt, dann geht der Erdtyp ruhig, aber mit Engagement an die Sache und bleibt auch bei Schwierigkeiten dran. Dieser Esstyp liebt das konzentrierte, methodische und ruhige Arbeiten. Regelmäßig wiederkehrende Arbeiten kommen ihnen gelegen.

Günstige Eigenschaften Zuverlässigkeit, Selbstsicherheit, Ausgeglichenheit

Ungünstige Eigenschaften Bequemlichkeit, Sturheit
Ist der Energiehaushalt aus der Balance, kommt es zu Störungen wie Bindegewebsschwäche, Konzentrationsstörungen, mangelndem Antrieb, Übergewicht, Verdauungsstörungen, Wasseransammlungen, Diabetes, Sodbrennen, Krampfadern, Schwermut.

Empfehlungen für den wahren Essens- und Lebensgenuss
Für den Erdtyp ist die Küche oder ein nettes gemütliches Restaurant das Zentrum des Lebens. Er liebt es, sich mit Freunden zu treffen und sich bei einem mehrgängigen, gehaltvollen Menü gemütlich zu unterhalten. Er ist ein absoluter Genussmensch und isst, wenn er sich in seiner Mitte fühlt, langsam und konzentriert.

Für diese Konstitution ist es besonders wichtig, fettige und schwere Speisen zu meiden, weil sie ihn träge machen. Bei diesem Typ kommt es oft zu Störungen in Form von Wasseransammlungen und Übergewicht. Übergewicht ist in der Traditionellen Chinesischen Medizin in der Regel auf die geschwächte chinesische Milz zurückzuführen. Süßes in Form von Weißmehl-Kuchen und stark gesalzene Speisen in Form von Fertigprodukten fördern diese Trägheit und lassen den Erdtypen müde werden. Man nennt den Erdtypen auch den ›guten Futterverwerter‹.

Besonders zu empfehlen sind fein geraspelte Rohkostsalate, die nicht kalt, sondern bei Zimmertemperatur gegessen werden. Stark Salziges, Saures und Kaltes sollte eingeschränkt werden, da es Feuchtigkeit im Körper speichert. Das führt zu mehr Gewicht. Die folgenden Gerichte sollten deshalb selten auf dem Speiseplan stehen: Cremesuppen, fette, ölige Speisen, zuckersüße Speisen, salzige Speisen, z. B. geräucherter, salziger Schinken oder Fisch. Früchte mit guter Süße wie Datteln und Feigen und süße Trauben sind für den Funktionskreisbezug Milz und Magen jedoch zu empfehlen.

Bittere Lebensmittel wie verschiedene Blattsalate, z. B. Radicchio, Chicorée, Endivien, Artischocken, und scharfe Lebensmittel wie Kräuter und Gewürze, Zwiebeln und Peperoni feuern die ruhigen Erdtypen eher an.

Ernährungstipps für den Alltag Die unten genannten Lebensmittel erhalten oder verbessern das Wohlbefinden des Erdtypen. Das sind neutrale, antreibende und leicht wärmende Speiseangebote, die die Feuchtigkeit verteilen und vertreiben. Bevorzugen Sie viel fein geschnittenes Obst, Gemüse und Getreide. Diese Lebensmittel stärken Milz und Magen und die aufgenommene Energie kann so an alle Organe verteilt werden. Erdtypen lieben meist cremige, fettige Speisen. Diese lassen diesen Typ eher träge werden und die Feuchtigkeit vermehrt sich. Zu empfehlen sind hier Gemüsesaucen. Das Gemüse vorher kurz garen und anschließend pürieren, mit verdauungsanregenden Kräutern und scharfen Gewürzen abschmecken und mit wenigen Tropfen kalt gepresstem Öl verfeinern. Besonders zu empfehlen sind Kürbiskern-, Soja-, Maiskeim-, Sesam- und Sonnenblumenöl.

Frühstück Buchweizen, Grünkern, Hirse, Mais, Roggen, Gerste, Weizen und Reis sind die Getreide des Erdtyps.

Am besten als warmer Getreidebrei mit Kompott. Verwenden Sie zum Abschmecken Zimt, Kardamom, Piment, Anis und Vanille, um Schärfe in die Mahlzeit zu bekommen.

Alternativen: Knäckebrot oder Roggenvollkornbrot fein geschrotet und getoastet, mit wenig Butter und mit reichlich warmem, püriertem Obst bestreichen.

Trinkempfehlung: Milchkaffee, Kräuter- und Früchtetee wie Anistee, Fencheltee, Ingwertee, Maisbarttee, Fruchtsäfte,

Kirschsaft sind ideal. Die Tees können mit Honig und Gewürzen abgeschmeckt werden.

Hinweis Hat der Erdtyp das Gefühl, dass er nichts frühstücken kann, sollte er es lassen. Wichtig wäre, einen wärmenden Tee zu trinken, um den eher trägen Stoffwechsel in Bewegung zu bringen. Zum Beispiel einen Ingwertee mit etwas Zimt. Gut wäre dann ein späteres Frühstück.

Mittagessen Fein geschnittene blanchierte Salate mit kräftigen würzigen und scharfen Dressings wie Meerrettich, Senf, Basilikum und Knoblauch mit wenig Salz sind als Auftakt sehr gut geeignet.

Bittere Salate wie Romanesco, Rucola, Endivien oder Chicorée kurbeln die eher träge Verdauung an.

Auch gut geeignet sind Artischocken, Rote Beete, Kohl und Paprika.

Zur Hauptspeise sind scharfe Gerichte, wie man sie in Indien oder Mexiko kennt, sehr zu empfehlen und diese sollten auch möglichst warm gegessen werden, z. B. Mais- und Hirsepfannen mit Gemüse wie Blumenkohl, Karotten, Stangensellerie, Pilzen, Erbsen und Paprika.

Alternative: Hülsenfrüchte in Form von Bratlingen gemischt mit den beim Frühstück genannten Getreidearten, dazu Gemüsegerichte.

Dessert Warme Obstaufläufe oder warmes Kompott oder Milchspeisen, immer gut gewürzt mit den bereits genannten Gewürzen. Ananas, Datteln, Feigen, Papaya, Pflaumen, Weintrauben, Äpfel, Birnen, Erdbeeren, Melonen, Kiwis, Johannisbeeren, Kirschen – mit etwas Honig gesüßt.

Kräuter Alle Kräuter und Gewürze sind zu empfehlen, insbesondere scharfe Gewürze wie Chili, Paprika, Pfeffer, Koriander, Piment, Safran oder Kräuter wie Basilikum, Thymian, Kümmel, Oregano, Majoran, Rosmarin, Kresse, Dill, Estragon, Meerrettich, Senf.

Gemüse Fast alle Gemüse sind zu empfehlen, insbesondere grüner Spargel, Rote Beete, Brokkoli, Rosenkohl, Rot- und Weißkohl, Blumenkohl, Stangensellerie, Auberginen, Knoblauch, grünes Blattgemüse, Salat, Pilze, Zwiebeln, rote Paprika, Kartoffeln, Radieschen, Spinat, Keimlinge, Artischocken, Chicorée, Lauch, grüne Bohnen, Fenchel, Hülsenfrüchte, Zucchini, Eichblattsalat, Endivien, Feldsalat, Löwenzahn, Lollo Rosso, Radicchio, Rauke. Garen Sie das Gemüse mit ein paar Tropfen Öl und Kräutern.

Obst Ananas, Datteln, Feigen, Papaya, Pflaumen, Weintrauben, Äpfel, Birnen, Erdbeeren, Melonen, Kiwis. Früchte als Kompott mit Gewürzen verzehren.

Fleisch Fleisch bringt Wärme und kann 3- bis 4-mal in der Woche gegessen werden. Zu empfehlen sind: Pute, Huhn, Rindfleisch, Kalb, Gans, Schwein, Ente und Hase, wenig Lammfleisch und Wild.

Fette Mit Fetten sollte der Erdtyp sehr sparsam umgehen. Weichen Sie auf püriertes Gemüse aus, verfeinern Sie mit einigen Fetttröpfchen kalt gepresstem Öl, insbesondere Kürbiskern-, Soja-, Maiskeim-, Sesam- und Sonnenblumenöl.

Getränke Der Erdtyp sollte nicht zu viel trinken. Am besten sind immer warme Getränke. Eine halbe Stunde vor oder nach dem Essen ist ein Magen-Darmtee oder ein Ingwertee günstig, er kurbelt die Verdauung an. Jasmintee und/oder Grüntee haben entwässernde Eigenschaften und sind deshalb zu empfehlen. Abends möglichst wenig trinken.

Bevorzugte Zubereitungsmethoden Braten ohne Fett, dämpfen, Eintöpfe, Wok, Dampfkochtopf und Grillen

Reisen und Entspannung Der Erdtyp sollte sich an festen Tagen sportliche Betätigungen in seinen Stundenplan eintragen, um dadurch seinen Energiehaushalt zu verbessern und seinen Stoffwechsel anzukurbeln. Sich immer wieder zu strecken und zu dehnen, hilft, Feuchtigkeit und Stauungen in den Muskeln zu vertreiben.

Warme, sonnige, trockene Gegenden sind empfehlenswert. Der Erdtyp hasst feuchtkaltes, windiges Wetter. Diese Gegenden sollten, wenn möglich, gemieden werden, da bei diesem Klima die Anfälligkeit für Krankheiten, insbesondere Erkältungen und Verschleimungen, erhöht wird. Massagen sind ebenfalls sehr empfehlenswert. Heiße, trockene Saunagänge sind einmal in der Woche ebenfalls zu empfehlen.

Um Wasseransammlungen zu vermeiden und um den Stoffwechsel zu fördern, ist die magische Gemüsesuppe, siehe Rezeptteil, ideal.

Zu Gast im Metallelement

Die zugehörigen Organe sind Lunge und Dickdarm. Der zugehörige Geschmack ist scharf. Das zugehörige Sinnesorgan ist die Nase, das zugehörige Gewebe die Haut. Die zugehörige Eigenschaft ist die Trockenheit. Die zugehörige Emotion ist die Trauer.

Menschen, die sich im Metallelement befinden, sind, wenn keine Störungen vorliegen, sehr schlanke Menschen mit einem leichten Körperbau. Sie sind in der Regel eher klein oder sehr groß. Eine freundlich aufgeschlossene, quirlige Persönlichkeit kennzeichnet diesen Esstyp. Sie lieben ständige Abwechslung. Ruhe, Stille und Wärme sind jedoch wichtig für ihre Ausgeglichenheit und kommen in ihrem Leben oft viel zu kurz! Sie sind sehr einfallsreich, spontan, flexibel und sprudeln vor Ideen. Während des Tages haben sie viele neue Einfälle und eigentlich sind sie häufig der Meinung: ›Das Leben ist viel zu kurz, um alles realisieren zu können!‹

Der Metalltyp ist stets auf der Suche nach Neuem. Sie probieren gerne etwas aus, wenn es ihnen aber nicht auf Anhieb gefällt, lassen sie es auch schnell wieder fallen. Stets wiederkehrende Arbeiten finden sie langweilig.

Günstige Eigenschaften Ideenreichtum, Flexibilität und Kreativität

Ungünstige Eigenschaften Selbstzweifel, Empfindlichkeit, Wechselhaftigkeit, Nervosität, Verletzlichkeit, Traurigkeit, oft ohne erkennbaren Anlass.

Ist der Energiehaushalt gestört, kommt es zu Erkrankungen wie nervöse Beschwerden, Atembeschwerden, Darminfekten, Durchfall, Erkältungen, Halsschmerzen, Hauterkrankungen in Verbindung mit Trockenheit, Lungenerkrankungen bis hin zu Asthma, Konzentrationsschwäche, Kreislaufbeschwerden, spontanen Schweißausbrüchen.

Empfehlungen für den wahren Essens- und Lebensgenuss
Dieser Typ liebt stilvolles Essen. Es ist für ihn sehr wichtig, dass während der Mahlzeit eine entspannte Atmosphäre herrscht. Lärm und Unausgewogenheit lenken ihn vom Essen ab, doch leider trägt er durch seine Konstitution oft zu einem hektischen Essen bei. Das führt zu einer unkonzentrierten

Nahrungsaufnahme, es wird zu wenig gekaut, was den Verdauungsprozess wesentlich beeinträchtigen kann und seine Verdauungsorgane sind ohnehin nicht die Stärksten.

Grobe Hausmannskost lehnt dieser Typ in der Regel eher ab und verträgt sie auch nicht sehr gut. Fein gemahlenes Vollkornbrot, Suppen, reichlich fein geschnittenes Gemüse, mit Ölen, nicht zu sparsam abgeschmeckt, sind sehr zu empfehlen. Regelmäßiges Trinken ist sehr wichtig. Bevorzugen Sie Lebensmittel mit hohem Feuchtigkeitsgehalt und auch saure Lebensmittel wie Sauerkraut, saure Milchprodukte wie Joghurt oder Quark. Diese Lebensmittel bewahren die Körpersäfte.

Um den ganzen Tag hindurch Kraft und Lebensenergie zu haben, sollte es sich dieser Typ angewöhnen, sich bereits morgens Gedanken hinsichtlich der Mahlzeiten über den Tag hinweg zu machen. Nehmen Sie gegebenenfalls Snacks für Zwischendurch mit, um eine ständige Energiezufuhr zu sichern und um Schwächezustände vermeiden zu können.

Meiden Sie scharfe, kalte und sehr heiße Speisen. Sie fördern die bereits vorhandene Trockenheit und schwächen Ihre Energie.

Ernährungstipps für den Alltag Die unten genannten Lebensmittel erhalten oder verbessern das Wohlbefinden des Metallelements. Es sind beruhigende und sättigende und im Ursprung neutrale Speisenangebote. Bevorzugen Sie neutrale ausgewogene Speisen, denen je nach Bedarf und Körpergewicht noch etwas Butter, Sahne oder Öl beigefügt werden kann.

In jedem Fall sollten 5-mal am Tag kleinere Portionen gegessen werden, um das Verdauungssystem nicht zu überfordern. Fein geraspelte Speisen, kurz gedünstet, sind für das Metallelement gut verträglich.

Frühstück Neutrale bis kühle Mahlzeiten, z. B. ein getoastetes, fein geschrotetes Vollkornbrot, Vollkorntoast mit Butter und Honig, süße, saftige rohe Früchte, Frischkäse, feine Brotaufstriche mit fein geraspeltem Gemüse, Pestos oder gekochtem Schinken. Dazu Früchte- oder Kräutertees, die auch kalt getrunken werden können. Wenn überhaupt Kaffee, dann sollten Sie diesen mit einem Schuss Sahne oder Milch und einer Prise Kardamom und nicht zu heiß genießen. Pfefferminztee und Melissentee sind kühlend.

Mittagessen Cremige Gemüsesuppen mit püriertem Gemüse, z. B. Spargel, Möhren, Brokkoli. Wichtig ist immer die Beigabe von etwas Öl oder Butter. Die Suppe möglichst warm und nicht heiß essen.

Kohl und Sprossen werden im Allgemeinen nicht so gut vertragen. Salate sind in der Regel fein geraspelt, kurz blanchiert und mit kalt gepresstem Öl am verträglichsten.

Fleisch oder Fisch sind 2- bis 4-mal die Woche sehr empfehlenswert, wenn die richtige Garmethode gewählt wird.

Als Beilage empfehlen sich Buchweizen, Dinkel, Gerste, Grünkern, Hafer, Reis und Weizen, in Form von Risotto, oder Vollkornnudeln. Kartoffeln sollten mit etwas Ölbeigabe, z. B. mit Soßen, oder als Gratin, Rösti oder Kartoffelbrei verzehrt werden.

Als Dessert eignen sich Getreidebreie, möglichst kalt gegessen mit frischen Früchten. Obstkuchen mit Vollkornmehl gebacken und hohem Früchteanteil sind ebenfalls zu empfehlen.

Snacks Da die Kraftreserven beim Metallelement nicht allzu lange anhalten, neigen diese Menschen zu einem Nachmittagstief. Hier sind Snacks willkommen, z. B. Trauben, Mangos, Melonen, Pfirsiche, dazu passen Quark, Joghurt und Vollkornkekse.

Abendessen Sie sollten nicht zu spät am Abend essen. Mit einem vollen Magen lässt sich zwar leichter einschlafen, aber Sie werden sich am nächsten Tag nicht sehr wohl fühlen. Besser wäre hier eine abgekühlte Milch mit Honig. Ansonsten kommen frische Salate – fein geschnitten – in Frage. Dazu belegte, fein geschrotete und getoastete Brote (siehe Frühstück) sowie feine, nicht zu heiße Gemüsesuppen.

Kräuter- und Gewürzempfehlungen Anis, Wacholder, Muskat, Majoran, Kümmel, Kardamom, Koriander, Zimt, Nelken, Fenchel, Ingwer, Lorbeer, schwarzer Pfeffer, Safran, Senf, Oregano, Salbei, Estragon, Thymian, Vanille und immer auch etwas Meersalz, aber nicht zu viel. Etwas Salz bindet Flüssigkeit, zu viel trocknet aus.

Gemüseempfehlung Alle Gemüse mit hohem Flüssigkeitsanteil sind geeignet, insbesondere: Blattsalat, Kresse, Brokkoli, Spinat, Lauch, Sellerie, Mangold, Sprossen, grüne Bohnen, Radieschen, Süßkartoffeln, Erbsen, Fenchel, Kürbis, gelbe und rote Paprika, Tomaten, Sauerkraut, Oliven.

Obstempfehlungen Aprikosen, Äpfel, Ananas, Avocados, Bananen, Beeren, Birnen, Kirschen, Kokosnuss, Datteln, Feigen, Trauben, reife Mango, Melonen, Nektarinen, Orangen, Papayas, Pfirsiche, Pflaumen, alles möglichst als gegartes Obst. Wichtig: Reifes, süß-saures Obst bevorzugen.

Fleischempfehlungen Kalb-, Kaninchen- und Rindfleisch

Fettempfehlung Butter, kalt gepresstes Öl aller Art

Möglichst oft essen Lebensmittel mit süßem und neutralem Geschmack, kühle Lebensmittel, jedoch keine kalten.

Möglichst selten essen Meiden Sie Lebensmittel und Gewürze aus dem heißen Bereich, auch kühlschrankkalte und scharfe Speisen sollten eher gemieden werden. Trockenfrüchte und unreifes Obst trocknen zu sehr aus.

Getränke Trinken Sie über den Tag verteilt viel Flüssigkeit von neutraler Temperatur. Verdauungstees möglichst eine halbe Stunde vor oder nach den Mahlzeiten unterstützen die meist etwas schwachen Verdauungsorgane. Kalte Getränke meiden, sie schwächen die Verdauungsarbeit und machen dann müde. Trinken Sie täglich Kräutertee, z. B. als Pfefferminz- und Melissentee. Trinken Sie mit jeder Tasse Kaffee gleichzeitig auch ein Glas warmes Wasser und verwenden Sie keine zu starken Kaffeesorten.

Zubereitungsmethode Dämpfen, im Siebeinsatz, im Wasserbad, kalte Suppen, im Saft schmorend, fein geschnittene Rohkost oder kurz blanchiert, je nach Verträglichkeit.

Reisen und Entspannung Warme, neutrale und insbesondere feuchte, nicht jedoch heiße und windige Gegenden sind geeignet. Im Winter ist einmal wöchentlich ein Dampfbadbesuch oder die Biosauna zu empfehlen. Trockene, sehr heiße Saunen sind der Gesundheit eher abträglich, sie trocknen aus!

Regelmäßige Yoga- und Tai-Chi-Übungen sowie Schwimmen im warmen Wasser. Spazierengehen und Wandern, natürlich gegebenenfalls warm eingepackt, sorgen für die nötige Entspannung.

Zu Gast im Wasserelement

Die Körperorgane des Wasserelements sind die Niere und die Blase. Das zugehörige Sinnesorgan ist das Ohr. Das zugehörige Gewebe sind die Knochen. Der zugehörige Geschmack ist salzig. Die zugehörige Eigenschaft ist Kälte. Die zugehörige Emotion ist die Angst.

Ist das Nierensystem gestört, so äußert sich das nach der Traditionellen Chinesischen Medizin in Angst- und Kältegefühlen. Hier findet man im Westen oft den Ausspruch ›Der hat sich das Leben versalzen‹. Aber es gibt auch die andere Aussage ›Das ist das Salz in der Suppe‹. Wie man auch hier sieht, kommt es auf die richtige Balance an. Nach der Traditionellen Chinesischen Medizin ist es bei einem Mangel im Wasserelement günstig, die Speisen abschließend mit Salz zu würzen, weil der Salzgeschmack durch langes Kochen nachlässt.

Menschen, die sich in der Wandlungsphase Wasser befinden, sind, wenn keine Störungen vorliegen, eher schlanke, drahtige Menschen mit einem leichten Körperbau. Sie sind sehr zurückhaltend und eher ängstlich. Unaufgefordert hört man sie kaum etwas reden. Sie lieben die Wärme, Stille und Zurückgezogenheit. Ihr Wesen ist ruhig und freundlich.

Der Wassertyp liebt das Lesen von Büchern bei Kerzenlicht und hört gerne entspannende Musik.

Günstige Eigenschaften Zuverlässigkeit und Vertrauenswürdigkeit, Ruhe

Ungünstige Eigenschaften Angstgefühle, verbunden mit Selbstzweifeln, Unsicherheit, wenig Lebensfreude.

Ist der Energiehaushalt gestört, kommt es zu Erkrankungen wie: Blasenentzündungen, Blutmangel, Kreuzschmerzen, Mittelohrentzündungen, Tinnitus, Knie- und Zahnproblemen, Osteoporose.

Empfehlungen für den wahren Essens- und Lebensgenuss
Dieser Typ liebt stilvolles Essen. Es ist für ihn sehr wichtig, dass während der Mahlzeit eine entspannte Atmosphäre herrscht. Lärm und Unausgewogenheit lenken ihn vom Essen ab. Das führt zu einer unkonzentrierten Nahrungsaufnahme, es wird zu wenig gekaut, was für seine Nierenenergie nicht förderlich ist, weil es den Verdauungsprozess beeinträchtigt. Dieser Typ liebt alles, was warm und heiß ist. Fein gemahlenes Vollkornbrot, Suppen, reichlich fein geschnittenes und warm zubereitetes Gemüse, mit Ölen nicht zu sparsam abgeschmeckt, sind sehr zu empfehlen. Bevorzugen Sie Lebensmittel mit neutraler, warmer und heißer Temperatur. Die Geschmacksrichtungen süß und scharf sind sehr zu empfehlen. Diese Lebensmittel bringen Wärme in den Körper.

Um den ganzen Tag hindurch Kraft und Lebensenergie zu haben, sollte es sich dieser Typ angewöhnen, sich bereits morgens Gedanken hinsichtlich der Mahlzeiten über den Tag hinweg zu machen. Nehmen Sie gegebenenfalls Snacks für Zwischendurch mit, um eine ständige Energiezufuhr zu sichern und um Schwächezustände vermeiden zu können.

Meiden Sie kalte und kühlende Speisen wie Rohkost oder Frischkornbrei. Sie fördern die bereits vorhandene Kälte und schwächen damit Ihre Energie.

Ernährungstipps für den Alltag Die folgenden genannten Lebensmittel erhalten oder verbessern das Wohlbefinden des Wasserelements. Es sind beruhigende und sättigende und im Ursprung wärmende und heiße Speisenangebote. Bevorzugen Sie warme ausgewogene Speisen, denen je nach Bedarf und Körpergewicht noch etwas Butter, Sahne oder Öl beigefügt werden kann.

In jedem Fall sollten 5-mal am Tag kleinere Portionen gegessen werden, um das Verdauungssystem nicht zu überfordern. Fein geraspelte Speisen, kurz gedünstet, sind für das Wasserelement gut verträglich.

Frühstück Wärmende Mahlzeiten, z. B. einen warmen Milchreis oder Grießbrei mit warmem Früchtekompott mit Zimt und Ingwer, sind ideal, um morgens neue Wärme zu bekommen.

Auch zu empfehlen: Getoastetes, fein geschrotetes Vollkornbrot, Vollkorntoast mit Butter und Honig, süßes, saftiges und gut gewürztes Früchtekompott, ab und zu auch mal ein Ei, feine Brotaufstriche mit gekochtem Gemüse, Pestos oder gekochtem Schinken. Dazu warmen Früchte- oder Kräutertee, z. B. Fencheltee, Kümmeltee, grünen oder schwarzen Tee. Wenn Kaffee, dann sollten Sie diesen mit einem Schuss Sahne und einer Prise Kardamom genießen.

Mittagessen Cremige Gemüsesuppen mit püriertem Gemüse, z. B. Möhren, Brokkoli, Lauch, Kürbis, Süßkartoffeln, Kokosmilch. Wichtig ist immer die Beigabe von etwas Öl oder Butter und die Zugabe von wärmenden Gewürzen wie Pfeffer, Chili, Lorbeerblatt, Ingwer, Rosmarin, Muskatnuss.

Kohl sollte fein geraspelt zubereitet werden und nicht den Hauptteil einer Nahrung ausmachen. Salate sollten überwiegend im gegarten Zustand oder mit warmen Dressings und nicht kühlschrankkalt verzehrt werden. Fleisch oder Fisch sind 2- bis 4-mal die Woche sehr empfehlenswert, wenn die richtige Garmethode gewählt wird.

Als Beilage empfehlen sich Hirse, Mais, Quinoa, Wildreis, Gerste und Weizen, in Form von Bratlingen, Risotto, Vollkornnudeln und Gemüse-Getreidepfannen. Kartoffeln sollten mit etwas Ölbeigabe, z. B. mit Soßen, oder als Gratin, Rösti oder Kartoffelbrei verzehrt werden.

Als Dessert eignen sich Milchreis, Obstpürees mit Sahne und Cremespeisen, immer mit etwas Gewürzen wie Zimt, Anis oder Muskatblüte.

Snacks Da die Kraftreserven in diesem Element nicht lange anhalten, neigen diese Menschen zu einem Nachmittagstief. Hier sind Snacks willkommen. Dazu eignen sich warmes Kompott, z. B. mit Vanillesoße und Keksen, Trockenobst, fein geschrotetes Vollkorngebäck, warmer Apfelstrudel, Pfannkuchen mit heißen Beeren oder Pudding.

Abendessen Sie sollten nicht zu spät am Abend essen. Mit einem vollen Magen lässt es sich zwar leichter einschlafen, aber Sie werden sich am nächsten Tag nicht sehr wohl fühlen. Trinken Sie eine heiße Milch mit Honig. Ansonsten kommen gegarte Salate, möglichst noch warm gegessen, belegte fein geschrotete getoastete Brote (siehe Frühstück), feine Gemüsesuppen und Gratins in Frage. Auch gegrillte und gebratene kleine Fleisch- und Fischmahlzeiten sind zu empfehlen.

Kräuter- und Gewürzempfehlungen Anis, Bärlauch, Bohnenkraut, Kardamom, Zimt, Nelken, Fenchel, Ingwer, Lorbeer, schwarzer Pfeffer, Safran, Sojasoße, Senf, Schnittlauch, Salbei, Estragon, Thymian, Vanille.

Gemüseempfehlung Möhren, Rote Beete, Petersilienwurzel, Kürbis, grüne Bohnen, Zwiebeln, Knoblauch gedünstet, Süßkartoffeln, Erbsen, Fenchel, Sellerie, Wirsing, Möhren, Chinakohl. Bereiten Sie das Gemüse immer warm zu.

Obstempfehlungen Himbeeren, Trockenobst, Ananas, Pflaumen, Weintrauben, Erdbeeren, Orangen. Wichtig: Reifes, süßes Obst verwenden und immer warm zubereiten.

Fleischempfehlungen Huhn, Schaf, Rind, Huhn, Wild und Ziegenfleisch, Schwein und Ente

Möglichst selten essen Meiden Sie kühlschrankkalte Speisen bzw. Eis und kühlende Speisen.

Getränke Trinken Sie gleichmäßig über den Tag verteilt möglichst warme Getränke. Trinken Sie des Öfteren Fenchel- und Ingwertee. Kalte Getränke sollten absolut gemieden werden. Trinken Sie mit jeder Tasse Kaffee gleichzeitig auch ein Glas warmes Wasser. Moderater Kaffeegenuss ist diesem Typ nicht abträglich.

Zu den günstigen Zubereitungsformen gehören: lang gegegarte Suppen, Braten, Rösten, Flambieren, Frittieren, Grillen und Backen.

Reisen und Entspannung Für diesen Typ sind warme, sonnige und heiße Gegenden geeignet. Im Winter ist mindestens einmal wöchentlich ein Saunabesuch zu empfehlen.

Setzen Sie sich regelmäßig Bewegung auf Ihren Freizeitplan. Sehr gut wären gemeinsame Treffen in einer Gruppe. Malen Sie, tanzen Sie, alles was Sie in Bewegung hält und damit mehr Wärme in Ihren Körper bringt, ist sinnvoll. Spazierengehen und Wandern, immer mit einer Sicherheitsschutzhülle in Form eines wärmenden Pullovers und gegebenenfalls mit Handwärmern im Gepäck.

Um die Kälte aus dem Körper zu bekommen, sind Massagen mit Wacholderöl oder mit einem neutralen Öl, in das Ingwerscheiben eingelegt wurden, zu empfehlen.

木

Zu Gast im Holzelement

Das Organpaar dieses Elements ist die Leber und die Gallenblase. Das zugehörige Sinnesorgan ist das Auge. Der Geschmack ist sauer und das zugehörige Gewebe sind die Muskeln. Die zugehörige Eigenschaft ist der Wind. Die zugehörige Emotion die Wut.

Ist die Leber entspannt, fördert das die Lebensfreude. Auch in der westlichen Welt kennt man die Redewendungen: ›Dem ist wohl was über die Leber gelaufen‹ oder: ›Der ist sauer‹.

Für das Holzelement ist es besonders wichtig, die Balance zu halten. So kann ein Zuwenig an Leberenergie den Organismus schwächen. Nicht selten spricht man von einer ›hölzernen Person‹. Zu viel Leberenergie macht unruhig und jähzornig. Die Leber ist nach der Traditionellen Chinesischen Medizin maßgeblich am Umwandlungsprozess der aufgenommen Nahrung, insbesondere für die gleichmäßige Verteilung der Energie verantwortlich. Die Leber ist aber auch maßgeblich für Gefühlsregungen und für die Verarbeitung der täglichen Eindrücke verantwortlich.

Günstige Eigenschaften Jugendlichkeit, Dynamik, starker innerer Antrieb, vielfältiges Interesse und Durchsetzungskraft

Ungünstige Eigenschaften Wut, Aggressivität und Zorn, die in Depressionen umschlagen können. Ist die Leberenergie sehr groß, werden diese Menschen eher als schwierige Zeitgenossen bezeichnet. Ursachen sind oft nicht verarbeitete Gefühlsregungen. Lebertypen haben eine starke innere Kraft und lassen sich so schnell nicht aufhalten.

Ist der Energiehaushalt gestört, kommt es zu Augenerkrankungen, Störungen im Bewegungsablauf mit Funktionsstörungen von Muskeln und Sehnen, Gallensteinen, Hautjucken, Bluthochdruck, Leistenbruch, Migräne, brüchigen Nägeln.

Empfehlungen für den wahren Essens- und Lebensgenuss Der Lebertyp isst in der Regel eher hektisch und ohne viel zu kauen. Essen ist eher eine lästige Nebensache, die man so schnell wie möglich erledigen sollte. In angespannten Situationen plagt ihn der Heißhunger auf Süßes. Das wichtigste Gebot für den Lebertyp: langsam essen und mindestens 20-mal kauen.

Ernährungstipps für den Alltag Die unten genannten Lebensmittel erhalten oder verbessern das Wohlbefinden des Holztyps. Es sind neutrale und besänftigende Speiseangebote. Dieser Esstyp sollte süße, natürliche und kohlenhydratreiche Nahrungsmittel bevorzugen. Sie versorgen Körper und Geist mit neuer und gut verwertbarer Energie und harmonisieren die Leberenergie. Wichtig dabei ist, dass es sich um Obst-, Gemüse-, Getreide- und Nussangebote vollwertiger Lebensmittel handelt, die nicht mit raffiniertem Zucker oder ausgemahlenem Mehl zubereitet wurden.

Die folgenden Lebensmittel haben eine stärkende Wirkung auf die Leber. Wenden Sie diese hinsichtlich des Temperaturverhaltens entsprechend Ihrem persönlichen Körperempfinden an.

Wenn Sie zu Hautrötungen, trockenen und roten Augen neigen, sowie zu Hitzegefühlen, ist dies ein Zeichen von zu viel Wärme. Ebenso sind Wärmezeichen in Verbindung mit Trockenheit und Blässe und Schwindel. Hier sollten die Speisen eher kühl und kalt gegessen werden. Die Basis sollten jedoch die neutralen Lebensmittel ausmachen. Lebensmittel mit heißem und warmem Temperaturverhalten sollten Sie dann eher meiden. Ebenso die Geschmacksrichtung scharf.

Wenn Sie zu Spannungsschmerzen neigen, weil Sie sich zu Lebenssituationen gezwungen haben, sich kraftlos-depressiv und unterschwellig zornig fühlen, dann sollten Sie zu warmen und heißen Speisen greifen und kalte und kühlende Speisen sowie Saures eher meiden.

Getreide Dinkel, Grünkern, Roggen

Gemüse und Salat Fenchel, Lauch, Poree und Zwiebeln, Möhren, Süßkartoffeln, Bohnen, Mungbohnen, Auberginen, Gurke, Mangold, Sauerkraut, Sellerie, Spinat, Staudensellerie, Chicorée, Löwenzahn und Tomate

Obst Aprikosen, Himbeeren, Kirschen, Pfirsiche, Ananas, Papaya, Pflaumen, Weintrauben, Zwetschgen, Äpfel, Brombeeren, Erdbeeren, Grapefruit, Honigmelone, Johannisbeeren, Mandarinen, Orangen, Sauerkirschen, Stachelbeeren, Zitrone, Kiwi und Rhabarber

Milchprodukte Buttermilch, Quark und saure Sahne, Joghurt, Kefir

Öle und Fette Olivenöl, Sesamöl

Fleisch Schwein, Ente und Kaninchen

Fisch Aal, Hummer, Kabeljau, Muscheln, Shrimps, Austern, Barsch und Krabben

Kräuter und Gewürze Knoblauch, Zimt, Curcuma, Dill, Essig, Ingwer, Petersilie, Schnittlauch, Sternanis, Estragon, Melisse, Safran, Sauerampfer, Borretsch, Kerbel, Sojasoße

Nüsse und Samen Mohn, Pinienkerne, Pistazien, Haselnuss, Sesam und Sonnenblumenkerne

Getränke Ingwertee, Kirschsaft, Traubensaft, Kamillentee, Früchtetee, Pfefferminztee, grüner und schwarzer Tee, Weizenbier

Reisen und Entspannung Dieser Esstyp sollte sich in der Freizeit regelmäßig Bewegung auf den Stundenplan setzen. Ideal sind Wanderungen im Grünen. Reiseziele, in denen sportliche Unternehmungen möglich sind, sind besonders empfehlenswert. Völlig abträglich für die Erholung sind windige Gebiete. Ideal sind Ferienorte, die weder zu heiß noch zu kalt sind.

7 Rezepte

Genießerrezepte im richtigen Mix

Gemeinsam kochen, gemeinsam essen und genießen! Das Genießen wäre ja schon schön, werden Sie jetzt vielleicht denken, wenn nur das Kochen nicht wäre. Haben Sie schon einmal zusammen mit Ihren Gästen oder mit Ihren Kindern oder Enkelkindern gekocht? Nach meiner Erfahrung wird Kochen beim gemeinsamen Kochen zur schönsten Nebensache der Welt.

Gerade Kinder sind oftmals sehr weit weg von der Lebensmittelzubereitung, dabei macht ihnen das Probieren, Schmecken, Erkunden und Erforschen richtig Freude. Auf diese Weise lässt sich auch mancher Mann hinter den Herd locken und er wird der Gastgeberin nach dem Kochen mit Sicherheit mehr Anerkennung zollen, als wenn man sich einfach gleich an den Tisch setzt.

Die meisten der folgenden Rezepte sind für zwei Personen berechnet, lassen sich aber auch sehr gut für vier und mehr Personen zubereiten. Viel Spaß beim Verwöhnen Ihrer 70 bis 80 Billionen Körperzellen und derer Ihrer Gäste!

Hinweis Alle Rezepte wurden mit dem DGE-Professional Programm ausgewertet. Auch die Vitamin- und Mineralstoffauswertungen sind auf diese Weise durchgeführt worden. Der empfohlene Tagesbedarf für Mineralstoffe und Vitamine richtet sich nach den Angaben der Nährwertkennzeichnungsverordnung.

Entschlacken

Den Körper sanft und wirkungsvoll entschlacken

Unter Entschlackung versteht man in der Naturheilkunde die Schonung und Reinigung des Verdauungssystems durch die Verwendung von leicht verdaulichen Speisen, während das Gefäß- und Lymphsystem die dabei entstehende freie Energie dann für neue Hochleistungen einsetzen kann. Wie geht das? Indem man dem Körper möglichst leicht verdauliche basische Mahlzeiten bietet und ihn gleichzeitig von allen Seiten her motiviert und unterstützt, für Reparatur- und Erneuerungsarbeiten in Aktion zu treten. Durch die Entlastung auf der Verdauungsseite bleibt Energie und Kraft für die Aufgaben, die die Schaltzentrale Gehirn sich vorgenommen hat. Man könnte diese Aktion mit einem großen Hausputz vergleichen, bei dem dann diese Reistag-Rezepte oder die magische Gemüsesuppe als Erneuerungshelfer arbeiten können. Die machen nicht viel Arbeit und so bleibt Zeit zum Verschönern – essen Sie sich jung!

Molke

Molke – der ideale Schönheitsdrink

Schon bei den Griechen und bei den Ägyptern galt Molke als das sagenumwobene Schönheits- und Heilmittel. Heute weiß man, warum! Molke enthält Vitamine, vor allem B-Vitamine. Außerdem sind reichlich Calcium, Kalium, Lecithin und verdauungsfördernde Milchsäure, leicht verdauliches Eiweiß und fast keine Kalorien enthalten. Für alle, die reine Molke nicht mögen. Das Mischen mit Obst- und Gemüsesäften peppt die Molke geschmacklich auf und reichert sie mit weiteren Vitalstoffen an.

Typgerecht entschlacken mit Reis Durch seine hohen Kaliumwerte, in Verbindung mit zahlreichen Vitaminen der B-Gruppe und Magnesium, regt Reis die Körperarbeit an und ist ein guter Gegenspieler zu Natrium (Kochsalz), von dem wir oft zu viel verwenden. Verwenden Sie möglichst Vollkornreis.

Wichtig Typgerecht entschlacken: Wenn Sie des Öfteren frösteln und kalte Hände und Füße haben, sollten Sie während der Entschlackungstage vermehrt zu warmen Reisgerichten greifen und ruhig mal einen Schuss Tabasco oder wärmende Gewürze wie Zimt, Kardamom oder Ingwer an den Reis geben. Dagegen sind Salate und Obstdesserts genau das Richtige für Menschen, die sehr schnell in Wallungen geraten. Statt Reis können Sie auch Hirse verwenden.

Ein abwechslungsreicher Reistag für 1 Person

Reistag

Für den ganzen Tag: 200 g Naturreis nach Packungsanleitung bissfest garen – ergibt etwa 500 g gegarten Naturreis.

Früchtereis am Morgen

Für 1 Portion

- 100 gegarter Naturreis
- 1 rotbackiger Apfel
- 5 EL Orangensaft
- Zimt, Vanille, Kardamom oder Kurkuma

Zubereitung Ob Sie den Reis besser kalt oder warm essen, hängt von Ihrem Wärmegefühl ab. Ist Ihnen morgens fröstelig, sollten Sie den Reis leicht anwärmen. Rechnen Sie 100 g gegarten Naturreis und geben Sie dazu einen gewürfelten rotbackigen Apfel und 5 EL Orangensaft. Mit Zimt, Vanille und Kardamom oder Kurkuma abschmecken.

Wirkung nach der Traditionellen Chinesischen Medizin
Stärkt Milz und Magen und fördert das gleichmäßige Verteilen der aufgenommenen Energie. Unterstützt bei der Ausleitung von Feuchtigkeit, löst Schleim und bringt gleichzeitig neue Säfte mit sich und befeuchtet die Lungen. Temperaturverhalten: Neutral bis wärmend.

Variation Wenn Sie zu Hitze neigen, den Zimt weglassen und durch frische Pfefferminze ersetzen.

Reispfanne mit Gemüse am Mittag

Für 1 Portion

1 EL Rapsöl kalt gepresst
1 kleine Zucchini
1 EL frischen Thymian
1 kleine rote Zwiebel
2 Tomaten
2 Stangen Staudensellerie
1 Handvoll frische Petersilie
100 g gegarten Vollkornreis
½ Bund Schnittlauch
½ Tasse Gemüsebrühe
von Bio Wertkost

Zubereitung Öl erwärmen und nacheinander gewürfelte Zucchini, Thymianblättchen, Zwiebeln, gewürfelte Tomaten und Staudensellerie zugeben und kurz andünsten. Vom Reis zwei gehäufte EL wegnehmen und mit der Gemüsebrühe sehr weich garen und pürieren. Gemüse mit den übrigen Zutaten abschmecken. Reis und Gemüsebrühe zugeben, erwärmen und servieren.

Wirkung nach der Traditionellen Chinesischen Medizin
Stärkt Milz und Magen und fördert das gleichmäßige Verteilen der aufgenommenen Energie. Leitet Feuchtigkeit aus und bringt neue Säfte mit.

Temperaturverhalten Neutral bis wärmend

Variationen Die Reispfanne abkühlen lassen und abgeschmeckt mit etwas Zitronensaft und Sojasoße als Reissalat essen.

Wohlfühltipps
Für alle, die unter Hitze und Trockenheit leiden: Trinken Sie eine halbe Stunde vorher ein Glas Molke-Gemüsedrink zu gleichen Anteilen mit Molke und Tomaten- oder Gemüsesaft gemischt. Kleine Selleriewürfel unterstützen die kühlende Wirkung. Wer unter Kältegefühlen und angestauter Feuchtigkeit leidet, kann zu Ingwertee aus der frischen Ingwerwurzel greifen und diesen mit Honig abschmecken.

Entschlackender Trinkgenuss Trinken Sie den Tag durch mindestens 2 l Kräutertee, stilles Mineralwasser und hochwertige Säfte mit viel Fruchtfleisch am besten frisch gepresst. Wer zu Kälte neigt, sollte immer warme Getränke trinken. Frisch gepresste Safte können kurz erwärmt und mit Zimt oder Vanille abgeschmeckt werden, dann haben auch ursprünglich kühlende Getränke eine wärmende Wirkung.

Gemüsesuppe mit Reis am Abend

Für 1 Portion

150 g Gemüsemischung
(auch Karotten, Sellerie)
1 EL kalt gepresstes Olivenöl
100 g gegarten Naturreis
300 ml Gemüsebrühe
von Bio Wertkost

Zubereitung 150 g fein geschnittene Gemüsemischung (Lauch, Karotten und Sellerie) mit 1 EL kalt gepresstem Olivenöl und 2 EL Wasser andünsten, mit 300 ml Gemüsebrühe von Bio Wertkost ablöschen und 100 g gegarten Naturreis zugeben. Mit Schnittlauchröllchen bestreut servieren.

Wirkung nach der Traditionellen Chinesischen Medizin
Stärkt Milz und Magen und fördert die gleichmäßige Verteilung der aufgenommenen Energie. Die Leberenergie kann frei fließen, die Verdauung wird angeregt.

Temperaturverhalten Warm

Variationen Bei Kälte mit Chilli würzen. Bei Feuchtigkeit nur 150 ml Gemüsebrühe verwenden und mit Curry würzen.

Hinweis Auf diese Weise bleiben 200 g Naturreis übrig, die zwischendurch gegessen werden können. Verwenden Sie exotische Früchte, wie Papaya oder Ananas. Sie enthalten viele Enzyme, welche die Verdauungskräfte zusätzlich verbessern und unterstützen. Wer Curry liebt, kann das Ganze auch süß-pikant abschmecken. Garen Sie den Naturreis eher weich, dann nimmt er auch noch den Saft der Früchte auf und wird sehr aromatisch. Kurkuma, Curry und Zimt haben eine wärmende Wirkung. Essen Sie den Reis warm mit Früchtekompott und wärmenden Gewürzen, wenn Sie unter Kälte und Feuchtigkeit leiden.

Bei diesem Reistag kommen Sie auf etwa folgende **Nähr- und Vitalstoffbilanz:** 1540 kcal, 45,6 g Fett, 232 g Kohlenhydrate, 43,4g Eiweiß, 19,4 BE, 4,25 mg Cholesterin. Die Rezepte decken den durchschnittlichen Tagesbedarf an Vitamin A zu 242 %, Vitamin B1 zu 163 %, Vitamin B2 zu 100 %, Vitamin B6 zu 157 %, Pantothensäure zu 138 %, Folsäure zu 285 %, Niacin zu 153 %, Vitamin B12 zu 400 %, Vitamin C zu 861 %, Vitamin E zu 172 %, Biotin zu 48 %, Calcium zu 133 %, Eisen zu 198 %, Magnesium zu 270 %, Zink zu 66 %, Jod zu 107 %

Die magische Gemüsesuppe

Für 1 Person und 1 Tag

1,5 l Gemüsebrühe mit Instant Brühe von Bio Wertkost
1 kleine Fenchelknolle gewürfelt
125 g Weißkraut in feine Streifen geschnitten
250 g Tomatenfruchtfleisch
125 g Sellerie
2 mittlere Möhren in Scheiben gehobelt
1 Kartoffel in Scheiben gehobelt
1 rote Zwiebel in Ringe gehobelt
1 Knoblauchzehe gepresst
Pfeffer
1 EL Sojasoße
½ Bund Petersilie gehackt
1 Handvoll Basilikum in Streifen geschnitten
1 TL Honig, Pfeffer nach Geschmack
2 EL Hefeflocken

Zubereitung Gemüsebrühe zum Kochen bringen und die übrigen Zutaten in der oben genannten Reihenfolge bis einschließlich der Sojasoße zugeben und bei milder Hitze 10 Minuten köcheln lassen. Abschließend mit den übrigen Zutaten abschmecken.

Zubereitungszeit 20 Minuten

Nähr- und Vitalstoffbilanz Die Portion enthält 474 kcal, 4,7g Fett, 69,8g Kohlenhydrate, 33,8g Eiweiß, 0 mg Cholesterin und 5,84 BE. Deckt den Tagesbedarf an Vitamin A zu 467 %, Vitamin B1 zu 140 %, Vitamin B2 zu 62 %, Vitamin B6 zu 108 %, Pantothensäure zu 80 %, Folsäure zu 197 %, Niacin zu 104 %, Vitamin C zu 498 %, Vitamin E zu 287 %, Biotin zu 20 %, Calcium zu 71 %, Phosphor zu 89 %, Eisen zu 112 %, Magnesium zu 98 %, Zink zu 29 %, Jod zu 28 %

Variationen

1. Einen Teil der Suppe mit weiterem Tomatenpüree, 2 EL Zitronensaft, Muskat und 1 TL Honig pürieren – ideal für den Metalltyp.
2. Einen Teil der Suppe mit weiterem Tomatenpüree und Tabasco abschmecken – ideal für den Wassertyp.
3. Im Grundzustand ist die Suppe ideal für den Erdtyp, der sie ohne Brühe auch als Gemüse- oder Salatteller, abgeschmeckt mit einigen Tropfen Öl und scharfen Gewürzen, genießen kann.

4 Der Feuertyp sollte auf scharfe Gewürze verzichten und stattdessen frische Kräuter verwenden.
5 Der Holztyp bedient sich nach Wärme- bzw. Kälteempfinden.
6 Die abgesiebte Brühe kann auch zur Hälfte mit Molke vermischt werden. Ideal für alle Esstypen, denen eher warm ist.

Wellnesstipp Entschlacken mit basischer Kost – da liegen Sie mit dieser basischen Gemüsesuppe genau richtig. Wer das eine Woche lang durchhält, wird sich wie neugeboren fühlen, dabei können Sie die einzelnen Gemüsesorten auch immer mal austauschen, z. B. gegen Paprika, Brokkoli, Zucchini, Kohlrabi, Auberginen usw. So wird's garantiert nicht langweilig. Variieren Sie auch bei den Kräutern.

Bringen Sie Ihren Darm auf Trapp Weißkohl, Möhren und rote Zwiebeln enthalten sekundäre Pflanzenstoffe sowie reichlich Vitamin C, Kalium, Magnesium und Ballaststoffe, die das Magen-Darm-Milieu wieder ins Lot bringen. Tipp: Eine Ballaststoffkur mit Weizenkleie. Die Weizenkleie, leicht angeröstet, mit etwas Knoblauch und Chili gibt einem knackigen Salat das gewisse Etwas.

Wirkung nach der Traditionellen Chinesischen Medizin
Harmonisiert und wärmt die Mitte, wärmt die Nieren, reguliert und kräftigt Milz und Magen, nährt die Körpersäfte, kühlt Hitze, leitet Feuchtigkeit aus, löst Schleim und befeuchtet die Lunge, verteilt die Energie an alle Organe.

Essen Sie sich fit und schön

Fit und schön

Schönheit kann man essen. Straffe feste Haut ist zwar auch ein Beweis von regelmäßiger Bewegung, doch wenn das Gewebe nicht richtig ernährt wird, zeigt es selbst bei regelmäßigem Sport unschöne Cellulitehaut, von der gerade Frauen ein Klagelied anstimmen können. Jetzt wird es höchste Zeit, mal wieder mehr an sich zu denken, zu entspannen, langsamer zu essen, zu entschlacken und das Richtige zu trinken.

Straffe Haut, feste Fingernägel, glänzendes Haar – das alles kann man essen. Dabei spielen die Vitamine A, B2, B6, C und E sowie die Mineralstoffe und Spurenelemente Magnesium, Eisen, Zink und Selen eine große Rolle. Das alles finden Sie in diesen gefüllten Paprika und in den Fleischtalern mit Früchten.

Gefüllte Hirsepaprika

Zutaten für 2 Personen

- ½ Tasse Hirse (60 g)
- 1 Tasse Gemüsebrühe von Bio Wertkost
- 50g Champignons
- ½ Tomate, 100 g Tofu
- ½ Knoblauchzehe
- 1 EL gehackte Petersilie
- 1 TL Olivenöl kalt gepresst
- Saft einer viertel Zitrone
- Salz und Pfeffer
- 2 rote oder gelbe Paprikaschoten

Zubereitung Die Hirse in einem feinen Sieb waschen, mit der Gemüsebrühe aufkochen und auf kleiner Flamme zugedeckt 15 Minuten garen, bis die Gemüsebrühe vollständig aufgenommen wurde. Zwischenzeitlich Füllung und Sauce vorbereiten. Dazu die Paprika waschen und entlang dem Stielansatz aufschneiden. Das Fruchtfleisch um den Stiel für die Füllung verwenden. Champignons mit dem Pinsel von eventuellen Erdresten befreien und zusammen mit der Tomate und dem Tofu würfeln. Knoblauch fein schneiden und durch die Presse drücken. Die Füllungszutaten in eine Schüssel geben, mit der gegarten Hirse verrühren und abschmecken.

Für die Sauce
250 g Tomatenfruchtfleisch
1 Prise Paprika
1 EL Olivenöl
½ TL Honig, Pfeffer und Salz
1 kleine Handvoll Basilikum

Zubereitung Sauce Alle Zutaten in einen Topf geben und erwärmen. Die Füllung in die vorbereiteten Paprika einfüllen und diese 20 Minuten bei mittlerer Hitze in der Soße garen. Abschließend mit Basilikum bestreut servieren.

Variationen

1. Falls es mittags ganz schnell gehen muss, empfiehlt es sich, die Hirse bereits am Vorabend zu garen und nach dem Abkühlen im Kühlschrank aufzubewahren. So steht das Essen innerhalb von 30 Minuten auf dem Tisch.
2. Die Füllungszutaten können Sie zusammen mit gewürfelter Paprika kurzerhand in einen leckeren Salat umwandeln.

Pro Portion etwa 290 kcal, 10,6 g Fett, 35,8 g Kohlenhydrate, 11,4 g Eiweiß, 0,4 mg Cholesterin, 2,96 BE. Deckt den Tagesbedarf an Vitamin A zu 96 %, Vitamin B1 zu 23 %, Vitamin B2 zu 26 %, Vitamin B6 zu 56 %, Pantothensäure zu 28 %, Folsäure zu 75 %, Niacin zu 43 %, Vitamin C zu 405 %, Vitamin E zu 76 %, Eisen zu 43 %, Magnesium zu 52 %, Jod zu 23 %

Wirkung nach der Traditionellen Chinesischen Medizin
Harmonisiert die Mitte, schützt die Nieren und die Milz, transformiert Feuchtigkeit, kühlt Hitze und Blut, befeuchtet Trockenheit, nährt das Blut und bringt die Energie in alle Organe, löst Schleim.

Etwas Warmes

Deftiger Eintopf mit Kabanossi

Für 2 Personen

- ½ Tasse Ebli Genießer-Weizen (ergibt 1 ½ Tassen gegarten Weizen)
- ½ TL geriebene Muskatnuss
- Salz
- 150 g Brokkoli
- 1 rote Paprika
- 1 EL Olivenöl
- 1 kleiner Lauch
- ½ TL Thymian
- 4 bis 5 Mini-Kabanossi (Minisalami)
- 1 kleine Wurzelpetersilie
- ½ TL Chili
- 250 ml Gemüsebrühe
- ½ Tasse Orangensaft frisch gepresst
- 1 paar Basilikumblätter
- 1 Prise Piment
- Pfeffer und Salz

Zubereitung Weizen mit 1 Tasse Salzwasser zusammen mit Muskat binnen 10 Minuten bissfest garen. Brokkoli mit Strunk in mundgerechte Stücke schneiden, Paprika in 1 cm große Abschnitte schneiden, Lauch in Ringe schneiden. Wurzelpetersilie sehr fein würfeln oder in einer kleinen Küchenmaschine hacken. Lauch in einem großen Topf in Olivenöl glasig dünsten. In Ringe geschnittene Kabanossi, Wurzelpetersilie, Chili, Weizen, Brokkoli und Paprika zugeben und weitere 5 Minuten bei mittlerer Hitze andünsten. Mit Gemüsebrühe und Orangensaft ablöschen, erwärmen und mit den übrigen Kräutern und Gewürzen abschmecken und mit Paprika-Pesto oder Pesto Genovese servieren. Zubereitungszeit: 25 Minuten.

Zu den Eintöpfen kann man gut auch noch getoastete Brötchen- oder Baguettescheiben servieren. Dazu 1 Kürbiskernbrötchen in Scheiben schneiden und dieses 10 Minuten bei 175 Grad im Backofen toasten.

Wirkung nach der Traditionellen Chinesischen Medizin
Nährt Herz, Milz und die Nieren, nährt das Blut und regt die Verdauung an.

Pro Portion 447 kcal, 18 g Fett, 49 g Kohlenhydrate, 23 g Eiweiß, 4,1 BE, 37,5 mg Cholesterin. Deckt den durchschnittlichen Tagesbedarf an Vitamin A zu 60 %, Vitamin B1 zu 55 %, Vitamin B2 zu 29 %, Vitamin B6 zu 46 %, Pantothensäure zu 37 %, Folsäure zu 68 %, Niacin zu 60 %, Vitamin B12 zu 150 %, Vitamin C zu 413 %, Vitamin E zu 47 %, Calcium zu 34 %, 48 %, Eisen zu 54 %, Magnesium zu 45 %, Zink zu 29 %, Jod zu 28 %

Schneller Eintopf mit Chicorée und Hackfleisch

Für 2 Personen

- 1 EL Rapsöl
- 2 mittlere rote Zwiebeln
- 1 Lorbeerblatt
- 150 g Hackfleisch gemischt
- 0,5 l Gemüsebrühe von Bio Wertkost
- 1 kleine Wurzelpetersilie
- ½ EL frischen Majoran
- 2 mittlere Kartoffeln
- 1 mittlere Möhre
- Pfeffer und Salz
- ½ EL Tomatenmark
- 1 kleine Chicoréestaude
- 0,25 l frisch gepressten Orangensaft

Zubereitung Rapsöl in einem Topf mit einem Tropfen Wasser erhitzen, wenn dieser anfängt zu brutzeln, die fein gehackten Zwiebeln und das Lorbeerblatt zugeben, die Zwiebeln so lange bei mittlerer Hitze braten, bis sie anfangen süßlich zu duften (ca. 5 Minuten). Hackfleisch zugeben und dieses goldbraun und bröselig braten, bis die Flüssigkeit vollständig verdampft ist. Mit Gemüsebrühe ablöschen, fein gewürfelte Wurzelpetersilie, Majoran und die in 1 cm große Würfel geschnittenen Kartoffeln zugeben und auf kleiner Flamme 10 Minuten garen. Möhren in Ringe schneiden, unterheben und weitere 5 Minuten garen. Den in feine Streifen geschnittenen Chicorée unterheben, Orangensaft einrühren, nur erwärmen und mit Pfeffer, Salz und Tomatenmark abschmecken. Zubereitungszeit 25 Minuten.

Dazu passt dieses Pesto ½ Avocado, mit der Gabel zerdrückt, ½ Bund Schnittlauch in Röllchen geschnitten, Pfeffer, Salz, 1 TL Tomatenmark, 1 Prise Cayennepfeffer. Zutaten verrühren und zum Eintopf reichen.

Hinweis Für Menschen, die unter Hitze leiden und dennoch gerne diesen Eintopf essen würden: Essen Sie den Eintopf nur warm und nicht heiß und geben Sie unter die Avocadocreme noch etwas Frischkäse.

Pro Portion 490 kcal, 15 g Fett, 37 g Kohlenhydrate, 23 g Eiweiß, 3,15 BE, 45mg Cholesterin. Die Rezepte decken den durchschnittlichen Tagesbedarf an Vitamin A zu 89 %, Vitamin B1 zu 50 %, Vitamin B6 zu 60 %, Vitamin B2 zu 28 %, Pantothensäure zu 37 %, Folsäure zu 70 %, Niacin zu 65 %, Vitamin B12 zu 247 %, Vitamin C zu 160 %, Vitamin E zu 41 %, Calcium zu 22 %, Eisen zu 36 %, Magnesium zu 39 %, Zink zu 24 %

Wirkung nach der Traditionellen Chinesischen Medizin
Stärkt Milz und Magen, bringt das Blut zum Fließen, baut neue Energie auf, stärkt Sehnen, Muskeln und Knochen, leitet Feuchtigkeit aus, lindert Schmerzen und hemmt Entzündungen. Temperaturverhalten: wärmend.

Sonne, Sand und Strand ...

Urlaubsgefühle und Entspannung

Entrücken Sie mit der Küche ferner Länder dem grauen Alltag! Zaubern Sie die Kraft der Sonne in die Herzen Ihrer Gäste. Decken Sie den Tisch mit Bast- oder Bambussets und dekorieren Sie mit exotischen Früchten und schon ist das Urlaubsambiente perfekt.

Endiviensalat mit warmem Dressing

Für 2 Personen

- 75 g Endiviensalat
- ¼ Mango
- 1 kleine Handvoll Walnüsse
- 1 TL Olivenöl
- ½ Zwiebel
- 1 kleine Knoblauchzehe
- 3 TL feinwürziger Apfelessig z. B. von Bio Wertkost
- 1 EL Olivenöl, Pfeffer und Salz

Zubereitung Salat waschen und putzen. Geschälte Mango würfeln. Walnüsse grob brechen und ohne Fettzugabe rösten. Zwiebel und Knoblauchzehe klein schneiden. Eine Pfanne mit einem Esslöffel Olivenöl ausstreichen, die Zwiebeln und den Knoblauch darin anbraten, mit 4 EL Wasser ablöschen und die übrigen Zutaten zugeben und abschmecken. Salat mit den Mangowürfeln und den Walnüssen auf 2 Tellern anrichten. Das Dressing noch lauwarm über dem Salat verteilen.

Wohlfühltipp Waschen Sie den Endiviensalat in der kalten Jahreszeit doch mal mit warmem Wasser. Mit warmem Dressing ist er in der kalten Jahreszeit eine willkommene Stärkung.

Pro Portion mit ½ Scheibe Vollkorntoast 111 kcal, 2,5 g Eiweiß, 6 g Fett, 10 g Kohlenhydrate, 0,3 mg Cholesterin, 0,83 BE. Deckt den durchschnittlichen Tagesbedarf an Vitamin A zu 34 %, Vitamin C zu 30 %

Wirkung nach der Traditionellen Chinesischen Medizin:
Stärkt die Herz-Energie, bildet neue Säfte und Blut, schützt den Magen, stärkt die Nieren und die Lunge, nährt das Blut.

Exotische Reispfanne

Für 2 Personen

125 g Langkornreis mit Wildreis
1 Hähnchenbrustfilet
Pfeffer
1 EL Rapsöl kalt gepresst
1 kleine Zwiebel
1 kleine Knoblauchzehe
1 EL gehackte Petersilie
5 EL Kokosmilch
½ Papaya
1 Scheibe frische Ananas
1 Mandarine
1 Chicoréestaude, Pfeffer
1 TL Curry mild und Salz

Zubereitung Langkornreis nach Packungsanleitung garen. Papaya und Ananas schälen, Kerne der Papaya zurückstellen und das Fruchtfleisch würfeln, Mandarine in Spalten trennen und Chicorée in Streifen schneiden. Hähnchenbrustfilets in Streifen schneiden, mit Küchenkrepp abtupfen und mit Pfeffer bestreuen. Zwiebeln und Knoblauch fein schneiden, Öl in der Pfanne erwärmen, 1 Tropfen Wasser sollte darin brutzeln. Hähnchenstreifen hineingeben und zusammen mit Zwiebel und Knoblauch rundum goldgelb anbraten.

Die übrigen Zutaten zum Fleisch geben und erwärmen, aber nicht kochen, und abschmecken. Den gegarten Reis entweder direkt in die Pfanne geben oder als Beilage servieren.

Pro Portion 444 kcal, 27,5 g Eiweiß, 12 g Fett, 54 g Kohlenhydrate, 74,4 mg Cholesterin, 4,56 BE. Deckt den durchschnittlichen Tagesbedarf an Vitamin A zu 39 %, Vitamin B1 zu 29 %, Vitamin B6 zu 50 %, Pantothensäure zu 37 %, Folsäure zu 24 %, Niacin zu 92 %, Vitamin B12 zu 40 %, Vitamin C zu 79 %, Eisen zu 25 %, Magnesium zu 52 %

Vorbereitungstipp Der Reis kann auch am Vortag gegart werden, dann steht dieses Gericht in 20 Minuten auf dem Tisch.

Wirkung nach der Traditionellen Chinesischen Medizin
Stärkt Milz und Magen, leitet Feuchtigkeit und Schleim aus und wärmt die Mitte, stärkt die Nieren, löst Schleim und kühlt Leber-Hitze.

Schnelle Rezepte für Ihren Besuch

Besuch muss nicht viel Arbeit machen, das beweisen folgende Rezeptvorschläge. Schauen Sie sich den Pizza-Auflauf Primavera an. Die Toastscheiben bieten viele Ballaststoffe, Vitamine der B-Gruppe und Vitamin E. Dadurch liegt nichts schwer im Magen und obendrein bekommen durch das Vitamin E die Zellwände eine schützende Leibgarde.

Pizza-Auflauf Primavera

Für 2 Personen

4 Vollkorntoastscheiben
2 Eier Größe M
50 ml Milch
50 ml Sahne
1 Knoblauchzehe
2 Frühlingszwiebeln
je 1 TL frischen oder ½ TL getrockneten Liebstöckel und etwas Paprikapulver
250 g kleine reife Tomaten
1 TL frischen Thymian
1 TL Olivenöl
1 TL Balsamico-Essig, Salz
125 g Mozzarella
½ TL Öl für die Form
einige Basilikumblättchen

Arbeitsmaterial Eine kleine eckige Auflaufform

Zubereitung Toast im Backofen oder mit dem Toaster goldgelb toasten. Eigelb mit Milch und Sahne verquirlen. Knoblauch fein schneiden. Frühlingszwiebeln in feine Ringe schneiden. Knoblauch, Zwiebeln und Liebstöckel mischen. Eiweiß mit Salz und Paprika steif schlagen und mit dem Spatel unter die Eigelbmasse heben. Tomaten in Scheiben schneiden und auf einen Teller legen. Die Tomatenscheiben mit geschnittenem Basilikum bestreuen, mit Olivenöl beträufeln, salzen und den Balsamico-Essig darüber träufeln. Mozzarella in Scheiben schneiden. Auflaufform einölen und die Hälfte der genannten Zutaten in der folgenden Reihenfolge in die Auflaufform geben. Toastscheiben hineinlegen, darüber die Eimischung geben. Die Zwiebelmischung darüber verteilen, leicht salzen und die Tomatenscheiben mit Flüssigkeit darüber verteilen. Abschließend mit Mozzarellascheiben belegen. Mit den nächsten Lagen genauso verfahren: Toast, Ei, Zwiebeln, Tomaten, Mozzarella. Im Backofen bei 200 Grad 25 Minuten backen. Abschließend noch mit Basilikum bestreuen.

Pro Portion 281 kcal, 15 g Fett, 22 g Kohlenhydrate, 14 g Eiweiß, 101 mg Cholesterin, 1,8 BE. Deckt den Tagesbedarf an Vitamin A zu 51 %, Vitamin B2 zu 23 %, Pantothensäure zu 20 %, Folsäure zu 46 %, Niacin zu 28 %, Vitamin B12 zu 120 %, Vitamin C zu 61 %, Vitamin E zu 25 %, Calcium zu 34 %, Eisen zu 21 %

Zubereitungszeit 5 Minuten **Backzeit** 25 Minuten

Wirkung nach der Traditionellen Chinesischen Medizin
Nährt die Milz, das Herz und die Nieren und kühlt Hitze, harmonisiert die Mitte, befeuchtet die Lunge, zerstreut Kälte.

Gnocchi-Gratin

Für 2 Personen

Für den Sugo
1 TL Olivenöl
½ Knoblauchzehe
250 g gegartes Tomatenfruchtfleisch im Tetrapack
5 Basilikumblättchen
½ TL Honig, Pfeffer und Salz
250 g Gnocchi Fertigprodukt z. B. von Hilcona
200 g Rotbarsch oder Kabeljau
Salz
1 EL Zitronensaft
Für die Käsesoße
3 EL Sahne
einige Blättchen Salbei
½ TL frischen gehackten Liebstöckel
50 g frisch geriebenen Parmesan
1 TL Speisestärke
1 EL trockenen Wermut, z. B. Chinzano, Paprika, Pfeffer und Salz, Basilikum zum Bestreuen

Zubereitung Backofen auf 200 Grad vorheizen. Fisch in mundgerechte Stücke schneiden, leicht salzen und mit Zitronensaft beträufeln. Olivenöl erwärmen und die gepresste Knoblauchzehe kurz darin anbraten. Tomatenfruchtfleisch zugeben und erwärmen. Den Sugo mit den übrigen Zutaten abschmecken und in die Auflaufform geben. Fischstücke und die Gnocchi in die Auflaufform geben. Sahne mit den Kräutern und ½ Tasse Wasser erwärmen. Parmesan zugeben und langsam auflösen lassen. Speisestärke mit 1 EL Wasser und dem Wermut verrühren und zur Sahne geben. Mit den übrigen Zutaten abschmecken. Die Soße über Fisch und Gnocchi verteilen und alles auf der mittleren Schiene 25 Minuten überbacken.
Mit Basilikum bestreuen und servieren.

Arbeitsmaterial Eine große Auflaufform

Pro Portion 371 kcal, 17 g Fett, 27 g Kohlenhydrate, 24 g Eiweiß, 2,32 BE, nur 73,4 mg Cholesterin. Deckt den Tagesbedarf an: Vitamin A zu 31 %, Vitamin B6 zu 28 %, Niacin zu 41 %, Vitamin C zu 37 %, Vitamin D zu 40 %, Vitamin E zu 30 %, Calcium zu 34 %, Magnesium zu 22 %, Jod zu 72 %

Wirkung nach der Traditionellen Chinesischen Medizin
Nährt die Leber-Energie, kühlt Hitze und Blut, harmonisiert die Mitte, verteilt die Energie und leitet Feuchtigkeit aus.

Spinatsalat mit Möhren

Für 2 Personen

- 125 g junge frische Spinatblätter
- 1 Möhre
- 1 EL Olivenöl kalt gepresst
- Pfeffer aus der Mühle
- 1 kleine Knoblauchzehe
- 1 EL Sojasoße
- 1 EL Balsamico-Essig
- 1 EL gehackte Petersilie
- ½ TL Paprikapulver

Zubereitung Spinatblätter und Möhren waschen. Spinatblätter grob schneiden, Möhren raspeln. Aus den übrigen Zutaten ein Dressing rühren und mit dem Salat vermischen. Reich an zellschützenden Carotinoiden, herzstärkendem Magnesium und blutbildendem Eisen.

Pro Portion mit einem ½ Vollkornbrötchen: 144 kcal, 6 g Fett, 16 g Kohlenhydrate, 5 g Eiweiß, 1,36 BE, 0,05 mg Cholesterin

Wirkung nach der Traditionellen Chinesischen Medizin
Kühlt Hitze, befeuchtet Trockenheit, stärkt und wärmt die Mitte.

Spinat-Fisch-Pfanne mit Austernpilzen und Karottenstreifen

Für 2 Personen

Nudelzutaten
200 g Nudeln aus Hartweizengrieß oder Vollkornnudeln
Salz
Nudeln nach Packungsanleitung in Salzwasser garen

Zutaten für die Spinat-Fisch-Pfanne
250 g Austernpilze
4 TL Pesto Genovese z. B. von Bancetto
1 Frühlingszwiebel in feine Ringe geschnitten
1 EL Rapsöl
250 g frischer Blattspinat
200 g Rotbarschfilet
1 mittlere Möhre geraspelt
1 EL glatte Petersilie
4 EL Sahne, Pfeffer und Salz

Zubereitung Austernpilze gegebenenfalls mit dem Pinsel putzen (weißer Belag hat keine Aussage hinsichtlich der Qualität) und in Streifen schneiden. Austernpilze mit 2 TL Pesto, Frühlingszwiebel und Rapsöl bei mittlerer Hitze 4 Minuten andünsten.

Blattspinat waschen, in mundgerechte Stücke schneiden, zu den Austernpilzen geben und in der geschlossenen Pfanne zusammenfallen lassen. Rotbarschfilet in mundgerechte Würfel schneiden und mit dem restlichen Pesto und ½ Tasse Wasser vermischen und über dem Spinat verteilen, darüber die Petersilie streuen. Den Fisch auf kleinster Flamme in wenigen Minuten gar ziehen lassen. Sahne darüber träufeln und mit Pfeffer und Salz abschmecken. Nudeln im Teller anrichten und das Gemüse und den Fisch darüber verteilen.

Wer mag, kann noch einige Blauschimmelkäsewürfelchen darübergeben.

Tipp Wenn der Fisch in der Pfanne ist, möglichst nicht mehr rühren, denn die Fischwürfel zerfallen sehr leicht.

Hinweis Nudeln aus Hartweizengrieß haben einen glykämischen Index, der bei 55 % liegt. Je niedriger der glykämische Index, desto niedriger die blutzuckererhöhende Wirkung und desto besser klappt es mit der Umwandlung von Nahrung in Energie statt in Fett. Der glykämische Index von Vollkornnudeln liegt übrigens noch besser, nämlich bei 40 %. Gleichzeitig enthalten Vollkornnudeln bis zu 7-mal mehr Vitalstoffe in Form von Vitaminen, Mineralstoffen und sekundären Pflanzenstoffen.

Pro Portion 369 kcal, 28,9 g Eiweiß, 15 g Fett, 28,3 g Kohlenhydrate, 58 mg Cholesterin, 2,32 BE. Deckt den durchschnittlichen Tagesbedarf an Vitamin A zu 193 %, Vitamin B1 zu 27 %, Vitamin B2 zu 62 %, Vitamin B6 zu 35 %, Pantothensäure zu 57 %, Folsäure zu 83 %, Niacin zu 82 %, Vitamin B12 zu 60 %, Vitamin C zu 148 %, Vitamin D zu 76 %,

Vitamin E zu 69 %, Biotin zu 22 %, Calcium zu 33 %, Eisen zu 67 %, Magnesium zu 48 %, Jod zu 172 %

Wirkung nach der Traditionellen Chinesischen Medizin
Nährt das Herz, die Milz und die Nieren-Energie, kühlt Blut und Hitze, befeuchtet Trockenheit, harmonisiert die Mitte, vertreibt Kälte und verteilt die Energie an alle Organe.

Medaillon-Zucchinipfanne mit Pecorino-Tomatensoße

Für 2 Personen

Für die Nudeln
200 g Nudeln aus Hartweizengrieß oder Vollkornnudeln
Meersalz
Nudeln nach Packungsanleitung in Salzwasser garen
Für die Medaillons mit Zucchini
½ Schweinefilet
1 Schalotte fein gewürfelt
1 mittlere Zucchini in Würfel geschnitten
1 TL Pesto Rosso von Barilla
1 EL Rapsöl
½ Glas Pecorino, Romano e Aglio (250 g) von Barilla
1 kleine Handvoll Basilikumblättchen grob geschnitten

Zubereitung Schweinefilet in 1 cm dicke Medaillons schneiden und mit Schalotten, Zucchini und Pesto unter ständigem Rühren 5 Minuten anbraten. Pecorino-Tomatensugo dazugeben und bei milder Hitze weitere 5 bis 10 Minuten gar ziehen lassen. Zu den Nudeln servieren und mit Basilikum bestreuen.

Pro Portion 425 kcal, 36,1 g Eiweiß, 12,4 g Fett, 41,1 g Kohlenhydrate, 75,5 mg Cholesterin, 3,42 BE. Deckt den durchschnittlichen Tagesbedarf an Vitamin A zu 47 %, Vitamin B1 zu 89 %, Vitamin B2 zu 33 %, Vitamin B6 zu 59 %, Pantothensäure zu 36 %, Folsäure zu 58 %, Niacin zu 91 %, Vitamin B12 zu 230 %, Vitamin C zu 106 %, Calcium zu 27 %, Eisen zu 36 %, Magnesium zu 38 %, Zink zu 26 %, Jod zu 42 %.

Wirkung nach der Traditionellen Chinesischen Medizin
Nährt das Herz und die Milz, kühlt Hitze, nährt das Blut, befeuchtet Trockenheit, kühlt Leber-Hitze und stärkt den Magen.

Wohlfühltipp Genießen Sie als Vorspeise einen Blattsalat.

Die schnelle Papaya-Creme

Fruchtfleisch von 2 Papayas
2 EL Granatapfel
1 EL Zitronensaft

Zubereitung Zutaten pürieren und abschmecken. Probieren Sie dazu die Cocos Riegel von Gut & Gerne, verziert mit einigen Früchtescheiben, z. B. von der Sternfrucht (Karambole) oder der Kiwi.

Hinweis: Reich an Vitamin A, Kalium und Papain

Käse-Früchte-Waffel

Für 1 Waffel

100 g Karibik-Müsli von Kölln
1 Prise Curry
50 ml Buttermilch
1 Ei
1 Handvoll geriebenen Käse
1 Prise Salz

Zubereitung Müslizutaten vermischen und 10 Minuten quellen lassen. Im Waffeleisen bei mittlerer Hitze goldbraun backen. Dazu passen Mangospalten mit etwas Joghurt oder gekochter Schinken.

Pro Waffel 388 kcal, 22,4 g Eiweiß, 10 g Fett, 51 g Kohlenhydrate, 160 mg Cholesterin, 4,25 BE. Deckt den durchschnittlichen Tagesbedarf an Vitamin A zu 21 %, Vitamin B1 zu 27 %, Vitamin B2 zu 26 %, Pantothensäure zu 27 %, Folsäure zu 34 %, Niacin zu 37 %, Vitamin B12 zu 110 %, Vitamin D zu 24 %, Vitamin E zu 30 %, Calcium zu 42 %, Eisen zu 28 %, Magnesium zu 36 %, Zink zu 25 %, Jod zu 27 %

Wirkung nach der Traditionellen Chinesischen Medizin
Stärkt die Milz, beseitigt Schleim, kühlt Hitze, befeuchtet Trockenheit.

Avocadocreme

Für 2 bis 3 Toasts

- ½ reife Avocado
- ½ Banane, 1 Kiwi
- 2 EL Zitronensaft
- 1 TL Bindemittel von Bio Wertkost

Zubereitung Fruchtfleisch aus der Avocadoschale herausheben, geschälte Banane und Kiwi zusammen mit den übrigen Zutaten pürieren und gegebenenfalls noch etwas süßen. Schmeckt toll auf Vollkorntoast auf einem Bett aus frischen Erdbeerscheiben oder zugedeckt mit einer weiteren Toastscheibe als Sandwich für unterwegs. Brauchen Sie ein schnelles Dessert, dann bereiten Sie diese Creme zu und schneiden noch einige bunte Obststücke darunter.

Pro Toast 228 kcal, 4,2 g Eiweiß, 11 g Fett, 25 g Kohlenhydrate, 0 mg Cholesterin, 2,12 BE. Deckt den durchschnittlichen Tagesbedarf an Vitamin B6 zu 21 %, Folsäure zu 21 %, Vitamin C zu 69 %, Magnesium zu 22 %

Wirkung nach der Traditionellen Chinesischen Medizin
Stärkt die Milz, kühlt Hitze, schützt und harmonisiert den Magen, bringt neue Säfte hervor, stillt den Durst.

Forellenfiletcreme

Für 2 bis 3 Toasts

125 g Forellenfilet
1 kleine Zwiebel fein gehackt
2 EL Joghurt
1 gelbe Paprika klein gehackt
1 EL gehackte Petersilie
1 EL gehackte Walnüsse
1 Prise Paprika edelsüß

Zubereitung Forellenfilet mit der Gabel zerpflücken, die übrigen Zutaten unterheben und abschmecken. Richten Sie diese Creme auf getoastetem Vollkorntoast und einem Salatblatt an. Natürlich schmeckt das Ganze auch zugedeckt als Sandwich für unterwegs.

Pro Toast 178 kcal, 13 g Eiweiß, 6 g Fett, 17,5 g Kohlenhydrate, 25 mg Cholesterin, 1,46 BE. Deckt den durchschnittlichen Tagesbedarf an Folsäure zu 22 %, Niacin zu 26 %, Vitamin B 12 zu 160 %, Vitamin C zu 107 %, Vitamin D zu 160 %, Vitamin E zu 27 %

Wirkung nach der Traditionellen Chinesischen Medizin
Harmonisiert und stärkt die Mitte, vertreibt Kälte, kräftigt den Magen, bewegt und nährt das Blut, löst Schleim, stillt den Durst.

Shakes & Drinks

Trinken Sie doch mal einen über den Durst!

Wasser ist der Alleskönner überhaupt: Es lässt Falten verschwinden, sagt Cellulite Ade und hält Sie bei strahlender Laune und geistiger Frische.

Wer mit einem Getränk nicht nur den Durst löschen, sondern die Körperzellen auch schnell mit neuer Energie versorgen möchte, der liegt bei diesen basischen Drinks genau richtig.

Insbesondere Sportler, die während dem Sport nicht die Möglichkeit haben zu essen, haben mit diesen Shakes und Drinks leichtes Spiel, weil sie in dieser Konstellation sehr schnell aufgenommen werden können.

Hinweis für die Zubereitung Der Vorteil von Mixern gegenüber Entsaftern – im Drink befinden sich auch noch verdauungsfördernde und damit reinigende Ballaststoffe.

Mein Tipp

Trinken Sie die Shakes und Drinks langsam und kauen Sie jeden Schluck. Machen Sie aus einem Drink eine bewusste Pausenmahlzeit, so als würden Sie etwas essen. Dadurch werden Verdauungsenzyme gebildet und Sie haben kein Hungergefühl. Wenn Sie frösteln, sollten Sie die Drinks leicht erwärmen.

Trinken Sie zu den Drinks Mineralwasser ohne Kohlensäure. An einem Entschlackungstag sollten Sie Kaffee und andere koffeinhaltige Getränke sowie Alkohol meiden.

Erdbeer-Flip – Schönheitsdrink für straffe Haut

Für 1 Drink

- 1 Scheibe Ananas
- 1 EL Vierkornflocken
- 5 gewaschene Erdbeeren
- 1 TL Honig
- 1 Prise Kardamom
- 1 Tasse Wasser
- 150ml Sojamilch

Zubereitung Zutaten in den Mixer geben und pürieren – fertig!

Arbeitsmaterial 1 Mixer

Pro Drink 141 kcal, 5,2 g Eiweiß, 3,1 g Fett, 21 g Kohlenhydrate, 0 mg Cholesterin, 1,11 BE. Deckt den durchschnittlichen Tagesbedarf an Vitamin B1 zu 53 %, Vitamin B6 zu 28 %, Folsäure zu 48 %, Niacin zu 37 %, Vitamin C zu 34 %, Biotin zu 21 %, Calcium zu 22 %, Eisen zu 55 %, Magnesium zu 57 %, Zink zu 20 %.

Wirkung nach der Traditionellen Chinesischen Medizin
Kühlt Hitze, nährt Körperflüssigkeiten, leitet Feuchtigkeit aus, befeuchtet Trockenheit, schützt Nieren und Magen, kühlt die Lunge, transformiert und beseitigt Schleim, stärkt die Milz.

Milch-Shake mit Ananas und Orange – Fitnessdrink für Sportler

Für 1 Drink

- 200 ml Sojamilch
- 1 Scheibe Ananas
- Fruchtfleisch einer Orange
- 1 Prise Anis
- 2 Datteln ohne Kern

Arbeitsmaterial 1 Mixer

Zubereitung Zutaten in den Mixer geben und pürieren – fertig.

Pro Drink 209 kcal, 7,5 g Eiweiß, 34,3 g Kohlenhydrate, 4,5 g Fett, 0 mg Cholesterin, 1,96 BE. Deckt den durchschnittlichen Tagesbedarf an Vitamin B1 zu 74 %, Vitamin B6 zu 38 %, Pantothensäure zu 29 %, Folsäure zu 73 %, Niacin zu 50 %, Vitamin C zu 94 %, Biotin zu 29 %, Calcium zu 34 %, Eisen zu 65 %, Magnesium zu 77 %, Zink zu 26 %

Hinweis Datteln sind reich an basischen Mineralstoffen.

Wirkung nach der Traditionellen Chinesischen Medizin
Kühlt Hitze, nährt und erzeugt neue Körperflüssigkeiten, schützt Nieren und Magen, kühlt die Lunge, befeuchtet Trockenheit, transformiert Schleim und leitet Feuchtigkeit aus, bewegt das Blut.

Der schnelle Fitnessdrink

Für 1 Drink

- 200 ml Granini Trinkgenuss Guten Morgen(1,5 Liter Tetrapack)
- 1 EL Joghurt
- 1 EL gemahlene Haselnüsse

Zubereitung Zutaten in den Mixer geben und kräftig aufrühren.

Hinweis Reich an Vitamin A, C, E und Vitaminen der B-Gruppe.

Orange Dream – für kreative Köpfe

Für 1 Drink

- Fruchtfleisch ½ geschälten Mango
- 1 Prise Kardamom
- 1 Tasse (200ml) Sojamilch
- Fruchtfleisch 1 Orange möglichst unbehandelt dann können Sie noch 1 Stück Orangenschale mit dazugeben

Arbeitsmaterial 1 Mixer

Zubereitung Zutaten in den Mixer geben und pürieren – fertig.

Pro Drink 224 kcal, 7,7g Eiweiß, 4,2 g Fett, 36,7 g Kohlenhydrate, 0 mg Cholesterin, 2,18 BE. Deckt den durchschnittlichen Tagesbedarf an Vitamin A zu 80 %, Vitamin B1 zu 75 %, Vitamin B6 zu 44 %, Pantothensäure zu 29 %, Folsäure zu 94 %, Niacin zu 53 %, Vitamin C zu 164 %, Vitamin E zu 29 %, Biotin zu 30 %, Calcium zu 34 %, Eisen zu 71 %, Magnesium zu 80 %, Zink zu 25 %

Wirkung nach der Traditionellen Chinesischen Medizin
Bildet neue Körperflüssigkeiten, Säfte und Blut, schützt Magen und Nieren, kühlt die Lunge, befeuchtet Trockenheit, transformiert Schleim, leitet Feuchtigkeit aus.

Gewürzpunsch

Für 2 Punschgläser

1 Beutel Honigbuschtee oder arabischer Gewürztee von Bad Heilbrunner
1 kirschgroßes Stück Ingwerwurzel
1 Tasse Kombucha
2 EL Zitronensaft
evtl. etwas Honig

Zubereitung Tee und Ingwer mit 1 Tasse kochendem Wasser übergießen und 10 Minuten ziehen lassen. Mit Kombucha mischen, leicht erwärmen und genießen.

Wichtig Machen Sie im Winter einen halbstündigen Spaziergang bei Tageslicht, das fördert die Vitamin D-Produktion, beschleunigt die Fließgeschwindigkeit der Körperflüssigkeiten und regt dadurch die Reinigungsarbeiten zusätzlich an. Auch kreisende Massagen zum Herz hin sind sehr zu empfehlen. Wer seinen Magen und Darm zusätzlich stärken möchte, trinkt den Tag über 3 Tassen Magen-Darm-Tee, z. B. von Bad Heilbrunner.

Kombucha ist ein fermentiertes Kräuterteegetränk, das sich harmonisierend auf den Stoffwechsel und die Verdauung auswirkt und die Abwehrkräfte stärkt.

Der Honigbuschtee ist ein gesunder Teegenuss aus der Kap-Region Südafrikas. Er ist frei von Gerbstoffen und Koffein, deshalb mild und bekömmlich. Ingwer gilt in der Naturheilkunde als aktives Stärkungsmittel von Magen und Darm und ist als Bakterienkiller bekannt. Reich an Kalium, Vitamin C und verdauungsfördernden Bakterienkulturen.

Wirkung nach der Traditionellen Chinesischen Medizin
Vertreibt Kälte und transformiert Schleim.

Anhang

Vitamin- und Mineralstofftabellen

Vitamin A, das Augenvitamin

Wichtig für Wachstum, Funktion und Aufbau von Haut und Schleimhäuten, Sehvorgang, Fortpflanzung

Warnzeichen Trockene Haut, Haarausfall, verringerte Sehstärke und Nachtblindheit, Wachstumsstörungen, Infektanfälligkeit, Unfruchtbarkeit

Kommt vor in/deckt den Tagesbedarf 100 g Spinat zu 100 %, 100 g Brokkoli zu 100 %, 240 g Zuckermelonen zu 100 %, 175 g Mango zu 100 %,225 g rote und orange Paprika zu 100 %, 90 g Karotten zu 100 %, 100 g Grünkohl zu 100 %, 10 g Kalbsleber zu 270 %, 100 g geräucherter Aal zu 123 %, 45 g magere Leberwurst zu 96 %, 60 g Edelpilzkäse zu 32 %, ein Hühnerei zu 13 %.

Verschiedenes Vitamin A geht beim Kochen und durch Licht bis zu 30 % verloren. Lebensmittel, die Vitamin A enthalten, gemeinsam mit Fett aufnehmen. Alkohol, Medikamente, starke körperliche Anstrengungen, Sport, Stress, Leberbeschwerden und Magen-Darmstörungen können die Aufnahme von Vitamin A vermindern.

Vitamin B1 für mehr Lebensfreude

Wichtig für Wichtige Rolle im Kohlenhydrat- und Fettstoffwechsel und sorgt dafür, dass der Körper Energie aus der Nahrung gewinnen kann.

Warnzeichen Herabsetzung der Magensaftsekretion, Konzentrationsschwäche, Nervenschwäche, Reizbarkeit, Müdigkeit, Appetitmangel, Herzbeschwerden bei geringsten Anstrengungen

Kommt vor in/deckt den Tagesbedarf 75 g Sonnenblumenkerne zu 100 %, 70 g Weizenkeime zu 100 %, 200 g Pistazien zu 100 %, 150g mageres Schweinefleisch zu 100 %, 100 g Hühnerbrust zu 50 %, 175 g Weizenvollkornbrot zu 30 %, 75 g Kichererbsen zu 30 %, 75 g Mungbohnen zu 30 %, 50 g Haferflocken zu 20 %

Verschiedenes Vitamin B1 ist sehr empfindlich: Lagerung, Hitze und Gefrieren zerstören bis zu 50 % des ursprünglichen Gehaltes. Alkohol, und übermäßiger Teegenuss führen zu einer Auszehrung im Körper. Begrenzte Speicherkapazität: Regelmäßige Zufuhr ist wichtig.

Vitamin B2 – Motor unseres Lebens

Wichtig für Es unterstützt die Umwandlung von Proteinen, Fetten und Kohlenhydraten in Energie. Außerdem unterstützt Vitamin B2 die Vitamine B6 und Niacin.

Warnzeichen Wachstumsstörungen, Entzündungen der Schleimhäute und neurologische Störungen bis hin zu Blutarmut, Risse in den Mundwinkeln, Schlaffheit, Hautprobleme, Zahnfleischentzündungen

Kommt vor in/deckt den Tagesbedarf 100 g Hüttenkäse zu 38 %, 150 g Joghurt zu 19 %, 150 g Schweinefilet zu 28 %, 200 ml Trinkmilch zu 25 %, 150 g Seelachs zu 38 %, 200 g Grünkohl zu 30 %, 200 g Broccoli zu 30 %, 200 g Spinat zu 30 %, 200 g Butterpilz zu 50 %, 200 g Champignon zu 55 %, 100 g Huhn oder Leber zu 160 %

Verschiedenes lichtempfindlich, Milch sollte deshalb in dunklen Flaschen gelagert werden. Vitamin B2 wird aus tierischen Lebensmitteln besser aufgenommen als aus pflanzlichen Lebensmitteln. Sport bringt wesentlich mehr Fitness, wenn dem Körper Vitamin B2-reiche Kost zur Verfügung steht. Dann fördert Sport den Stoffwechsel, sonst macht Sport eher müde. Backpulver, das Natron enthält, zerstört Vitamin B2. Weinsteinbackpulver verwenden! Menschen, die sehr stark unter Stress stehen, haben einen erhöhten Vitamin B2-Bedarf.

Niacin macht Nerven glücklich

Wichtig für Niacin ist ein Vitamin der B-Gruppe und wurde früher auch als Vitamin B3 bezeichnet. Regeneration von Haut, Muskeln und Nerven.

Warnzeichen Nervöse Störungen wie Schlaflosigkeit, Müdigkeit, Schwindel und Kopfschmerzen, Hautveränderungen an den Stellen, die der Sonne ausgesetzt sind, Appetitlosigkeit, Brennen im Mund- und Rachenraum, Verstopfung und Müdigkeit

Kommt vor in/deckt den Tagesbedarf 200 g Pfifferlinge zu 72 %, 100 g Hühnerbrust zu 59 %, 175 g Vollkornbrot mit Soja zu 48 %, 150 g Lachs zu 60 %, 150 g Kalbsbrust zu 50 %, 100 g Teigwaren aus Hartweizengrieß zu 23 %, 200 g Grünkohl zu 23 %, 10 g Hefeflocken zu 19 %, 150 g Mais zu 15 %

Verschiedenes Wird durch Kochen kaum zerstört, jedoch geht ein nicht unbeträchtlicher Teil ins Kochwasser über. Überschüsse können nicht gespeichert werden, eine ständige Zufuhr ist deshalb wichtig.

Pantothensäure (Vitamin B5) macht fit und schlank

Wichtig für Die Pantothensäure gehört zu den B-Vitaminen und hat ihren Namen vom griechischen Begriff pantothen, was ›überall‹ bedeutet. Greift zentral in den Stoffwechsel von Kohlenhydraten, Fetten und Aminosäuren ein. Wird für den Aufbau des Blutfarbstoffes, von Fettsäuren, Cholesterin und Gallensäuren benötigt und ist an verschiedenen Entgiftungsfunktionen beteiligt. Reguliert den Stoffwechsel der Haut und fördert Wachstum und Pigmentierung der Haare. Erhöht die Resistenz der Schleimhäute gegenüber Infektionen.

Warnzeichen Müdigkeit, Gleichgewichtsstörungen, Schlafstörungen, Übelkeit, Kribbeln und Taubheit in den Beinen

Kommt vor in/deckt den Tagesbedarf 100 g Kalb oder Leber zu 130 %, 200 g Steinpilze zu 90 %, 200 g Champignon zu 70 %, 75 g Mungbohnen zu 44 %, 75 g Pumpernickel zu 26 %, 200 g Broccoli zu 20 %

Verschiedenes Erhöhter Bedarf bei Stress und hohen Leistungsanforderungen. Patienten mit Arthritis (Gelenksteife) haben oft viel zu niedrige Pantothensäure-Werte. Eine gesunde Darmflora ist in der Lage Pantothensäure in begrenzter Menge herzustellen, diese Menge reicht aber nicht aus, um den Bedarf zu decken.

Biotin für Haut und Haar

Wichtig für Wachstumsfaktor der gesamten belebten Natur, Fettsäurensynthese, unterstützt Vitamin K bei der Synthese der Gerinnungsfaktoren

Warnzeichen Schuppige Hautveränderung an den Händen, Armen und Beinen, Austrocknung und Verfärbung der Haut und Schleimhäute, Appetitlosigkeit, Übelkeit, Muskelschmerzen

Kommt vor in/deckt den Tagesbedarf 100 g Walnüsse zu 13 %, 200 g gemischte Pilze zu 21 %, 300g Champignon zu 15 %,100 g Naturreis zu 8 %, 100 g Lammfleisch zu 86 %, 200 g Spinat zu 10 %, 150 g Avocado zu 10 %, ein Hühnerei zu 8 %

Verschiedenes Biotin kann von der Darmflora selbst hergestellt werden, soweit die Darmflora gesund ist. Diese Menge kann jedoch den Tagesbedarf nicht voll decken.

Vitamin B6 (Pyridoxin) – Das Naturwunder

Wichtig für Greift in den Eiweißstoffwechsel ein und stellt einen Verknüpfungspunkt zum Stoffwechsel von Kohlenhydraten und Fetten im Zuge des Energiegewinnungsprozesses dar. Wichtig für die Bildung von Gewebshormonen.

Warnzeichen Hautveränderungen, nervöse Störungen, Konzentrationsschwierigkeiten, Appetitverlust, Wachstumsstörungen, Müdigkeit, gesprungene Mund- und Augenwinkel

Kommt vor in/deckt den Tagesbedarf 100 g Flusskrebse zu 105 %, 150 g Sardinen zu 75 %, 150 g Lachs zu 75 %, 150 g Kalbsfleisch zu 67 %, 150 g Wild zu 60 %, 200 g Banane zu 35 %, 30 g Weizenkeime zu 60 %, 200 g Rosenkohl zu 30 %, 200 g Möhren zu 25 %, 100 g Avocado zu 25 %, 175 g Steinmetzbrot zu 25 %, 250 g Kartoffeln zu 25 %

Verschiedenes Der Bedarf ist abhängig von der körperlichen Beanspruchung. Auch eine Reihe von Medikamenten erhöhen den Bedarf wie zum Beispiel östrogenhaltige Medikamente oder schmerzstillende Mittel. Vitamin B6 ist lichtempfindlich und geht aufgrund der Wasserlöslichkeit beim Kochen zu 30 bis 45 % verloren.

Folsäure – Garantie für gute Laune

Wichtig für Bildung und Reifung der roten Blutkörperchen, Zellteilung, Wachstum, Konzentration

Warnzeichen Schleimhautveränderungen im Bereich der Mundhöhle, gastrointestinale Störungen, die zu Durchfall führen können

Kommt vor in/deckt den Tagesbedarf Der Name Folium – das Blatt – weist auf den Reichtum im grünen Blattgemüse hin: 200 g Grünkohl zu 187 %, 10 g Hefe zu 185 %, 75 g Mungbohnen zu 184 %, 200 g Spinat zu 145 %, 75 g Kichererbsen zu 127 %, 200 g Endiviensalat zu 109 %, 200 g Fenchel zu 100 %, 200 g Rote Beete zu 83 %, 200 g Kohlrabi zu 70 %, 150 g frische Erdbeeren zu 49 %, 50 g frische Sojasprossen zu 40 %, 15 g Weizenkeime zu 39 %, 50 g Feldsalat zu 36 %, ein Hühnerei zu 20 %, 200 g Miesmuscheln zu 33 %

Verschiedenes Folsäuremangel ist ein weit verbreiteter Vitaminmangel in Deutschland. Beim Kochen können bis zu 90 % zerstört werden. Gerade Kantinenesser leiden deshalb sehr häufig an Folsäuremangel. Folsäure arbeitet mit den Vitaminen B2, B6 und B12 am Abbau von Homocystein. Dies ist ein Gefäßgift, das im Verdacht steht, mit der Entstehung von Arteriosklerose und Herzinfarkt, aber auch Demenz in Verbindung zu stehen. Ist ausreichend Folsäure, Vitamin B2, B6 und B12 vorhanden, wird Homocystein umgewandelt in den ›Gute-Laune-Stoff‹ Methionin.

Vitamin B12 – kleine Mengen mit großer Wirkung

Wichtig für Vitamin B 12 wird in jeder Körperzelle benötigt. Daher sind die Folgen eines Vitamin B 12 Mangels am deutlichsten in Geweben und Zellen mit hoher Stoffwechsel- und Zellteilungsrate wie Knochenmark und Nervenzellen bemerkbar. Vereinfacht kann man sagen, Vitamin B12 ist wichtig für die Blutbildung, Zellteilung und die Funktion des Nervensystems.

Warnzeichen Störungen der Blutbildung, Müdigkeit, Störungen der Mund- und Rachenschleimhaut, Demenz

Kommt vor in/deckt den Tagesbedarf Nur in tierischen Produkten: 10 g Hühnerfleisch zu 250 %, 10 g Austern zu 146 %, 10 g Leberwurst mager zu 220 %, 10 g Makrele zu 90 %, 10 g Hering zu 85 %, 10 g Krabben zu 79 %, 10 g Rindfleisch zu 50 %, ein Hühnerei zu 110 %, 10 g Emmentaler Käse zu 22 %

Verschiedenes Vitamin B 12 ist hitzelabil und wasserlöslich. Deshalb treten beim Kochen Verluste auf. Bei Magenerkrankungen wie Gastritis ist die Aufnahme von Vitamin B 12 aus der Nahrung deutlich verschlechtert. Dies führt vor allem im Alter häufig zu einem Defizit an Vitamin B12, das auch in Verbindung mit Demenz gebracht wird. B 12 ist ein unvergleichlich leistungsintensives Molekül. Wir brauchen im ganzen Leben gerade mal so viel, wie ein Getreidekorn wiegt.

Vitamin D – Das Sonnenvitamin für kerngesunde Knochen und Zähne

Wichtig für Beeinflusst die Resorption von Calcium und Phosphor und somit die Bildung von Knochen und Knorpeln.

Warnzeichen Im Säuglingsalter: weiche Knochen und Verformung der Beine, verlangsamtes Wachstum und Erneuerung

Kommt vor in/deckt den Tagesbedarf 10 g geräucherter Aal zu 202 %, 50 g Matjeshering zu 270 %, 50 g Lachs zu 163 %, 45 g Bückling zu 270 %, 150 g Avocado zu 150 %, 200 g Steinpilze zu 124 %, 200 g Morcheln zu 124 %, 200 g Pfifferlinge zu 84 %, 100 g Rindfleisch zu 34 %, ein Hühnerei zu 34 %

Verschiedenes Vitamin D wird hauptsächlich unter Sonneneinwirkung gebildet. Deshalb sollten Sie Gesicht und Hände täglich ca. 30 Minuten Tageslicht aussetzen. Voraussetzung für eine gute Verwertbarkeit von Vitamin D ist jedoch ein gesunder Darm, genügend Calcium, Vitamin C und eine intakte Fettverwertung. Zuviel fettreiche Nahrung stört die Calciumverwertung.

Vitamin C – Die Wunderwaffe

Wichtig für Bestandteil jeder pflanzlichen und tierischen Zelle. Wichtig für die Bildung und Funktionserhaltung des Stützgewebes, d. h. des Bindgewebes, Knochen, Knorpel und des Dentins der Zähne. Vitamin C kann als Aktivator des Zellstoffwechsels im weitesten Sinne angesehen werden. Es stimuliert die Abwehrkräfte des Körpers und hilft bei der Stressbewältigung.

Warnzeichen Zahnfleischbluten, häufige Erkältungen, Neigung zu Schleimhautentzündungen, Krampfadern, Hämorrhoiden, Müdigkeit, Nervenschwäche, Konzentrationsschwierigkeiten, verschlechtertes Wohlbefinden wie Frühjahrsmüdigkeit, erhöhte Krankheitsanfälligkeit, rasche Ermüdung

Kommt vor in/deckt den Tagesbedarf 100 ml Sanddornbeerensaft zu 443 %, 100 g Johannisbeeren zu 293 %, 100 g Broccoli zu 191 %, 100 g Paprika zu 175 %, 100 g Fenchel zu 155 %, 100 g Papaya zu 133 %, 100 g Kiwi zu 116 %, 100 g Rosenkohl zu 141 %, 150 g Orange zu 123 % , 200 g Apfel zu 40 %

Verschiedenes Vitamin C ist sehr empfindlich gegenüber Sauerstoff, Licht und Hitze. Beim Kochen werden bis zu 90 % des Vitamins zerstört. Viel hilft nicht viel, denn hohe Mengen werden vom Körper einfach wieder ausgeschieden. Deshalb empfiehlt es sich, Vitamin C-reiche Lebensmittel über den Tag verteilt zu essen oder zu trinken. Das Fruchtfleisch von Obst und Gemüse ist reich an Flavonoiden, diese erhöhen die Wirksamkeit von Vitamin C um das 20-fache. Deshalb sollte Fruchtsaft mit Fruchtfleisch und rohes oder schonend gegartes Obst und Gemüse am Besten mit Schale verzehrt werden.

Vitamin E – Der beste Freund unserer Körperzellen

Wichtig für Die Funktion von Vitamin E beruht auf seiner Fähigkeit, die Körperfette sowie eine Reihe andere Stoffe wie Vitamin A vor Oxidation zu schützen. Vitamin E soll gleichermaßen vor Herzinfarkten, Krebs und Alzheimer schützen, den Alterungsprozess verlangsamen, die roten Blutkörperchen schützen, Muskeln und Nerven stärken, die Durchblutung verbessern und Gefäßablagerungen verhindern.

Warnzeichen Trockene, faltige Haut, Konzentrationsstörungen, Leistungsschwäche, Müdigkeit, Mattigkeit, Reizbarkeit, schlecht heilende Wunden

Kommt vor in/deckt den Tagesbedarf 10 g Weizenkeimöl zu 174 %, 200 g Schwarzwurzeln zu 100 %, 10 g Leinsamen zu 57 %, 75 g Kichererbsen zu 44 %, 100 g Putenfleisch zu 25 %, 100 g Paprika zu 25 %, 200 g Sellerie zu 11 %

Verschiedenes Wenn in Fetten das vorhandene Vitamin E zerstört ist, ist auch das Fett zerstört. Es ist ranzig. Mit zu wenig Vitamin E in der Nahrung wird das Fett in unserem Körper ebenfalls ranzig, sichtbar ist dies z. B. durch Altersflecke.

Calcium – für Knochen und Zähne unerlässlich

Wichtig für 99 % des im Körper vorkommenden Calciums befinden sich in Knochen und Zähnen – Calcium verleiht ihnen Stabilität und Festigkeit. Gleichzeitig dienen die Knochen als Speicher für Calcium. Calcium ist an der Blutgerinnung, an der Erregung von Muskeln und Nerven sowie an der Aktivierung einiger Enzyme und Hormone beteiligt.

Warnzeichen Entkalkung des Skelettsystems mit Rachitis im Kindesalter und Knochenerweichung im Erwachsenalter, Muskelkrämpfe, Herzklopfen, Schlafstörungen, Nervosität, Gereiztheit

Kommt vor in/deckt den Tagesbedarf 100 g Bergkäse zu 150 %, 100 g Parmesan zu 148 %, 100 g Emmentaler zu 128 %, 100 g Gouda zu 113 %, 100 g Sesam zu 98 %, 100 g Mozzarella zu 80 %, 200 g Erbsen zu 78 %, 100 g Sojabohnen zu 31 %, 100 g Grünkohl zu 27 %, 200 g Sauerkraut zu 36 %, 200 g Spinat zu 32 %, 200 ml Vollmilch zu 30 %, 150 ml Joghurt zu 23 %

Verschiedenes Calciummangel kann zu chronischen Veränderungen an Haut, Haaren, Nägeln und Zähnen führen. Eine hohe Zufuhr von tierischem Eiweiß, Speisesalz, Kaffee oder Alkohol erhöht die Calciumausscheidung.

Kalium – der Arbeiter für unsere Zellen

Wichtig für Senkung des Blutdrucks, Weiterleitung von Muskelkontraktionen und Nervensignalen, Gewinnung von Energie, Aktivierung einiger Enzyme, wichtig für das Säure-Base-Gleichgewicht. Hält den Herzrhythmus in normalen Grenzen. Regelt den Druck der Zelle und den Wasserhaushalt innerhalb der Zelle.

Warnzeichen Müdigkeit, Verstopfung, Herzrhythmusstörungen, Muskelschwäche, Konzentrationsschwäche

Kommt vor in/deckt den Tagesbedarf 100 g Sojabohnen zu 174 %, 100 g getrocknete Banane zu 147 %, 100 g dicke Bohnen zu 146 %, 50 g Weizenkleie zu 70 %, 100 g Zwiebeln zu 104 %, 100 g Pistazien zu 102 %, 100 ml Sauerkrautsaft zu 74 %, 100 g Datteln zu 65 %, 100 g Spinat zu 63 %, 100 g Avocado zu 50 %, 100 g Knoblauch zu 50 %, 100 g Grünkohl zu 49 %, 200 g Forelle zu 94 %, 100 g Kartoffel zu 44 %, 150 g Lachs zu 56 %, 200 g Pfifferlinge zu 73 %

Verschiedenes Achtung: Abführmittel entziehen dem Darm Kalium, Erschlaffung der Darmmuskulatur ist die Folge.

Magnesium – Mitspieler für eine stabile Knochenstruktur

Wichtig für Aufbau von Knochen, Zähnen und Sehnen, Aktivator und Bestandteil verschiedener Enzyme, spielt eine Rolle bei der Muskel- und Nervenreizbarkeit, Antistressmineral, Abwehr von Krankheiten, Vorbeugung gegen Herzinfarkt

Warnzeichen Muskel- speziell Wadenkrämpfe, Ruhelosigkeit, Nervosität, Reizbarkeit, Kopfschmerzen, Konzentrationsmangel, Müdigkeit, allgemeines Schwächegefühl, Herzrhythmusstörungen

Kommt vor in/deckt den Tagesbedarf 50 g Kürbiskerne zu 89 %, 100 g Sojabohnen zu 80 %, 50 g Sesamsamen zu 58 %, 100 g grüne Bohnen zu 55 %, 100 g Naturreis zu 52 %, 200 g Steinpilze zu 92 %, 100 g Weizenvollkornbrot zu 30 %, 200 g Spinat zu 40 %, 50 g Pinienkerne zu 39 %

Verschiedenes Wird ein erhöhter Blutdruck durch eine angemessene Dosis Magnesium behandelt, verschwinden fast immer auch die Herzrhythmusstörungen. Ursachen für Magnesiummangel: chronischer Durchfall, Missbrauch von Abführmitteln.

Eisen – lebenswichtig für den Sauerstofftransport

Wichtig für Ermöglicht den Transport von Sauerstoff und Kohlendioxid im Blut. Bestandteil des Blutfarbstoffs. Infizierende Bakterien nutzen oft Eisen.

Warnzeichen Vergesslichkeit, rasche und allgemeine Ermüdung, Appetitlosigkeit, Schwindelgefühl, Herz-Kreislauf-Störungen, Konzentrationsprobleme, blasse Haut

Kommt vor in/deckt den Tagesbedarf 100 g Kürbiskerne zu 80 %, 200 g Fischfilet zu 121 %, 100 g Sojabohnen zu 60 %, 100 g Linsen zu 54 %, 200 g Pfifferlinge zu 92 %, 100 g Vollkornhaferflocken zu 33 %, 200 g Spinat zu 55 %

Verschiedenes Eisenmangelerscheinungen können auch durch zu hohen Kaffeekonsum, zu viel schwarzen Tee und durch phosphatreiche Ernährung (z. B. Schmelzkäse, Wurst, Fertiggerichte, Cola, Fast Food) entstehen. Eisenmangel mindert die Aktivität des Abwehrsystems. Vitamin C unterstützt die Eisenaufnahme.

Zink beeinflusst das Immunsystem

Wichtig für Nimmt Schlüsselrollen im Zucker-, Fett- und Eiweißstoffwechsel ein und ist beteiligt am Aufbau der Erbsubstanz und beim Zellwachstum. Sowohl das Immunsystem als auch viele Hormone benötigen Zink für ihre Funktion. Eine bedeutende Rolle spielt es bei der Wundheilung, fördert die geistige Leistungsfähigkeit (visuelles Gedächtnis, Konzentrationsfähigkeit).

Warnzeichen Brüchige Fingernägel, Müdigkeit, Haarausfall, Gedächtnisstörungen, Konzentrationsstörungen, Antriebslosigkeit, verzögerte Wundheilung, schuppige Haut, erhöhte Infektionsanfälligkeit, Verlust von Geschmacks- und Geruchssinn, Nachtblindheit

Kommt vor in/deckt den Tagesbedarf 50 g Weizenkleie zu 44 %, 100 g Sesamsamen zu 52 %, 100 g Kürbiskerne zu 50 %, 100 g Linsen zu 34 %, 100 g Emmentaler zu 30 %, 100 g Bergkäse zu 40 %, 150 g Rinderfilet zu 44 %, 100 g Paranüsse zu 27 %, 150 g Lammfilet zu 30 %, 100 g Sojabohnen zu 28 %, 200 g Krabben zu 30 %, 100 g Camembert zu 22 %

Verschiedenes Erhöhter Zinkbedarf bei Diabetes Typ II, Arteriosklerose, vegetarischer Ernährung, Leber- und Nierenleiden, Rheuma und erhöhter Infektanfälligkeit

Chrom – positiv für die Fettverwertung

Wichtig für Umwandlung von Nahrung in Energie, Kohlenhydratstoffwechsel, Fettstoffwechsel

Warnzeichen Störungen des Kohlenhydratstoffwechsels, die Symptome sind ähnlich die Diabetes anzeigen: vermehrtes Wasserlassen, Gewichtsverlust, Müdigkeit, Nervosität, Gereiztheit, Juckreiz, Konzentrationsschwäche

Kommt vor in/deckt den Tagesbedarf 100 g Holländischer Gouda zu 95 %, 100 g Weizenvollkornbrot zu 49 %, 100 g Mais zu 32 %, 200 g Kartoffeln zu 66 %, 100 g Blütenhonig zu 29 %.

Verschiedenes Chrom verbessert die Aufnahmefähigkeit von Kohlenhydraten in die Muskel- und Gehirnzellen. Chrommangel kann eine Erhöhung des Fettsäurespiegels bewirken und dadurch auch die Enstehung von Herzerkrankungen begünstigen. Bei Diabetikern Typ II verbessert Chrom die Kohlenhydratverarbeitung.

Jod – wichtig für die Schilddrüse

Wichtig für Die Bildung des Schilddrüsenhormons, das wiederum Wachstum und Teilung der Zellen und den Grundumsatz beeinflusst.

Warnzeichen erhöhtes Schlafbedürfnis, Kälteempfindlichkeit, Konzentrationsschwäche, Müdigkeit, Antriebslosigkeit, Verstopfung

Kommt vor in/deckt den Tagesbedarf 500 g Spargel zu 23 %, 100 g Bergkäse zu 27 %, 100 g Edelpilzkäse zu 27 %, 150 g Makrele zu 70 %, 100 g Sprotte zu 37 %, 100 g Jacobsmuschel zu 87 %, 100 g Krabben zu 87 %, 250 g Broccoli zu 25 %

Verschiedenes Die beste Prophylaxe: 1- bis 2-mal pro Woche Meeresfisch. Bei einer Unterversorgung im Muttterleib kann es zu Entwicklungsstörungen mit körperlichen, seelischen oder geistigen Behinderungen des Fötus kommen.

Selen – Schutzstoff mit vielfältiger Wirkung

Wichtig für Schutz vor Umweltgiften, verstärkt die Wirkung von Vitamin E, beseitigt schädliche Stoffe aus unseren Zellen, stärkt die Abwehrkräfte, Abwehr von freien Radikalen

Warnzeichen Infektanfälligkeit, verschiedene Krebsarten

Kommt vor in/deckt den Tagesbedarf 50 g Kokosnuss zu 405 %, 100 g Steinpilze zu 184 %, 100 g Bückling zu 140 %, 100 g Weizenkeime zu 110 %, 50 g Paranüsse zu 50 %, 100 g Thunfisch zu 82 %, 100 g Sojabohne zu 60 %, 100 g Weizenvollkornbrot zu 55 %, 100 g Hering zu 55 %, 200 g Kohlrabi zu 100 %, 150 g Rotbarsch zu 88 %, 100 g Reis zu 40 %, 150 g Rinderfilet zu 52 %

Verschiedenes In Kombination mit Vitamin E hat Selen eine verzögernde Wirkung auf den Alterungsprozess. Selen wird auch eine Schutzwirkung vor Krebs zugesprochen.

Die Lebensmittelmengen für die einzelnen vitalstoffreichen Lebensmittel wurden in Größen berechnet, die in ein bis zwei Portionsgrößen bewältigt werden können.

Die Auswertung erfolgte mit dem DGE-Professional Programm. Der empfohlene Tagesbedarf für Vitamine und Mineralstoffe richtet sich nach den Angaben der Nährwert-Kennzeichnungsverordnung.

Literaturempfehlungen

Annemüller, H., Das Grunddiät-System, Hippokrates

Bartl, Dr. med. R., Osteoporose, Südwest

Batmanghelidj, Dr. med. F., Sie sind nicht krank, Sie sind durstig, VAK

Batmanghelidj, Dr. med. F., Wasser hilft, Allergien - Asthma - Lupus, VAK

Batmanghelidj, Dr. med. F., Wassertrinken wirkt Wunder, VAK

Burgerstein, L., Burgersteins Handbuch Nährstoffe, Karl F. Haug-Sachbuch im MVS

Caroll, Dr. med. S. / Smith T., Body & Life, Mosaik

Der Brockhaus Ernährung

Deutsche Gesellschaft für Ernährung, Ernährungsbericht 2004

Fahrnow, Dr. med. I.-M. / Fahrnow, J., Fünf Elemente Ernährung, Gräfe und Unzer

Feil, Dr. W. / Wessinghage, Dr. T., Ernährung und Training, WESSP

Grimm, H.-U. / Sabersky, A., Mund auf, Augen auf, Droemer Knaur

Harnisch, Dr. G., Selbstheilung durch Entgiften, Turm Verlag

Herzog D., Die Kraft der Emotionen, Gräfe und Unzer

Hoffbauer, Dr. med. G., Darmerkrankungen wirksam behandeln, Midena

Hollmann W., Gesund und leistungsfähig bis ins hohe Alter, Kaufmann

Hopfenzitz, P., GU Kompass Mineralstoffe, Gräfe und Unzer

Juchheim, Dr. med. J. K. / Poschet, J., Immun – Das Ernährungsprogramm zur Stärkung des Immunsystems, BLV

Kasper, H., Ernährungsmedizin und Diätetik, Urban & Fischer

Kleine-Gunk, Dr. med. B., Phyto-Östrogene, Trias

Kovacs, Dr. med. H. / Preuk, M., Fit und gesund durch Leberentgiftung, Südwest

Krämer, Dr. med. G., Schlaganfall, Was Sie jetzt wissen sollten, Trias

Künast, R., Klasse statt Masse, Econ

Leggett, D., Selbstheilung durch Ernährung, Goldmann

Loebert, Dr. med. L., Gesunder Darm, gesunder Mensch, Gondrom
Lützner, Dr. med. H., Wie neugeboren durch Fasten, Gräfe und Unzer
Mehnert, Dr. med. H., Stoffwechsel, Droemer Knaur
Meidinger, W, Natürliche Wege der Entgiftung, Südwest
Meidinger, W., Nahrung für den Geist, Brainfood, Südwest
Mohr, Dr. med. K., So steigern Sie Ihre Abwehrkräfte gegen Krebs, Bircher-Benner Verlag
Müller-Wohlfahrt, Dr. H.-W., So schützen Sie Ihre Gesundheit, Zabert Sandmann
Oberbeil, K., Fit durch Proteine, Südwest
Oberbeil, K. / Lentz, Ch., Obst und Gemüse als Medizin, Südwest
Peters, Dr. U., Allergien, Moment mal!, Promedico
Pflugbeil Dr. med. K./ Niestroj, Dr. med. I., Das innere Dreieck. Leber, Galle, Bauchspeicheldrüse, Herbig
Ruhland, Dr. med. B., Diabetes, Wort & Bild
Schmidt, S., Immunsystem schützen und gezielt stärken, Gräfe und Unzer
Sieck, A. und J.-R., Essen ohne Angst, Heyne
Siedentopp, Dr. med. U. / Hecker, Dr. med. H.-U., Praxishandbuch Chinesische Diätetik, Siedentopp und Hecker
Singer, P., Fisch gegen Herzinfarkt, Umschau
Strunz, Dr. U. / Jopp, A., Fit mit Fett, Heyne
Tempelhof, Dr. med. S., Gesunde Gelenke, Gräfe und Unzer
Thiel, Dr. med. C., Der große TRIAS-Ratgeber Nahrungsmittel-Allergien, Trias
Thorbrietz, Dr. P., Gesundheit aus dem Darm, Zabert Sandmann
Unger-Göbel, U., GU Kompass, Vitamine, Gräfe und Unzer

Bildnachweis

Wir danken nachstehenden Verlagen und Fotoagenturen für freundlich erteilte Abdruckerlaubnis:

Seite 19 ›SPL /Agentur Focus‹, Hamburg / Mikrofofografie M.+Chr. Kage, Lauterstein

Seite 139 entnommen aus: Dr. Rainer Bartl. ›Osteoporose‹ © Random House GmbH, München

Seite 145 Grafik Nr. 58 aus: Marianne Koch ›Körperintelligenz‹, dtv 24366 © Deutscher Taschenbuch Verlag, München

Seite 156 Alexander Tsirias, © Anatomical Travelogue Inc. New York

Seite 15, 17, 67, 69, 85, 151 EDEKA-Südwest, Offenburg

Seite 23, 38, 43, 46, 54, 76, 79, 88, 134, 147, 155, 175, 182, 203, 209, 211, 219, 222, 225, 226, 229, 231, 233, 235, 237, 239, 241, 243, 245, 247, 249, 250, 251, 252, 254 Konzeptstudio Feierabend

Seite 9, 27, 53, 71, 93, 97, 99, 103, 104, 109, 185 Edeltraud Rückert

Seite 221 privat

Trotz aller Bemühungen war es uns nicht möglich, zu allen Abbildungen den Rechtsinhaber ausfindig zu machen. Für Hinweise sind Verlag und Herausgeberin dankbar.

Die Autorin

Gabriele Voigt-Gempp, Ausbildungsleiterin im Lebensmitteleinzelhandel für die Bereiche Ernährungslehre, Warenkunde und Betriebswirtschaft, Diplom-Betriebswirtin Fachrichtung Marketing und Marktanalyse, Seminarleiterin, Autorin und Ernährungsberaterin. Seit 1998 leitet sie die Ausbildung des EDEKA Südwest Ernährungsservice. Den Lesern der Kundenzeitschriften der EDEKA Südwest verrät sie seit 1993 jede Woche Tipps, Tricks und Rezepte. Es ist ihr Ziel, durch die einfache Umsetzbarkeit ihres Ernährungskonzeptes dazu beizutragen, zu einem neuen, spielerischen und liebevollen Umgang mit natürlichen Lebensmitteln zu kommen.

Danksagung

Ganz besonders bedanke ich mich bei Diplom-Oecotrophologin Angelika Severin, die mich bei den wissenschaftlichen Grundlagen für dieses Buch beraten hat. Mein besonderer Dank gilt auch Dr. med. Uwe Siedentopp, der mich während meiner Ausbildung zur Ernährungsberaterin Traditionelle Chinesische Medizin, immer wieder in der Erfahrung von Paracelsus bestätigt hat: ›Eure Nahrungsmittel sollen Eure Heilmittel sein‹. Es gibt diese Nahrungsmittel überall in Deutschland, man muss nur die richtigen Kenntnisse haben, um sie von den weniger wertvollen Lebensmitteln unterscheiden zu können. Weiterhin danke ich dem Schulungsteam der EDEKA Südwest, Frau Helga Freund-Amann, Frau Melanie Rettig, Frau Rita Mikait und Frau Lydia Vetter für die praktische Unterstützung bei der Schulungsarbeit sowie dem EDEKA Südwest Ernährungsservice-Team, das dieses Konzept durch die praktischen Erfahrungen mit den Kunden vor Ort enorm bereichert hat.

Die medizinische Forschung der letzten Jahrzehnte hat unser Verständnis der Ursachen des Alterns wesentlich erweitert. Wildor Hollmann stellt die Alterungsvorgänge im Körper fachlich fundiert dar und zeigt anschaulich, welchen Einfluss Bewegung, geistige Aktivität und positive Lebenseinstellung auf den Organismus ausüben, indem sie die Lebensqualität entscheidend verbessern. Das Buch ist kein neues Fitnessprogramm, bietet aber einfache, leicht umsetzbare Trainingsempfehlungen, die auch in höherem Alter umgesetzt werden können und keiner kurzfristigen Mode folgen. Mit vielen Grafiken.

Wildor Hollmann
■ Gesund und leistungsfähig bis ins hohe Alter
128 Seiten, gebunden,
mit Leseband
Format: 14,8 x 21 cm
ISBN-10: 3-7806-3008-7
ISBN-13: 978-3-7806-3008-7

Aus dem Inhalt:
> Warum altern wir?
> Welche Vorgänge spielen sich beim Altern in den einzelnen Körpersystemen ab?
> Wie kann man Alterungsprozessen effektiv entgegenwirken?
> Welchen Einfluss haben körperliche und geistige Aktivität auf den Organismus?
> Vorbeugungsmöglichkeiten und einfache Trainingsanregungen